學習高手

哈佛、耶魯雙學霸的
最強學習法

李柘遠 LEO———

著

【自序】
只有當人類發明了發明的方法後，人類社會才能快速地發展

標題這句話來自查理・蒙格。

同樣的，只有當我們掌握了高效學習的方法後，成績才有望躍升，學業的理想才更易實現，乃至往後的人生，都會有更多美好的可能。

因學習而受益的幸運兒

我出身於二線城市的普通知識分子家庭，家族裡沒有達官顯貴，卻滿是書墨香。

童年時，我總能在起居室聽到優美的英文錄音，在睡前享受母親的故事朗讀，週末看望姥姥、姥爺時，聽他們討論文史哲。

我的父親出生在南方的偏僻山村，憑努力在 20 世紀、80 年代初考上北方的名牌大學，走出大山，用知識改變了命運。家庭的薰陶使我從小就對知識和學習有種天然的親切感。自入學第一天起，我就喜歡背著書包進學堂的感覺。

從小學到高中畢業，後又留學耶魯與哈佛，18 年求學路有艱辛、有挑戰，更有戰勝自我之後的欣喜。學習中時常遇到難點，考試偶爾發揮失常，這非但沒令我沮喪，反而激起了我的鬥志 —— 與知識盲點鬥，其樂無窮，我又有得學了！

在耶魯讀本科時，我第一篇論文的初稿被教授委婉評價為「不合格」，我閉門兩日推倒重來，最終，這篇大學論文處女作得了滿分。

學習是艱苦的：昏天黑地拚作業，壓力山大備考試，通宵達旦熬論文，挑燈夜戰做實驗 —— 這確實令人疲累；但學習又是甘甜的：學到新知識，掌握新技能，迎接挑戰，不斷進步 —— 非一般的成就感，令人甘之如飴。

從在中國土生土長，到 18 歲時放棄保送，成為耶魯有史以來在福建全獎錄取的第一名本地高中生，再到 22 歲進入投資銀行，25 歲考入哈佛商學院，如今繼續在職場狂奔……這一路，我都是「學習」的最大受益者。

持續不斷地高效學習，為我的年輕人生開創了豐富多彩的可能性。我獲得了更多機會，看見了更遠的風景，結識了更優秀的朋友，參與了能給世界

帶來積極影響的事業。我感覺生命更具張力，也更加寬廣了。

幫很多人學會了高效學習的方法

我曾在不同場合分享求學經歷，同學們求知若渴，問題連珠炮似地拋過來：

如何聽講、做筆記，才能更好地吸收課堂所學？

如何提高文科記憶能效？如何應對理科繁雜公式？

如何閱讀、寫作？

如何預習複習？如何整理錯題？

如何管理時間？如何加強專注力？如何提高英語？

如何制訂求學目標和執行計畫？……

我盡量一一作答，卻仍應接不暇。自 2016 年起，我開始在業餘時間寫文章分享學習經驗和方法，詳盡地講解備考經歷、擇校選專業、學習任務規畫方法等，其中多篇被媒體廣泛轉載，閱讀量過億。

後來，我出版了基於個人求學經歷的第一本書《不如去闖》，當年便成為當當網評選的最受歡迎好書之一。讀者見面會上有來自全國各地的學生和家長，我一次次被他們感動，甚至震撼。我未曾預料到，自己的分享竟能給這麼多人帶來改變命運的影響。

一位廣西的媽媽帶著上國一的兒子專程趕到北京簽售會見我。自從通過文章和課程結識了「Leo 哥哥」，曾經「貪玩得要命、從來不念書」（讀者原話）的孩子開始認真上課、寫作業，因為「他現在有個夢想，要像 Leo 哥哥一樣考哈佛」；曾經「快被他氣死」的媽媽，如今對兒子充滿信心和驕傲。

一位曾在國三叛逆到快輟學的天津女生，通過「學長 LEO」公眾號認識了我，從此把我當成「可望也可及」的學長，大考實現逆襲，被北京外國語大學法語系錄取。

一位在陸家嘴金融公司夜以繼日加班、一度對未來深感迷茫的男生借鑒我的經歷和方法，找回了對生活的熱情和方向，之後申請國外大學的 MBA。本科學歷並不驚豔的他一舉被哈佛錄取，成了我的同系學弟。入學第二天，

他就給我發了感謝郵件，謝謝我帶給他的力量，讓他考進了「之前沒敢想的哈佛」。

也有已經告別校園和職場的全職媽媽，因為我的分享，重拾書本，學英語、考證、再投入職場，開始了鮮活的第二人生……

這些真實的事例都在印證一個道理：學習，遠非很多人想像的那麼艱巨。只要掌握了好的方法，即使資質平凡，也能在學業中獲得豐收，突破自我局限。擁有高效的學習方法，成為學霸，不再是不可能的任務。

我希望自己的點滴學習經驗能幫更多人獲得改變命運的機會，所以從哈佛 MBA 二年級起（也是自己學生時代的最後一年），我開始了一項「有且僅有一次」的工程：基於前幾年的分享經驗，寫出這本書，系統、全面、透澈地講解自己 20 年求學路上的諸多方法，力爭不遺漏任何關鍵的學習場景和痛點。

書中的方法改變了我的命運，也能改變你的

一年半以後的今天，在逐字逐句寫完 25 萬字初稿、整理和製作了近 70 張配圖，又歷經多輪增減和潤色後，《學習高手》終於得以和大家見面。

這是一本涵蓋 100+ 個學習方法、幾十段獨家案例故事的超級攻略。

英文裡有個詞叫「One-stop Shop」（一次滿足商店），用於形容這本書再貼切不過——不管你有怎樣的學習痛點和困惑，看這本書足矣。

更重要的是，這本書通俗易懂，很具操作性。我看過一些以「學習力」為主題的書，讀下來的感受是，精密高深的理論非常豐富，但部分內容理解起來有一定難度，讀過後依然不知該如何使用，反而可能令人更加焦慮。

在寫作這本書時，我有意規避深奧道理，尤其是晦澀的「子曰」或「研究表明……」，每個方法我都盡可能掰開揉碎，以直白的語言講解清楚，便於讀者讀後即刻能用，體驗到實在的效果。

在篇章結構上，我和出版社的老師們反覆論證，最終畫分為：〈提高成績，在學校裡脫穎而出〉，共計 8 大課、25 小課，涵蓋記憶、筆記、預習、複習、做作業、錯題、偏科、請教老師等學習場景，幫助提高以應試升學為

導向的各項學習能力。

〈終身學習，讓你更出類拔萃〉，共計 9 大課、33 小課，涵蓋邏輯思考力、速讀、精讀、寫作、減壓、注意力、熬夜、自學、時間管理等學習場景。活到老學到老，出了校園更要持續學習，本章旨在幫助讀者獲取終身學習的能力。

〈學霸分享，直通世界名校的超級學習法〉，共計 6 大課，也是本書的亮點章節，通過英語、寫作和 SMART 原則、OKR 工作法、LEO 解讀五步法等文章，分享我在耶魯和哈佛讀書時習得的好方法。

〈深度成長，全方位培養綜合素質〉，共計 3 大課，包括哪些課外活動可以鍛造全方位能力，如何選擇課外活動，以及如何在課外活動中複利成長。

〈LEO 的成長經歷，寫給每一個有夢想的你〉，共計 4 大課，包括九字三步精進法、四年耶魯情誼、哈佛學生的 24 小時和我母親的誠意分享。

在每一課中，我首先就某個學習場景進行痛點與問題剖析，接著逐一詳述相應的學習方法，既有「LEO 牌」原創發明，也有自己親測好用的經典方法。每個方法都搭配生動案例，包括我的個人經歷，比如「GMAT 兩週高強度複習回顧」「我的減壓與熬夜攻略」「我的寫作素材本」等。

這些自己在不同求學階段的親身經歷，不僅是對方法講解的具象補充，還可爲讀者朋友們提供能量和鼓勵。《學習高手》是一本方法豐富實用的乾貨工具書，而我更希望這本書能成爲你求學路上的一束亮光、一個溫暖的陪伴者。

最後談談我對「學習高手」這個詞的粗淺理解。門門功課過硬，回回考試高分，這是普遍認同的學習高手、「學霸」的標準。但這本書書名中的「高手」卻有另一層含義：它是相對的，可以跟別人比，更應該同自己比 —— 與曾經的自己、昨天的自己比。

希望本書能助你完成從不會學習到善於學習、玩轉學習的蛻變，告別過去的自己，成爲掌控學習成績和未來人生的高手。

Part 2. 終身學習，讓你更出類拔萃

Part 4. 深度成長，全方位培養綜合素質

Part 5.LEO 的成長經歷，
　　　寫給每一個有夢想的你

Part 1.

提高成績，
在學校裡脫穎而出

第 1 課
高效記憶，更快更牢掌握知識點

　　「如何提高記憶力、又快又好地把東西記牢記熟」是困擾不少同學的老大難問題。面對必須背誦的古詩詞、歷史事件或數理公式，很多人要麼怎麼都記不住，要麼記完了之後又忘得特別快。

　　有些同學在考前臨時抱佛腳，抓耳撓腮地抱著書死記硬背，到了考場發現題目似曾相識，答案卻怎麼也想不起來。

　　有些同學背單字，完全就是舉起書一個一個機械地往下背，背到一個詞就重複讀幾遍，比如「apple，apple，蘋果，蘋果，apple，蘋果」，然後就覺得大功告成了，結果過一會兒再回看，發現基本上都忘光了。因為一而再、再而三地記不住，不少同學會進入自我否定的惡性循環，最後甚至放棄了。

　　事實上，我們絕大多數人並非天才，做不到過目不忘、「秒記」是很正常的。很多同學記不住東西絕非因為智商低，而是因為沒有掌握提高記憶效率的方法，或總是死記硬背，根本沒有思考過應該怎麼去記東西，效果當然非常差。

　　記東西雖然著實令人頭大，但如果掌握了好方法，就能事半功倍。一旦把知識點記牢了，你的考試分數和排名一定會有明顯提升。即便只是背熟一個知識點，你在某次考試中也可能多得 3、5 分，這看上去微不足道的幾分，或許會對你的升學乃至命運產生關鍵性的影響，所以無論如何都別因為畏難而輕易放棄。

　　從小學一年級到哈佛碩士畢業，我記了將近 20 年的海量知識點。背東西有意思嗎？實話實說，當然不好玩。但面對枯燥甚至有時讓人崩潰的記憶任

務，我總會提醒自己：咬牙頂住，絕不退縮。此時心志和筋骨上的疲累，終將轉化成升學目標實現那一刻的無上喜悅。

同時，我還總結了能讓記東西不那麼難熬的三大關鍵。

◎關鍵一：努力把記憶過程趣味化。加入一些生動和有趣的元素，只用眼看、用嘴念是非常枯燥的記憶形式。

◎關鍵二：把表面看上去散亂無規律的東西努力地串聯起來，變個體為整體，做有規律的整塊記憶。

◎關鍵三：盡量借助自己已熟悉、知道的內容記憶新知識點，以舊帶新。

下面，我將基於這「三項關鍵」，逐一講解自己最常使用的五大記憶法。

第 1 小課　多感官刺激記憶法

多感官刺激記憶法，就是同時動用我們的多種感官，比如視覺、聽覺和嗅覺等，來進行記憶。

也許你會問，記東西為什麼還要用到聽覺甚至嗅覺呢？和這些感官有什麼關係呢？其實，當多種感官齊發時，大腦受刺激的效果會顯著增強，記憶中樞能獲得更充分的調動。做個簡單粗暴的類比：某個夏日午後，你熱得汗流浹背，如果這時讓你喝一杯冰可樂，你肯定會覺得解渴，但可能還是覺得熱；此時如果讓你一邊喝冰可樂，一邊在涼爽的冷氣房裡坐著，你一定會感到更加舒爽，解暑也更加徹底，因為這時你的皮膚（觸覺）、味蕾（味覺）同時在感受涼爽。

同理，回到記憶這件事上，以背單字為例：如果你只是用眼睛盯著新單字記憶，相當於只刺激了視覺區域，無法對大腦形成足夠刺激，達不到很好的記憶效果。

在背單字時，一定要動用自己的聽覺。具體做法有兩個：一是在碎片時間裡戴上耳機，聽單字音訊；二是盡量抽時間做單字聽寫練習。比如你現在

要背單字，那麼請一定選擇配有音訊的單字書（或其他背單字材料），每天確保至少聽三次音訊，並且我建議你把這三次拆分成「1＋2次」。

「1＋2次」記憶法

「1＋2次」中的「1」，指的是在背誦新詞當天就要同步聽錄音。

在開始背誦新詞前，至少先完整地聽一遍新詞音訊，聽的同時瀏覽對應的新詞，建立對這些詞最初的印象。背誦到具體某個詞時，如果時間允許，可以再聽一遍與其對應的錄音。

把當天所有新詞都背完後，再完整地放一遍音訊，一個詞一個詞地聽下去，聽的時候盡量不看書，逼自己快速拚讀出單字。如果某個單字卡住了，就重聽一遍那個單字的音訊，再次嘗試記憶，直到熟練爲止。

「1＋2次」中的「2」，指的是一天結束前至少再利用兩段碎片時間，聽兩遍當天的任務單字音訊。比如你可以在中午吃飯時聽一遍，晚上睡前再聽一遍。聽的時候仍然要逼自己同步拚讀單字，遇到沒記住的詞就立即回到文本再背一遍，直到記牢爲止。

聽寫練習記憶法

另一個記憶的好方法，是做聽寫練習。如果時間有限，你可以把聽寫和純聽單字音訊結合在一起，聽的時候就準備好小本子，同步聽寫。

如果時間充分，還可以每天抽出 15 至 20 分鐘時間專門做一次聽寫練習，遇到拚不出來的詞就快速地回到書本進行二次記憶和複習。

和背單字類似，古詩詞記憶也可以使用多感官刺激記憶法。比如背誦蘇軾的《念奴嬌·赤壁懷古》時，我們就可以把周杰倫譜曲演唱的《念奴嬌》這首歌下載下來聽：「大江東去，浪淘盡，千古風流人物。故壘西邊，人道是，三國周郎赤壁。」邊聽歌，邊體會，確實能記得更清楚、牢固。

我還記得自己在中學背誦蘇軾的《水調歌頭》和李煜的《相見歡》時，就配合著聽了王菲和鄧麗君所演唱、以這兩首詩詞爲藍本創作的歌──《明月幾時有》以及《獨上西樓》。和詩以歌，將古詩詞配以現代流行音樂，同時刺激視覺與聽覺，記起來就快了不少。

除了聽覺，我們還可以調動嗅覺和味覺。比如，背「chocolate」（巧克力）

這個單字時，也同時吃一小塊巧克力，邊嚼邊記，當再次吃到巧克力時就更容易回憶起這個單字，或在看到「chocolate」這個詞時就想起了當時的味道。

說來有趣，在所有同水果相關的單字裡，除了 apple 和 banana 這樣的常見水果外，我記得最牢的當屬「durian」（榴槤）這個詞。為什麼呢？我上小學三年級時，父親有次到馬來西亞出差，順便帶了當地的冰凍榴槤回家。我在品嘗這種味道獨特的水果時，媽媽在一旁笑著說：「知道榴槤的英語怎麼說嗎？durian、durian、durian……」

一邊是「上了頭」的又臭又香的榴槤滋味，一邊是媽媽清亮的英語複讀，從此我對 durian 印象深刻。

第 2 小課　縮略詞記憶法

我常用的第二個記憶方法叫「縮略詞記憶法」，無論是記單字還是背誦大段的史、地、政，這個方法都特別實用。可能不少同學對縮略詞記憶法耳熟，但幾乎沒用過，那麼不妨在讀完我下面的介紹後就嘗試看看。

當我們需要記憶一個系列的知識點時，不要馬上開始從頭到尾、逐字不差地記憶完整內容，而是把這個知識系列拆分成若干個片段，或說是「關鍵元素」，接著把這幾個關鍵片段的元素組成一串縮略語。

我們首先把縮略語記熟、記牢，再通過這串縮略語，以點帶面地記好全部內容。之後，每當我們看到這串縮略語時，就能根據關鍵元素，逐一回憶出所有內容。

這麼說可能有些抽象，那就舉一個幾乎我所有美國同學都耳熟能詳的例子：北美洲有著名的五大湖，包括蘇必略湖（Lake Superior）、密西根湖（Lake Michigan）、休倫湖（Lake Huron）、安大略湖（Lake Ontario）以及伊利湖（Lake Erie）。

這五個詞乍看沒有任何關聯和規律，但如果我們把它們的首字母抽出來再看呢？S、M、H、O、E——好像還是沒看出什麼門道。再把這些字母的順序調換一下呢？是不是就變成了——H、O、M、E、S，也就是英文單字 home（家）的複數形式 homes？這時，我們就把五個單字變成了一串縮略語——homes，然後就可以想像在湖面有許多房屋（homes）。由此一來，記

憶北美五大湖就變成了以 HOMES 這個縮略詞為線索，再通過每個字母記下其相對應的湖泊名稱。記憶過程瞬間簡單了許多，效果卻更加牢固。

在哈佛商學院攻讀 MBA 時，我每天都要研讀大量商業案例，記憶和理解紛繁複雜的商業原理。所幸不少知識點都可以通過縮略詞記憶法，被概括成簡練的關鍵字串，記憶難度也相應降低。

比如行銷學教授傑瑞・麥卡錫提出的「4P 理論」，就是將產品推廣時需要考量的四個關鍵因素總結成了四個以 P 開頭的單字，包括 people（人，核心用戶群是誰）、place（地點，應該在哪些區域進行推廣）、price（價格，產品應該如何定價才最吸引消費者）以及 product（產品本身應該具備哪些屬性特質才富有競爭力）。

諸如「4P 理論」的縮略詞商業原理還有很多，我在哈佛幾乎每天都會學到、用到。通過縮略詞法去記憶抽象繁複的知識點，真的非常有效。

另外學過財務會計的同學可能對這個概念比較熟悉——在計算存貨成本時可以用到的幾種方法包括先進先出法、加權平均法、移動平均法、個別計價法以及後進先出法。

雖然逐個背誦並非不行，但記起來比較費力，還容易遺忘。如果我們把這五個名詞的第一個字擇出來，組成一個縮略詞串——「先加移個後」，然後再去相應記憶呢？是不是就更容易了？以後每次需要複述這五種方法時，都可以從「先加移個後」開始，就會順利得多。你也開始試試吧！

第 3 小課　聯想記憶法

我要講解的第三個記憶方法叫「聯想記憶法」，和縮略詞記憶法一樣，也是很多人聽過卻沒真正用過的一種方法。聯想記憶法主要包含以下幾種最重要的分類和用法：

接近聯想

「接近聯想」，就是利用相互接近的事物進行聯想和記憶。 在記憶一個知識點的時候，自然聯想起和它有相同或類似屬性的另一個相近知識點，這樣一來，我們就將片面知識的單個記憶變成了多個知識的立體記憶，從而顯

著提高記憶範圍與效率。

　　知乎平臺的記憶力大佬馨月老師就分享過「用接近聯想記憶法記歷史事件」，我後來也在參考使用。

　　舉個例子，當你學習漢朝歷史、了解大漢王朝的強盛時，就可以思考一下，同時期的世界其他地方，是否也存在和漢朝相當的強大國家呢？這時你就可以聯想到羅馬帝國。

　　通過漢朝想到了羅馬，它們都是偉大的王朝帝國，這就是重要的相近屬性。從漢朝聯想到羅馬帝國還沒完，我們還能繼續延伸，想想這兩個國家為什麼在幾乎同一時期變得如此強大？當時各自發展與崛起的背景是什麼？兩個國家都發生過哪些大事件？它們興盛的共同因素是什麼？等。

　　從這個例子我們可以看出，**接近聯想不但可以跨時間和空間、以點帶面，還非常有助於知識面的拓寬，從整體記憶的過程中提煉出共同的基本特徵與屬性，從而加大學習的廣度和深度。**

相似聯想

　　「相似聯想」和接近聯想雖然聽上去很像，卻有本質的使用區別。相似聯想，主要是通過聯想一個看上去相近的具體圖像，來記憶一個新知識點。

　　舉個非常通俗的例子：當你記憶中國地圖時，如果生硬地去記哪座山在中國的哪個區位、哪條河流經什麼省，可能不太容易記住；但如果你把中國地圖想像成一隻雄雞，雞冠是什麼位置，對應了什麼省分，有哪些山川河流；雞尾是什麼省分，有哪些重要城市和名勝古蹟，這樣記憶起來就容易多了。

　　類似地，你還可以把義大利的領土形狀想像成一隻靴子，把日本聯想成一條蠶或一隻海馬，把伊朗的輪廓聯想為一頂草帽……

　　相似聯想的精髓是把抽象陌生的新事物生動化、具象化，通過聯想自己熟悉的形狀、圖像來達到降低記憶難度的目的。

歸類聯想

　　第三種聯想記憶方法叫「歸類聯想」，這個其實也不難理解。**俗話說「物以類聚」，我們在記憶新事物時，可以把它和相同類別的東西捆綁起來，統一記憶。**

舉幾個很簡單的例子：比如你在吃酪梨的時候，可以想到，酪梨是一種原產於海外的熱帶水果，然後順便聯想記憶類似屬性的熱帶水果，比如百香果、榴槤、山竹等。

又比如文學史上的詩詞家多如繁星，我們可以根據相近的風格或時代將他們歸入特定流派，統一記憶。比方晉代的陶淵明、唐代的杜甫和白居易以及宋代的陸遊就都可以被畫進「現實主義流派」，共同特點是能夠真實具體地反映社會生活等。

第 4 小課　晨起／睡前記憶法

第四個很好用的記憶方法，我稱為「晨起／睡前記憶法」。這個方法其實並不是教大家怎樣去記憶，而是如何選擇記憶新知識點的最佳時間段。

基於過去多年的親測，我可以很有把握地告訴大家，在早晨起床和晚上睡覺前，你如果能用 15 至 30 分鐘的時間記憶新知識點（比如背單字），通常能獲得更棒的記憶效果。

大腦經過一夜睡眠，在早晨起床時往往處在最清醒的狀態（前提是睡眠品質過關），我把這種狀態稱為「3R 狀態」（recharged、refreshed 和 renewed 的縮寫）——充電滿格的、完全新鮮如初的狀態。

這個時候記東西不容易想睡，單位時間的記憶效率也更高。而晚上睡覺前，雖然機體已經很疲憊，但如果可以咬牙克服睏意，記憶幾個知識點，第二天起床後仍能記住相當大一部分——因為在睡眠狀態下，大腦幾乎不受干擾，所以睡前剛「餵給」大腦的東西就不容易被快速遺忘。

我在耶魯選修過一門很有意思的歷史課，主題是「日本列島史」。但有趣歸有趣，難度也頗高——通過一學期的 30 多次大課，密集研討日本從西元前神武天皇建國到 1868 年明治維新的歷程，時間跨度超過 2500 年，涉及的知識量大、知識點碎。要想在大考和期末論文中獲得好成績，就必須把課堂內容掌握扎實。

那一整個學期，我都在用晨起／睡前記憶法來對付課程中繁雜的知識點。早晨 7 點多起床後快速洗漱，到學院食堂邊吃早餐，邊用 10 分鐘時間記憶最近剛學的日本歷史要點——西元 4 世紀的大和國為何能成為日本的首個統一

政權？到唐朝的日本留學僧（遣唐使）都取過哪些「真經」？德川家康最信任的人是誰？深夜入睡前，我也經常拿出日本列島史的閱讀材料和課堂筆記，再次溫習、記誦各種細密的知識。

晨起和睡前記憶，竟然幫我獲得了過目不忘的體驗——這門課的知識點我記得扎實，結課時的成績也很好。甚至在寫這篇文章的此時此刻，我都還能憶起八、九年前選修日本列島史時背過的諸多細節。

第 5 小課　故事串聯記憶法

最後要介紹的記憶方法叫「故事串聯記憶法」，也是我自己需要短時間記憶零散知識點時經常會用到的。

前面說過，機械地硬記獨立知識點難度較大，遺忘率也高，因為獨立的知識點缺乏上下文的背景資訊參照。但如果我們把每個知識點「零件」都串聯起來、編成一個小故事，把它們放到有上下文的語境中，就彷彿給了這些知識點生命，讓它們變得更生動具象，也更好背了。

在這裡跟大家分享一個「故事串聯記憶法」很典型的案例：夏目漱石是日本著名作家，他的主要作品有《我是貓》《草枕》《虞美人草》《三四郎》《從此以後》《門》《行人》《道草》《明暗》等。

這麼多的作品如果要按順序一個個快速地記準、記牢，還真沒那麼容易。但日本著名的記憶大師阪井照夫利用「故事串聯記憶法」，輕而易舉地把這些作品依次都記了下來。

他是這麼「講故事」的：「我們是這間屋子裡的貓，枕草枕睡覺，草枕上畫著虞美人草，三四郎從此入門進到屋裡，門前蹲著來往行人，行人在採道草，道草是有明暗之別的道路。」

也許一些同學會覺得，這則小故事的情節聽上去怎麼怪怪的，個別地方有點講不通啊？但是，不必過分糾結故事編得好不好、在不在理。即使情節詭異也沒關係，只要你能通過這個故事把所有需要記憶的資訊串聯起來，讓它們在上下文中變得更生動好記，那麼降低記憶難度、提高記憶品質的目的就達到了。

10 天背完 4000 個 GRE 單字，我是如何做到的？

到這裡，我就介紹完了自己親測好用的五種記憶方法。必須說的是，方法固然會有幫助，但記憶這件事真的沒有捷徑。不管用哪種高超的方法，首先都需要你高度專注、肯下苦力。在應對一項記憶任務時，永遠不能抱有僥倖心理，不可偷懶、懈怠。

下面，我再和同學們分享自己高三上學期請假備考耶魯大學時，用 10 天時間背完 4000 個 GRE 單字的「拚命三郎經歷」，希望能通過這段故事，給你打一針強效雞血。

讀高中時，我的升學目標是耶魯大學，而申請美國本科就必須考 SAT。當時由於時間有限，我必須一次就獲得 SAT 高分，需要在 10 天內集中突擊，把難度很大的 GRE 單字一舉拿下。

GRE 是美國研究生入學考試，裡面的單字有多難呢？我可以這麼告訴你，有相當數量的 GRE 單字，就連很多美國人一輩子都沒見過、沒聽過、沒概念。

當時我買回《GRE 詞彙紅寶書》，裡面林林總總涵蓋了 9000 個 GRE 詞彙，除去自己已經掌握的 5000 個托福詞彙，我還需要搞定剩下的 4000 多個新詞。10 天集中突擊的計畫，意味著我平均每天要幹掉 400 個詞。

定好了目標，我就立馬開始了抱著紅寶書瘋狂背單字的 240 小時。說實話，這個記憶量確實是很誇張，之後和美國同學聊起這段經歷時，他們驚訝得下巴都快掉了，直說「Leo, noway, that was impossible！（Leo，不可能，這絕不可能！）」

其實，現在回想起那 10 天的瘋狂，我自己都覺得有些難以置信。當時真的就是一股勁在支撐著自己，每一天都是咬牙扛下來的。那幾天，我和紅寶書形影不離，枕頭旁是紅寶書，被窩裡是紅寶書，鍵盤上是紅寶書，浴缸邊還是紅寶書。

我具體是怎麼快速記下這 4000 個生詞的呢？坦率地講，當時我沒有走任何捷徑，只有盡量用高效、科學的記憶方法。

我把自己的背詞法總結為「六步雞血背單字法」（如下面內容）。簡單來說，就是多感官刺激、反覆聆聽、結合音節和釋義做單字拆分，並且特別注意把單字放在例句中做上下文理解記憶。

第 1 步　直接拼讀，完整朗讀一遍單字和中文意思

第 2 步　拆分單字，拼讀音節

第 3 步　逐個拼讀每個音節中的每個字母

第 4 步　用三種不同的升降語調朗讀單字（模擬真實語境中單字的不同音調）

第 5 步　將單字中的每個字母一一拆分並拼讀，最後再次讀出單字和中文意思

第 6 步　將單字放在例句中，讀一遍句子，強化記憶

例：

1）global ['gloʊbl] 全球性的，全世界的

2）glo-bal

3）g-l-o-glo, b-a-l-bal

4）global, global, global

5）g-l-o-b-a-l global 全球性的，全世界的

6）Air pollution is a global problem. 空氣汙染是全球性的問題。

　　我還在背單字時積極「舉一反三」：在按字母順序背過一遍後，我又從網上下載了分類詞庫，看到「fastidious」（挑剔的）這個詞時，馬上在眼前和腦海中聯想近義詞 picky、critical、stringent，背一個詞的同時複習五六個詞，事半功倍。

　　另外，我堅持「聽單字入眠」，也就是上面介紹過的「多感官刺激記憶法」和「睡前記憶法」。我會把 MP3 放在床頭櫃上，循環播放詞彙音訊，任由一個個單字的發音通過聽覺刺激大腦記憶中樞，直到自己累得沉沉睡去。第二天早上醒來時，MP3 經常已經沒電關機。在複習時，往往發現前一晚「聽背」的單字都已記得非常牢。

再有就是不服輸的那股勁，一種走火入魔的狀態。跟媽媽聊天時，我會突然走神，念叨出剛在腦子裡安家的單字，我會逼我媽隨時隨地考我記在小本子上的難詞，以至於那幾天她見了我就想躲；看電視新聞時，我會不自覺地將播音員念出的中文詞即時翻譯成英文；就連有時說的夢話，都會用上紅寶書裡的詞彙。

　　而這 10 天的背單字煉獄之旅，不但十分給力地助我一次就考出了 SAT 高分，還讓我在往後幾年的耶魯求學中，閱讀大宗英文書卷時幾乎沒有遇到困難；讓我在撰寫任何種類的論文時，都能自如地運用各類詞語和用法，準確地描述自己的觀點。

　　同樣重要的是，這段經歷也刷新了我對自己記憶潛力的認識，讓我意識到，只要肯吃苦，沒有什麼是記不下來的。

　　跟大家分享這段「10 天 4000 詞挑戰」的盪氣迴腸的經歷，絕不是要誇耀我自己，而是想在介紹了這麼多方法和案例之後，再給同學們打一針強心劑。

　　世上無難事，只怕有心人。和大多數同學一樣，我不是天才，有一個公式在我們身上是共通的，那就是 —— 高效方法＋不懈努力＝成功與喜悅。

　　所以同學們，逼自己一把，現在就開始嘗試我推薦的記憶方法。我相信，你會收穫驚喜。

本課核心方法回顧

高效記憶的三個關鍵點

・關鍵一：努力把記憶過程趣味化，加入生動有趣的元素。
・關鍵二：把待記憶碎片資訊連成整體，做有規律的整塊記憶。
・關鍵三：借助自己熟悉的內容來記憶新知識點，以舊帶新。

LEO 親測好用的五大記憶能效提升方法

・多感官刺激記憶法：充分調動視覺、觸覺、嗅覺、味覺等不同感官提高記憶效率。
・縮略詞記憶法：以關鍵字、縮略詞對冗雜資訊進行概括和整合，提高記憶力。
・聯想記憶法：運用接近、相似、對比、因果等關係，進行聯想記憶。
・晨起／睡前記憶法：選擇記憶新事物的最佳時間段來提高記憶效果。
・故事串聯記憶法：通過自編故事把待記憶的零碎資訊串聯起來、降低記憶難度。

第2課
超級筆記，透澈吸收課堂所學

　　做學習筆記是每個學生都知道的一件事，卻也是最常被忽略、最容易做不到位的一件事。

　　其實何止是被學生忽略。你是否意識到，不管是老師還是家長，都鮮有人系統地教過我們到底該如何科學、高效地做筆記？我甚至遇過這樣的老師：他們認為記筆記是一件比較主觀的事情，還得看學生本人的習慣偏好，因此不需要專門講解筆記方法。

　　做學習筆記時，你是否基本「跟著感覺走」，或只是照別人的樣子依樣畫葫蘆？你是否對如何抓重點一竅不通？或，恨不得把老師說的每一句話、寫的每一行板書都全盤抄下來？

　　又或是另一個極端，相信老師講的內容都能在書上找到，自己上課時也聽得很明白了，所以根本毋須做課堂筆記？你是否覺得做筆記就是一次性任務，只需在上課時記上一通，下課後就高枕無憂了，很少拿著筆記做定期複習？或，即使有意識地在考前拿出筆記本，卻不知該從何看起？

　　你是否知道，做筆記的方法多種多樣，可以匹配不同的學習場景和學習目的？善做、善用學習筆記的人即使智商平平，也有更多機會獲得佳績，因為做筆記本身，就是課堂之外的又一次完整、深入的學習。接下來詳細分享我自己親測好用的幾種學習筆記法。不論你處於求學的哪個階段，都可以從中選擇一兩種試用看看。

第 1 小課　康乃爾 5R 筆記法

我力薦的第一種方法是「康乃爾筆記法」（Cornell Note-taking Method），由美國著名常青藤盟校——康乃爾大學的教授沃爾特‧波克（Walter Pauk）在其著作《如何在大學中學習》（*How to Study in College*）中首次介紹，並在此後的半個多世紀裡漸漸風靡全球。

在耶魯讀本科時，我第一次從寫作中心輔導老師那裡接觸到康乃爾筆記法，而身邊的同學中也不乏這種方法的擁護者。

康乃爾法是一種系統、完整的筆記方法，涵蓋了從課堂記錄到課後複習的全過程，下面講解具體的操作步驟：

首先將筆記本分成三個部分，我把這三部分總結為**「右大左小下長」**。右邊部分占整個頁面 70％ 的篇幅，叫做「主欄」；左邊部分是「副欄」，下方部分是「總結區」，這兩部分各占整個頁面 15％ 左右的空間。當然，大家也可以根據個人喜好，把紙面設置成「左大右小下長」。

將整張頁面畫分好後，我們便可以開始康乃爾筆記法的第一個步驟。以下我列出了 5 個以 R 開頭的單字，因為康乃爾筆記法還有一個別名，叫「5R 筆記法」。這 5 個以 R 開頭的單字，也分別對應了康乃爾筆記法的五個關鍵使用步驟。

康乃爾筆記法示意圖

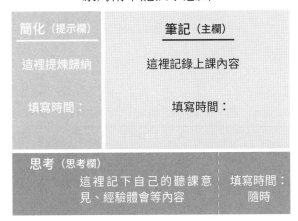

Record，記錄

第一個 R 是「Record」。上課聽講時，我們在右邊的「主欄」中即時記錄老師講課的內容，著重參照課堂板書記下新知識點和案例，但毋須逐字逐句聽寫老師的上課原話。所以這一步理解起來很簡單，就是同學們最熟悉的「上課記筆記」。

Reduce，簡化、簡寫

第二個 R 是「Reduce」，對應康乃爾筆記法的第二步。

下課後盡快抽出 10 至 15 分鐘，複習上課時在主欄記錄的筆記內容，再將裡面最核心的知識點提煉出來，以關鍵字、關鍵短語和短句的形式寫入左邊的「副欄」中。這也是康乃爾筆記法從課上延伸到課下的第一步。

Recite，背誦、記憶

第三個 R 是「Recite」。在這一步我們該做什麼呢？顧名思義，要通過一定的記憶工作，完成對課堂所學的複盤和鞏固。

在上課當天結束前，再次抽出 10 至 15 分鐘，拿出筆記本，用手遮住主欄，只看副欄中的關鍵摘要，然後盡可能完整地複述並記憶課堂內容。

Reflect，思考、回顧

第四個 R 是「Reflect」，也是第三步驟 Recite 的延伸。在這個環節只需做一件很簡單的事：把自己的聽課隨感和上一步複習筆記時遇到的困難和問題寫在頁面下方的「總結區」裡。

Review，複習

第五個步驟（也是康乃爾筆記法的收尾步驟）是「Review」。在聽課後的幾天裡，根據自己的實際學習情況，進行 N 次、每次 10 至 15 分鐘的筆記複習。

這裡的「N」完全由你決定。如果在經過前面幾步後，對課堂所學仍然掌握不好，則可以多次複習；反之，則可以「一遍過」。複習時，盡量先看副欄裡的關鍵知識點摘要，努力回憶相關內容，之後再回到主欄，仔細回顧

全部知識點和對應的細節。

　　我更建議大家把康乃爾筆記本和教材、習題集、試卷結合起來複習，盡力避免遺漏知識弱點和盲點。關於複習的詳細方法可見第4課（44頁）。

　　康乃爾法可以說是我自己用得最順手的一種筆記方法，其完整性尤其有助於知識點的鞏固。每一次完成從做隨堂筆記，到課後及時整理歸納，再到之後多次循環複習的過程，我都會覺得特別踏實、安心。

　　印象尤其深刻的是大一上學期開學時上微觀經濟學，那是我人生中頭一回用全英文學習經濟學，起初頗為不適應，上課時也常有知識點聽得似懂非懂、模棱兩可。但多虧了康乃爾筆記法的五個步驟督促自己按時進行課後總結、回顧和複習，我才得以及時彌補了各種知識漏洞，也才能在這門課程的期末考試中拿到了全班為數不多的A。

　　另外，如果你最近實在忙到沒時間完成康乃爾筆記法的五個步驟，也可以試試康乃爾筆記法的簡化版——「關鍵知識點記錄法」。

　　這種方法把頁面分成左右兩部分。我一般習慣把占頁面80％的「課堂筆記區」放在左邊，20％的「課後關鍵知識點提煉＋複習區」放在右邊。下面隨附這種方法的示意圖和簡單講解：

關鍵知識紀錄法示意圖

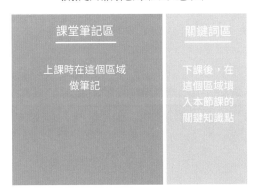

課堂筆記區

上課時在這個區域
做筆記

關鍵詞區

下課後，在
這個區域填
入本節課的
關鍵知識點

第 2 小課　主題分類筆記法

　　無論是康乃爾筆記法還是簡化版的關鍵知識點記錄法，其亮點都在於覆蓋了從課堂聽講記筆記到課後歸納和溫習的全過程，有助於我們提高對新知識的反芻和內化。不過大家仔細想想，這兩種方法是否存在什麼不足之處呢？

　　如果非要雞蛋裡挑骨頭，那就是用於做隨堂筆記的「筆記區」有待完善。結合上課場景，想想有什麼可以優化的點？

　　通常而言，老師在一堂新課上會講解不同內容，即使只圍繞單一知識點講課，也會涉及知識原理／概念介紹、例題講解等不同方面／環節。在使用康乃爾筆記法時，我們主要按照時間推移的順序做筆記，即老師講到哪裡，我們就記到哪裡。

　　除了基於老師講解的時間先後做隨堂筆記，我們還可以嘗試以一節課所覆蓋的不同內容為線索做筆記，而這也是「主題分類筆記法」的精髓。

　　舉個我自己的例子，大家就能秒懂：哈佛商學院的每節課通常會圍繞一個商業案例展開深度研討。在每節課的 90 分鐘（或更長時間）裡，教授一定會把商業案例拆分成幾個不同板塊（也可稱為環節／主題）來講解，最常見的畫分是：

1. 案例主角：比如公司 CEO、投資方、用戶等的討論與評估
2. 案例關鍵矛盾點：比如企業治理觸犯了當地法律法規和解決方案的分析
3. 案例所涉及商業原理：比如市場份額增長戰略的講解
4. 下課前的「問與答」環節，或課堂嘉賓分享環節

　　因此，根據這些「高度可預測的」主題分類，我會提前把筆記本頁面畫分成「n 宮格」（n≥2），每格對應一個課堂環節，比如上面舉例的畫分方式。在上課時我會高度專注，跟緊教授的節奏，每進行到一個環節時，就在相對應的格子裡做筆記。

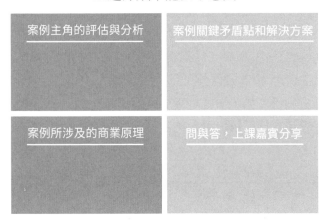

主題分類筆記法示意圖

| 案例主角的評估與分析 | 案例關鍵矛盾點和解決方案 |
| 案例所涉及的商業原理 | 問與答，上課嘉賓分享 |

　　經過分門別類後，課堂上的不同所學就更加一目了然了。課後我們也能輕而易舉地對照著筆記，評估不同主題內容的學習情況，更有針對性地完成複習。只要稍做思考就會發現，主題分類筆記法適用於任何科目，比如：

・語文課
1.課文內容（中心思想、寫法賞析等）
2.作者（生平、寫作風格等）
3.語言知識（文法、字詞表達等）

・理科課（數理化生）
1.基本公式定理
2.延伸變體公式定理
3.基本公式對應例題
4.延伸變體公式對應例題

・外語課
1.詞彙與句型
2.文法點

3.口語表達與發音

4.聽力練習

　　同學們可以在讀完本篇後，任意選取一節課做主題畫分，在下次上課時嘗試主題分類筆記法，相信會有耳目一新的體驗。

第 3 小課　移動筆記法

　　提到記筆記，大多數人的第一反應是「筆記本必不可少」，然後不由自主地聯想起坐在教室裡邊聽講邊奮筆疾書的情景，又或是閱讀時一本書、一枝筆、一本筆記本，一絲不苟做讀書筆記的樣子。總之，記筆記＝鄭重其事地記錄。

　　但其實，做筆記的方法遠不局限於康乃爾筆記、主題分類筆記以及精讀時的筆記。我們沒辦法無時無刻帶著筆記本，卻應該嘗試隨時隨地通過記筆記來鞏固日常所學。

　　「移動筆記法」就是一種更加輕鬆、靈活的記筆記方法。「移動」對應的是英文中「portable」一詞，也就是「便攜的、可移動和攜帶的」。

　　筆記如何「移動」起來呢？這就有賴於記筆記的工具了——便利貼和閃示卡。便利貼大家一定不陌生，這些正方形／長方形的彩色貼紙是文具店裡擁有極高人氣的存在。

　　「閃示卡」的英文是「flashcard」，在西方國家尤其流行，是幾乎每個學生的必備學習工具，和便利貼的差別在於不帶黏膠，主要由學習者隨身攜帶使用（比如放在口袋裡）。

　　移動筆記法相較傳統筆記法的一大優勢不言而喻：可以攜帶、隨時隨地查看和使用。另一項優勢也很明顯——毋須耗費過多時間和筆墨做詳細記錄，只需把涉及知識點的關鍵字、關鍵定理等言簡意賅地寫在便利貼／閃示卡上即可。

　　這種方法既適用於課堂聽講做紀錄，也能在考前衝刺複習時發揮奇效。當同學們備戰重要考試時，需要複習的知識點繁雜瑣碎，還經常四散在課本、參考書、筆記本等各種學習材料裡。這時候就可以把關鍵知識點寫在便利貼

上，再將便利貼貼在醒目區域，比如書桌上、床頭櫃上或冰箱門上，之後每次經過時，不費吹灰之力就能查看和複習。

下圖展示的是我在哈佛宿舍的一面牆，上面貼了兩種顏色的七張便利貼，一種顏色對應一門課，記錄的是我過去一週時間裡在商業戰略課和創業課上學到的熱騰騰的核心知識點，每天都能輕鬆查看。

根據對課業內容的掌握情況，我平均每週貼 5 至 10 張便利貼筆記，第二週再更換新的貼紙，用於記錄和溫習新一輪的知識要點、難點。通常而言，我不會讓便利貼「過週」，也就是前一週記在便利貼上的內容必須在當週結束前理解透澈，絕不拖延到下一週，以致變成「慢性疑難雜症」。

用閃示卡做關鍵知識筆記的方法略有不同。先準備好一定數量的卡片，隨後在正面寫下一部分資訊，在背面寫下另一部分資訊。

比如正面記錄一個問題，背面寫下針對這個問題的標準答案以及所涉知識點。如果用閃示卡筆記法背單字，就可以在正面寫中文釋義，背面寫相對應的英文單字、音標、詞性和例句。

最後，把準備好的閃示卡放在書包或口袋裡，隨時拿出來複習、自考。高三上學期用 10 天攻克 4000 個 GRE 難詞時，我就買了厚厚兩大疊閃示卡，每天睡前抽出 10 至 15 分鐘，把尚未背會的單字一一記到卡上，在之後幾天裡不斷回顧自測，直到完全掌握為止。

不管是用便利貼還是閃示卡，移動筆記法都可以幫我們提高在碎片時間裡的學習效率，非常好用。用這種方法，一週也許覺察不到明顯變化，但如果能堅持一個月、半年、一年，你一定可以在不知不覺中夯實所學、獲得長足進步。

第 4 小課　錄音筆記法

除了以筆和紙為工具的各種常規方法，我們還可以稍作創新、另闢蹊徑，比如以錄音的方式記筆記。在「記憶法」篇裡我介紹了「多感官刺激記憶法」，討論了通過動用多種感官來提高記憶功效。其實，這種辦法在做學習筆記時同樣適用。

很多同學都有同樣的苦惱：

「我當然想在課堂上又快又好地把老師的講解一字不漏地記下來，可是要麼自己寫字速度太慢，要麼老師講得太快，要麼一個知識點太冗長，做筆記真的來不及啊！」

這個時候，「錄音筆記法」就能發揮作用了。具體如何操作呢？上課時，老師正在講解的某個知識點內容龐雜，還下分了若干個小知識點，你沒法一一記在本子上。

這時候別著急，你要做的就是全神貫注聽講，盡可能不遺漏任何一個核心要點，並且爭取把大部分內容聽懂。在專注聽講的過程中，為了輔助記憶，

你也可以把老師講解的要點以短句或關鍵字的形式記在本子上，但注意：絕對不要讓寫字耽誤了聽講。同時，確認老師當前所講的知識點對應了教材的哪一章、哪一篇、哪一頁，越精確越好。

下課後，找一個安靜的地方，把老師在課堂上對知識點的講解和課本內容結合起來，接著用自己的語言盡可能完整、詳細地複述一遍，並錄成音訊存在手機上。保存時記得在檔案名中把學科、日期和相關知識點標注清楚。

做完這一份「錄音筆記」後，你就可以利用碎片時間——比如獨自吃飯時、坐公車搭地鐵時，隨時播放回聽，從而達到反覆溫習的目的。當然，在對課堂所學進行複述錄音時很難一帆風順，難免會在課堂上沒聽懂的地方卡頓。此時你可以暫停錄音，再次回顧教材中的相關講解；如果依然在理解上有困難，就該立刻把疑難問題記下來，及時請教同學或老師。

結合我個人的經歷，需要補充說明的是，錄音筆記法更適用於文科範疇，尤其是經常要背誦大段知識點的歷史、地理和政治科目。

打個比方：歷史課上的一個經典知識點是「辛亥革命的意義及其對後來中國革命的影響」，這個問題的滿分回答包括幾個大點和若干小點。除了可以把老師的課堂講解和板書記在筆記本上，或直接背誦參考書裡的標準答案以外，你還可以把這個知識點用自己的話完整複述一遍，並錄音保存好，在碎片時間裡重播溫習，通過刺激聽覺來加深記憶和理解。

即使你是住校生，學校禁用手機也沒關係，你依然能在回家時使用錄音筆記法。我可以很有把握地說，這個方法雖然聽上去有些「非主流」，但的確有神奇功效。

LEO 的學習儀式感

用縮略詞 & 符號為筆記提速

上面介紹「錄音筆記法」時提到了一個廣泛痛點：課堂節奏和老師語速太快，大家做筆記經常會來不及；如果逐字逐句記錄完整，就可能無法跟上後面的講解。

我在讀大學時也有過類似經歷，尤其對一位講起話來像說繞口令，並且帶著濃重南亞口音的印度裔經濟學教授印象深刻。

為了能跟上這位教授的課，我當時自創了一套縮略詞集 & 符號表，專門用於在節奏飛快的課堂上記筆記，效果很好，在這裡一併分享。但我的這一套內容更適合英語學習環境，所以同學們也可以稍加參考，再做一套自己用起來得心應手的縮略詞集 & 符號表。

LEO 的縮略詞集 & 符號表

∵ 因為（because）
∴ 所以（therefore）
☆ 重點（key point）
＝ 等於（equal）
≈ 大約（about）
＞ 大於（more）
＜ 小於（less）
△ 變化（change）
＋ 加、並且（plus、and）
↑ 增加（increase）
↓ 減少（decrease）
etc. 等等（etcetera）
w ／有（with）

w ／ o 沒有
i.e. 即（that is）
& 和（and）
Ans. 答案（answer）
esp. 尤其（especially）
e.g. 舉例（for example）
vs. 對抗（versus）
？問題（question）
ps. 附注（post script）

本課核心
方法回顧

康乃爾筆記法

又稱 5R 筆記法，覆蓋從課堂筆記到課後複習的全過程，分為 5 個關鍵步驟：

- Record，記錄
- Reduce，簡化、簡寫
- Recite，背誦、記憶

- Reflect，思考、回顧
- Review，複習
- 延伸：關鍵知識點記錄法

主題分類筆記法

根據課堂內容的不同主題／環節／板塊，把筆記本頁面分成幾塊（n 宮格），
每格內的筆記對應一個主題。

移動筆記法

將知識點言簡意賅地寫在便利貼或閃示卡上，再把便利貼貼在醒目的地方，
把閃示卡隨身攜帶，以便隨時查看。

錄音筆記法

上課時專注聽講，課後用自己的語言盡可能詳細、完整地複述課堂所學並錄
音保存，之後回聽複習。

第 3 課
有效預習，是成績進步的起點

在學校，老師和同學常掛在嘴邊的詞就是「預習」和「複習」。這兩個詞大家一定都不陌生，但真正掌握了正確預習和複習方法的同學，卻並不在多數。

對於預習，一些同學甚至認為沒有任何必要與價值，他們覺得只要上課認真聽講、下課完成作業就足夠了，完全不必提前了解上課內容。還有的同學即使知道預習有用，卻因為偷懶而從不付諸行動，也就無法獲得預習帶來的各種益處。

求學至今，我見過成百上千個學霸資優生，雖然每個人風格各異，但大家的一個共通之處，便是養成了扎實的預習習慣，一些人甚至還有「預習強迫症」——我本人也是如此。所謂「預習強迫症」，指的是如果在第二天上課前不翻翻書，提前為接下來的學習預熱，就會覺得這一天沒過完，心中不踏實。

且恕我基於自己的觀察，做個粗淺的結論：能否科學、高效地預習，經常是資優生與中等生拉開差距的重要原因。

《禮記·中庸》中有言：「凡事豫則立，不豫則廢。」用現在的話解釋就是：任何事如果事先有所準備，就容易成功；而如果沒有準備，則容易失敗。讀書學習也是同樣的道理，要想在學習中化被動為主動，更充分地吸納課堂所學，就需要事先（課前）「有所準備」，做好預習。

下面，我來和各位詳細分享自己在中學和大學階段最常用到的預習方法。

第 1 小課　限制時間專注預習法

首先，每天每門功課的預習時間不宜過長，我的建議是高效無干擾預習15 至 30 分鐘即可。

限制預習時長的原因很簡單，一是日常學習時間畢竟有限，如果預習占用的時間過多，用於完成當日作業和其他學習任務的時間勢必將被壓縮，甚至熬到深夜還可能沒法收尾，導致身心俱疲，影響更長期的學習狀態。

二是因為預習時間並非越長越好。預習畢竟不是「深度學習」，完全無須面面俱到、錙銖必較。別忘了，上課聽講以及課後的作業與複習才是學習過程中的重頭戲。預習時弄懂每一個知識點非但不現實，還可能因為自學不力而感到挫敗。

另外我也必須提醒大家，預習一定安排在完成當天作業和複習之後進行，因為知識點是逐步遞進、環環相扣的，只有把前面學過的知識夯實好了，才能為接下來的預習打下牢固基礎。

在讀初中和高一時，由於總體課業量尚且不大，難度也比較能接受，我每天分配給預習的時間是平均每天每科 20 分鐘，大概能通過預習初步學會60％至 70％的新課內容。

進入高二理科重點班後，課業量激增，再加上兼顧學科競賽等課外活動，可用於預習的時間顯著減少，但我提高了整體時間利用效率，平均每天每科堅持預習至少 10 至 15 分鐘。哪怕在最忙的時候，也堅持抽出 8 至 10 分鐘（每天每科）做快速流覽，為第二天的學習預熱。

高中畢業後，我把預習習慣帶到了耶魯校園。由於耶魯本科通識教育的學分硬性要求，我需要在大一時修完寫作和歷史等人文社科領域的課程（即使之後的專業是經濟學）。

這些文科課程對我這個初來乍到的中國理科生來說，起初的難度確實不小。為了保證上課時能跟緊教授節奏、不被難點困擾，我每天背著滿滿一書包的閱讀文獻到耶魯唯一通宵的圖書館，在完成當天的作業後做好預習，提前「開啃」最晦澀難懂的部分 —— 不管到多晚都咬牙堅持。

這份執著和努力，幫我實現了開學時暗暗許下的「野望」—— 大一學年的課程拿到全 A，獲得 GPA 滿分 4.0。

第 2 小課　制訂合理目標預習法

　　上面提到，預習絕非是拿出個把小時的整塊時間來「發奮苦讀」、靠一己之力深度攻克所有新課知識點。我將預習的核心目的總結爲以下三點：

- ・促進舊知識內化
- ・與新知識「混個臉熟」
- ・發現最難知識點

　　促進舊知識內化：我們要預習的內容，通常是前一課時知識的延續，所以預習的第一要務當屬溫習和鞏固舊知識，盡量消除遺留的知識盲點、疑難問題，才不至於一頭霧水地開始同新知識打交道。

　　舉個簡單的例子，英語課一定會學習各種完成時態，通常我們第一個接觸的是現在完成式，進而是現在完成進行式、過去／將來完成式、過去／將來完成進行式等。在預習更複雜的完成時態前，我們一定要先溫習、內化好最基礎的現在完成時，才可能更進一步，預習更高階的完成時態變體。

　　與新知識「混個臉熟」：上面提到，預習絕不是透澈自學，如果自己都能把知識點完全學會了，那也就不需要和老師在課堂上天天見了。

　　預習時掌握 100％新知識，既不現實也沒必要。我建議大家在預習時通讀一遍關鍵的章節、段落，但由於時間有限，可以暫時「不求甚解」，只需先熟悉一下新知識點的大致長相，淺嘗輒止就可以了。

　　發現最難知識點：預習新課時一定會遇到讓你覺得理解困難，甚至感到一頭霧水的內容，這時候千萬不要沮喪、苦惱。預習時學不會，實在是再正常不過的事情了。此時你應該做的，就是盡可能無遺漏地發現和總結最棘手的新知識點，在之後上課時盡力聽懂老師的講解。

第 3 小課　LEO 牌實操預習法

　　無論是在高中理科重點班的高壓應試年代，還是在後來的常春藤大學時代，我都沿用著同樣的預習實作方法，可以總結爲「預習前極速複習」「抽

象＋具象必混搭」和「動筆之後再聽課」三個關鍵動作。

預習前極速複習：讀過上面兩部分內容後，大家應該已經明白了這個方法的涵義。

每次預習前，我都會通過完成前一課的家庭作業、快速回顧前一課的課文／講義等材料來鞏固對「最近的舊知識」的理解和運用。

「快速翻書溫習」這個步驟通常會占我預習總用時的四分之一（比如計畫預習 20 分鐘，那麼我就先抽出 5 分鐘左右來回看前一課時的核心內容）。

抽象＋具象必混搭：這個方法該如何理解呢？很簡單。在學理科時，我們一定會遇到大量的公式定理，它們由不同字母和數位組成，同學們第一次看到時會覺得陌生抽象。我在預習理科內容時為了防止被這些抽象公式搞量，一定會把它們放進相對應的具體例題中，將抽象公式和具象習題混搭起來去閱讀、完成初步理解，難度就會降低許多。

拿英語學科來舉例，我認為在英語裡很難啃的骨頭是文法，如果在預習時只讀了「這時態那用法」的抽象解釋，估計很多同學都會覺得雲裡霧裡；但如果將某種抽象的文法時態和具象的例句、文段配合起來讀，在有上下文的語境中「初識」這個新文法點，就會容易不少。

動筆之後再聽課：本書的讀者朋友們一定會發現，我是一個熱衷於邊學習邊動筆的人──精讀時動筆做筆記、做書摘、寫書評，「抱老師大腿」時，帶好一枝筆、一本筆記本，即時記錄、總結，在預習時也不例外。

每次預習前，我都會備好兩種顏色的筆，一枝黑色，一枝紅色。具體的操作方法很簡單：用黑筆在預習時自己已經能基本弄明白的知識點旁打一個勾，或做一行簡單批註，旨在提示自己：嗯，這部分問題不大，我差不多搞懂了。上課時只需要跟著老師的講解再順一遍，就穩穩的了。

而紅筆的作用更大，我用它來標注預習後仍存在疑惑，或根本沒弄懂的知識點。換句話說，這枝紅筆是用來幫我拎出所有「硬骨頭」的。所謂「存在疑惑」的知識點，是指任何我還能提出疑問、在看具象習題時無法憑一己之力徹底讀懂的新課內容。

如果自己對一個知識點還有哪怕毫釐的不確定、不熟悉，我就會用紅筆把它標出來。高二文理分科後，我每次預習後平均會留下 30% 的黑色標注和

70％的紅色標注。大家應該可以從這個比例看出，我對知識點的過濾是非常嚴格的。

另外我想提醒的是，預習時要杜絕「想當然」，不要輕易地覺得「讀了一遍大概懂了」便意味著掌握了一個新知識點，其實不然。讀懂了，並不代表你會運用了，做作業時可能仍會卡關，所以最穩妥的做法便是盡可能用紅筆標出理解難點，在上課時著重聽講，力求徹底學會。

在耶魯攻讀經濟學本科時，我還會為難度相對最高的課程備好一本專門的「預習問題本」，在課前預習時將最棘手的問題（那些自己讀過後仍感一頭霧水的內容）記錄在這個問題本上，然後帶著熱騰騰的問題清單去上課。如果教授在課堂上沒有給出令我完全聽懂和滿意的答案，我一定會在課後繼續追問──關於在課堂外應該怎樣請教老師、清零知識難點，大家可以參考第8課（81頁）。

在哈佛商學院攻讀 MBA 時，每天的課前閱讀量都較重，有時甚至還會超過 200 頁正反面 A4 紙。除去上課、寫作業、日常作息和活動社交外，留給預習和課前閱讀的時間經常捉襟見肘。所以在哈佛，我還和兩位志同道合的同學組成了長期的課前預習小分隊，並將其命名為「LEO 學習小組（The LEO Study Group）──因為三位成員的英文名首字母分別是 L（Leo，我自己）、E（Edward）和 O（Oscar）。在課前閱讀量很大（比如總數超過 150頁），而小組任何一位成員又因為求職、學生活動等事項忙碌不堪的上課日，我們會提前對需要預習和閱讀的材料進行分工，大家分頭完成自己負責的章節，並根據定好的統一格式提煉預習難點問題、整理預習筆記，在上課前一天的晚上和小組成員分享。

有同學可能會問：你們這樣做真的可以嗎？老師會不會反對？

當然不會。實際上，許多哈佛教授都鼓勵學生自由組成學習／預習小組，互幫互助、共同攻克課業任務。哈佛商學院的教務處甚至要求每位 MBA 一年級學生在第一學期加入一個固定的學習小組，在課前一起學習、研討。

本課核心
方法回顧

限制時長專注預習法：

預習時間並非越長越好，要確保把充裕時間留給複習、寫作業等其他重要環
節。

制定合理目標預習法，關鍵目的是以下三點：

· 促進舊知識內化。
· 與新知識「混個臉熟」。
· 發現最難知識點。

LEO 牌實作預習法：

· 預習前極速複習：首先鞏固對「最近的舊知識」的理解與運用。
· 抽象＋具象混搭：把陌生的公式定理同具體習題案例相結合，從而促進理
  解。
· 動筆之後再聽課：將預習中已經弄懂的問題和尚未解決的問題分別標記出
  來（比如用顏色不同的筆進行批註），從而在聽課時更有側重點。

第4課
科學複習，夯實完整知識體系

預習和複習，一個是學習前的熱身，另一個是學習後的反芻，二者相輔相成，缺一不可。在介紹過自己的預習方法後，我再和大家探討一下「複習」。

相較於預習，同學們對複習更加熟悉，主要因為複習是「結果導向」的，尤其是在面臨可能改寫人生的大考前，幾乎沒人會完全放飛自我、放棄複習。即使是再不愛溫書的同學，也多少有些臨時抱佛腳的經歷。

在我分享自己一直使用的複習方法前，我們先來聊聊複習的重要價值。複習絕不僅是臨陣磨槍，幫我們在考試中多拿幾分那麼簡單。

首先，從宏觀角度來看，複習可以幫助我們形成連貫的「知識體系」。

俄國著名教育家康斯坦丁·烏申斯基曾說：「智慧不是別的，而是一種組織起來、強而有力的知識體系。」這裡說的「知識體系」，英文裡常常稱為 knowledge tree（知識樹）或 knowledge system（知識系統），意為一個涵蓋了不同門類知識，且知識之間相互關聯的綜合體系，正如一棵樹，樹幹、分枝、樹葉、果實和花朵相當於屬性不同的知識點，它們互相串聯，一同組成了完整的大樹。

而將各種知識聯結起來，搭建出一套完整的知識體系，也正是複習的核心任務。一個學生通過平時分模組、分章節、分課時的學習，可以基本掌握多個知識要點。但是，如果我們在學習過程中從未有意識地進行總結溫習，那麼很多知識點都將是孤立片面、凌亂無序的個體。而通過高效、透澈的複習，我們就可以將跨章節的各部分知識串聯起來，融會貫通、透澈理解，逐

步完成知識的系統化。

其次，定時、高效的複習能幫助我們查缺補漏、及時清除知識盲點。

我們在學習過程中難免出現漏洞，而複習可以幫助我們及時發現被自己忽略的、尚未弄懂的知識點。培養了良好複習習慣的同學，通常能更好地補全知識體系中的各種漏洞，在考試中卡關和做錯題的頻率就會明顯降低，進而在成績上取得領先。

有些同學不愛複習或不會複習，他們的知識體系就如同一張破漁網，千瘡百孔，那又怎能「捕到大魚」——學得統一：扎實、考得高分呢？

當然，複習的價值遠不止於以上兩點。學而時習，是最好的強化記憶方法。我相信很多同學聽說過德國心理學家赫爾曼‧艾賓豪斯提出的遺忘曲線理論：「剛記住的內容在 1 小時後平均只能保留 44％ 不被遺忘；兩天後，這個比例更會下降到 28％。」可以說「記了就忘」是人類的普遍規律，即便是記憶天才，也不可能永遠過目不忘。為了避免不斷地遺忘，我們就需要不斷溫習、不斷鞏固大腦對新知識的記憶與理解。

在討論過複習的重要意義之後，接下來「上乾貨」——分享我本人一直在用的幾個複習方法。從初中到高中再到大學，下面要介紹的方法總能幫我夯實學習基礎，在考試中披荊斬棘、獲取高分。其中一些方法貌似平淡無奇，卻是實實在在有效，建議你讀完本篇之後就用起來。

第 1 小課　分階段複習法

上面說到，「臨時抱佛腳」是廣大學生備感親切的一句話。考試前一晚才開始拚命突擊、臨陣磨槍的感覺，是不是挺酸爽的？如果運氣好，佛腳抱對了，也許還能通過考試，拿到令自己滿意的分數；但更多時候，臨時抱佛腳沒辦法發揮出立竿見影的神效，讓我們在考場上有如神助。

更有一些同學自嘲道：哈，我考試前那都不能叫做複習，那簡直是打開嶄新的書本，從第一頁開始自學啊……平時不努力，考試就只能徒傷悲了。

這樣的現象非常普遍，在國內大學生群體中尤甚。臨時抱佛腳、複習即預習對我們的危害著實不小。因為平時不努力學習而在考試中失利，影響的不單單是一門學科、一個學期的成績，更可能會直接阻礙我們往後的升學和

就業，可謂遺害無窮！

　　這也引出了我的第一個複習方法：「分階段複習法」。溫書，不該是考前爆肝熬通宵，而應該成為一項平日裡不斷持續的學習活動。上完新課後、週末有空時，以及考試前，都該抽時間複習。

　　我通常習慣將「複習」拆分成「小複習」「中複習」「大複習」和「大考前複習」四種階段性複習。

小複習

　　這是頻次最高、最日常、最基礎的一種複習，需要覆蓋的知識量也最小、最零散，我通常會在每天放學離校前進行一次小複習。

　　具體做法很簡單：拿出每個學科當日的課堂筆記，快速回顧一遍筆記要點，有時還會「自問自答」——遮住詳細記錄區，只根據要點區裡記下的關鍵字考察自己對當日知識點的理解情況。關於如何記筆記、使用筆記進行課後複習，大家可以參考第2課（26頁）的詳細講解。

　　每次小複習，我會著重於當日出現最多新知識點的主要科目，每門學科平均花10至15分鐘溫習即可。在小複習自查過程中，我也會將遇到的盲點、難點及時整理出來，記錄在一張單獨的問題清單上，之後盡快找老師請教解決，關於如何請教老師，請大家參考第8課（81頁）的內容。

中複習

　　這是每日小複習之後的「進階版」複習，建議每週進行一次即可。在新知識點最密集的高一、高二，以及課業難度明顯提升的大三、大四，我每週末都會雷打不動地抽出大約2小時（具體時間大家可以視個人情況確定），把每門功課的課堂筆記等所有學習材料拿出來，完整、仔細地回顧一遍當週所學。

　　我尤其會把注意力放在前一階段每次「小複習」中出現的盲點、難點，以確保自己在請教老師、訂正錯題後已經透澈地掌握了相關知識。在「中複習」中遇到的任何問題，我都會及時記錄在問題清單上，在下週回校上課時盡快請教老師，一一搞懂。

大複習

如果小複習和中複習做得很扎實，那麼大複習的負擔就會減輕很多。

顧名思義，「大複習」是基於前兩階段日常複習的一次更宏觀的總結性溫書，我通常會在每個月月末（比如每月最後一個星期天的上午）進行一月一度的大複習，做法和小複習、中複習大同小異：結合前一階段的課堂所學和課外學習資料，系統地梳理過去數週的所有知識點。

因為在小複習和中複習階段已經很積極地做了日常知識掃盲，大複習通常不會再遇到明顯的「瓶頸」。當然，我有時也會在大複習中為自己加碼：結合當前學習情況，我會挑選一定數量的課外補充習題（經常是在「抱老師大腿」時，老師推薦的參考書練習）——尤其是那些最典型的、涉及了多個知識點的進階難度大題，掐時間獨自完成。

在這個加碼練習環節，我通常會有意地「自虐」，用最刁鑽的難題發現深藏不露的知識弱項和盲點，一一總結好以後向老師請教。如果真的被題目難倒了，我反而會感到喜悅——學無止境，我又發現了自己還沒掌握的問題，又獲得了進步的機會，這多好啊！

大考前複習

這是分階段複習法中的最後一環。如果前三階段的複習你都嚴格執行了，那麼「大考前複習」就不會帶給你新的負擔。因為這一路走來，你一直在努力地邊學邊溫習，考試會涉及的內容，你都已經在平日裡扎實地內化好了。

我記得讀高中時，自己幾乎沒有過一次考前挑燈夜戰的經歷。當身邊一些同學因為考試而備感壓力，因為複習時發現的各種難題而愁眉不展時，我早就輕鬆、快速地回顧好了小複習、中複習和大複習時總結的所有要點、難點，然後胸有成竹地闔上書，靜待第二天的考試了。

第 2 小課　關鍵字串聯回憶複習法

複習是一件高度個人化的事，最適合自己的複習方法就是最好的方法。大家在複習時不要總想著標新立異，進而刻意地嘗試某些聽上去很獨特、很「神」的方法。從中學至今，我用的一直是樸實無華的複習方法，下面要介

紹的「關鍵字串聯回憶複習法」也是如此。

在上面的「分階段複習法」部分提到，我每次複習時都會結合課堂筆記本，根據筆記要點區裡記下的關鍵字來回憶每個知識點的相關內容。

以一個關鍵字為起點，我們能以點帶線，再到面，完成對一整個「知識雲團」（也可稱為「知識矩陣」）的複習。除了基於課堂筆記，同學們還可以拿出一張白紙，進行以各個關鍵字為線索的複習。做法很簡單：

‧第一步：一張白紙對應一個知識模組，在紙上寫下所有這個模組的知識點關鍵字（比如歷史課的「辛亥革命」「武昌起義」，地理課的「德國魯爾工業區」）。

‧第二步：逐一對照關鍵字，在不翻教科書、不回看作業的情況下，盡可能多地回憶起與一個關鍵字相關的知識點，越多越詳細越好。延伸回憶的具體做法很靈活，大家既可以把所有串聯的知識點在關鍵字旁寫出來，也可以僅僅是在大腦中默想。

以「德國魯爾工業區」為例：從這個七字關鍵字就能延伸出一整個「知識矩陣」。有哪些知識點能被「串」起來一起複習呢？比如這個工業區的地理選址、歷史沿革、核心產業與代表企業、與其他歐洲工業區相比的優勢和劣勢、未來的機遇和挑戰五大重要知識點。

然而我們的延伸複習還遠未結束，這五個要點只能算是「第一級延伸」，每個要點又可以做為一個新的「關鍵字」，繼續衍生出第二級知識點。比如，圍繞「地理選址」，我們又可以串聯複習到魯爾工業區選址的自然環境因素（土地、能源、水源）和社會經濟因素（交通、市場、勞動力、技術、政策）等相關知識，所以關鍵字串聯回憶法可以說明我們抽絲剝繭、層層深挖到最細緻的知識內核，從外向內地將一系列知識複習充分。

如果同學們選擇將延伸的知識點寫在紙上，還可以嘗試使用心智圖這種形式。心智圖的發明人是英國人東尼‧博贊，他在《心智圖大腦使用說明書》這本書裡首次介紹了這種深受大眾青睞的記錄方式。

心智圖運用線條、符號、詞彙和圖像，把一長串資訊變成彩色的、容易記憶的、有高度組織性的圖，畫起來非常簡單，而且有較高趣味性，可以幫助同學們學得更縝密、有條理。

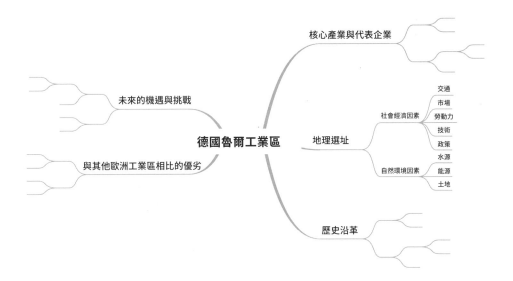

如上圖，心智圖的「中央內核」可以是關鍵字串聯回憶複習時的某個關鍵字，比如「德國魯爾工業區」，而從這個內核向外發散出的第一級主幹、第二級分支、第三級次分支等元素，就對應了我在上面提到的各級知識要點。

心智圖不但很好上手，還能幫我們在大腦中形成一個生動的視覺圖像，從而增強記憶效果。感興趣的同學們可以現在拿出紙、筆，以一個關鍵字為線索，嘗試繪製一份清晰具象的心智圖。

第 3 小課　小組互考複習法

雖然多數時候我都習慣一個人安靜地複習，但在讀大學時，我也開始嘗試「小組互考複習法」。在第 3 課（38 頁）裡我介紹了「LEO 學習小組」，而複習時和幾位同學一起溫習、互考，同樣效果極佳。

「小組互考複習法」的步驟並不複雜：

第一步：找到 2 至 3 個同學組成日常複習小組。和你組隊的同學應該盡量滿足「三個相似」：學習成績與排名相似、學習動力與習慣相似、複習排程相似。

道不同不相為謀，如果你和成績、態度等方面都大相逕庭的同學搭夥，將很難獲得好的複習效果，不是氣氛出問題，就是雙方實力懸殊，根本沒法在同一個頻率上「共振」。

　　第二步：和組員們制訂一份「團體複習計畫」，包括碰面時間、地點、複習科目、每次會面的複習安排等。

　　我在耶魯讀大二時，有一門叫「博弈論」的經濟學專業課，重要性高，難度也高，於是我和同班兩位成績相仿的同學專門組成了「博弈論複習夢之隊」，大家確定了每週三晚上 7 點到 9 點在圖書館開會複習的計畫，並風雨無阻地實施了一整個學期。

　　第三步：在每次小組複習前，你都要提前花一定的時間（比如 1 小時），獨自過一遍當週的知識點，邊複習邊篩選，總結好自己認為最難的問題，包括你已經啃下來，但之後還需溫習鞏固的硬骨頭，還有憑一己之力還未能解決的疑難雜症。

　　帶著這份問題清單去和小組成員們碰面，花 1 至 2 小時進行「互考」，每個同學輪流出題，在互問互答的過程中不但獲得幫助，解決自己不懂的問題，也通過解答別人提出的問題來夯實基礎，有時還能發現之前被忽略的知識盲區。通過組員們之間全方位、多層次、多角度的互考交流，你就可以把查漏補缺做到極致，不留任何漏網之魚。

LEO 的學習儀式感

我是如何通過兩週高強度複習，一次性拿下 GMAT 考試高分的？

　　不少同學曾問我：「Leo 學長，我馬上要參加一項重要考試了（大家自

行代入期中考／期末考研究所考試／英語能力測驗／留學考試……）現在感覺壓力好大啊！眼看著時間一天天過去，我依然不知道該如何複習才好。身邊的同學好像都在熱火朝天地備戰，我真的有點慌。可以分享你的考前複習經歷和小竅門嗎？」

我非常理解大家身為學生的不容易，尤其是面臨一場可能改變命運的大考時的緊張和忐忑感。同為學生，我也曾一次次地經歷過備考的艱辛和獲得滿意成績後的喜悅。如果大考將至、時間緊迫，我們該如何複習才最好呢？

在這裡通過回顧我的 GMAT[註1] 兩週複習經歷，和同學們分享自己關於考前衝刺備考的幾大建議。

第一個建議是面臨「迫在眉睫」的大考，我們必須下定破釜沉舟的決心咬牙衝刺，絕不輕易怠慢和氣餒。

日語裡有兩個詞我特別喜歡：一個叫做「一生懸命」，意為拿出拚命的決心去努力做某件事；另一個叫作「必死に」，同樣是拚命、不怕死一般的努力之一。對於可能改變升學命運的重要考試，我們確實要拿出拚命三郎的勁，逼自己盡最大的努力備考、提分。

在申請哈佛大學商學院 MBA 之前，我為自己定下了「脫產兩週高強度複習備考 GMAT，並一次拿到令自己滿意的高分」這一目標。

GMAT 考試包含數學、文法、寫作和綜合性分析等幾個部分，滿分 800 分。對大多數國內同學而言，數學部分相對容易些，而包含了閱讀理解、文法改錯和邏輯題的文法部分難度就比較大。以英語為母語的英美國家考生如果想在 GMAT 考試中拿高分，也必須花大力氣準備一番。

哈佛商學院 MBA 新生的 GMAT 平均分是 730 分，全球第一，而我當時給自己定的「不二目標」是拿到 750 分以上，絕不妥協。為了給自己打氣，我在書桌和臥室牆上都貼了「GMAT 必勝」「一鼓作氣，殺 G 成功」等勵志標語，每天看幾遍，保持昂揚的備考鬥志。

第二個緊迫備考的建議，是一定要透澈、全面地摸清自己在「零複習」狀態下的實際情況，即「考前摸底」。

所謂「零複習」指的是完全未開啟複習前的「裸奔」狀態。這麼做，是為了精準地診斷自己當下最薄弱的環節，從而有的放矢地進行複習。

在兩週複習戰役打響的第一天，我在對 GMAT 了解寥寥、從未做過

GMAT 試題的情況下，直接下載並掐時間完成了來自考試官網的一套模考題。近四小時模考結束後，我立刻得到了此次裸考成績，並對照著官方答案，分模組地逐一分析，摸清了自己當下的強項和弱項。

比如閱讀理解部分的題目我幾乎全對，這得益於耶魯本科四年的高強度磨礪，而寫作對我來說也比較順利，這依舊要感謝論文作業對自己寫作能力的歷練；但是文法部分的邏輯題我總計錯了五道，主要由於自己從未接觸過任何文法邏輯題型，所以起初做題時找不到感覺；數學部分雖然得了高分，但並沒實現滿分，錯的三道題裡有兩道是排列組合題，這也是高中之後幾乎沒接觸過，以至於幾乎忘光了的一個知識點。

在裸考摸底後，**我的第三個建議便是結合當前情況（尤其是弱項），制訂最適合自己的備考計畫。**做規畫的重要性不必贅言，但很多同學對於如何規畫卻還沒有把握。

關於制訂時間緊迫的備考計畫，我有三條主要建議：**一是盡可能地把計畫制訂得嚴苛一些。**假設你每天的能力極限是閱讀 100 頁 ×× 書，在備考計畫表中就可以寫下一個比最大值再上調 10% 至 20% 的數字，比如「每天完成閱讀 120 頁 ×× 書」。這麼做當然不是憑空不切實際，而是有意識地為自己增加一份緊迫感。

不少人有過這樣的經驗：很多時候緊趕慢趕、火力全開，卻只能完成原計畫的 80%，而這個完成率實際上已經相當不錯了！所以把計畫裡的目標定高一些，就是在為自己加力。

二是將計畫細化、制訂不同時間節點的里程碑式小目標。羅馬不是一日建成的，備考當然也得耐著性子一步步地努力，才能最終到達考高分的勝利彼岸。假設你有一個月的備考時間，就可以以週為單位制訂備考階段性小目標，比如：

第一週，完成所有核心單字的熟練記憶。
第二週，做完全部五套模考題。
……

三是盡可能地將薄弱環節的相關計畫往前放，「先苦後甜」，最先攻克

最難的部分。這麼做的道理很簡單，剛開始複習時，我們的精力和鬥志都處於高位，最該一鼓作氣加強弱項，而複習薄弱知識點後取得的進步相對也更明顯，所以對增強信心更有幫助。

通過模考充分了解自己的強項和弱項後，我立刻在當晚制訂好了「LEO的兩週殺 G 計畫」。我首先在計畫裡明確了要使用的複習教材，尤其多選了兩本考友評價最高的文法邏輯練習冊。為了進一步彌補這個弱項，我還特意買了一本 LSAT 邏輯真題集（法學院入學考試，其邏輯題較 GMAT 邏輯題更有難度）。除了分項練習冊外，我又買了四套 GMAT 模考題，用於在考前 3 天進行完整模考，提前培養考感。

在兩週的大計畫框架下，我詳細地規定了第一週和第二週的單週複習計畫，並在每週計畫下進一步確認了每日計畫、每 3 天計畫，這些時間節點也是我此次複習的「階段性里程碑」。

有了備考計畫，接下來當然便是開始複習，而這也是**我的第四條建議：堅決執行計畫，絕不輕易服軟、偷懶，必要時逼自己以「一生懸命」的態度實現每項備考目標。**

很多時候，打敗我們的是自己綿軟下來的執行力；很多時候，「成」與「不成」之間真的只是差了一口氣。在高壓和緊迫時間雙重夾擊下，備考的滋味一定是不好受的，但正如健身舉重時我們會因力竭而痛苦，也會因堅持完成了訓練計畫而獲得多巴胺給予的愉悅和成就感，在備考時如果能堅持下來，我們也會在完成備戰、通過考試、取得高分後收穫極大的幸福感。

在備考 GMAT 的兩週裡，我似乎回到了高三上學期拚命記熟 4000 個 GRE 核心詞彙的「魔鬼 10 天」：進入閉關狀態，在複習時間裡盡可能排除一切和考試無關的干擾項，一心唯讀 GMAT 書。

我每天都咬牙執行著備考計畫，早上 7 點半早餐後準時開始複習，利用番茄鐘工作法專注做題、研究標答、訂正錯題、再次練習。上午 4 小時（3 至 4 個番茄鐘工作循環），午飯加午休 1 小時，下午繼續學滿 4 小時後，徹底放空大腦，去室外或健身房跑步＋舉啞鈴 45 分鐘，然後洗澡、吃晚飯，飯後休息 1 小時，晚上 8 點左右重啟複習，再做題 3 小時，直到深夜 11 點半或 12 點結束全天高強度的複習。

除了考前倒計時 3 天做模考和培養狀態以外，14 天中的前 11 天都是按

上述計畫堅持不懈地完成複習，每天保證高密度學習 11 至 12 個小時。

在每個整塊複習的時段裡，我都會集中火力攻一個主題。比如將第一週前三天的上午時段幾乎都分配給了我最容易出錯的板塊——文法邏輯題和文法糾錯題，而一直到第二週最後兩天的晚間，我才開始系統地溫習我最有把握得高分的板塊——數學習題。

隨著緊張、高強度的衝刺複習不斷深入，考試時間一天天逼近，由此也引出了我關於衝刺備考的最後一條建議：**考前一定空出幾天進行倒計時狀態調整，做模考題，動用「吸引力法則」發酵「應考殺氣」，不斷醞釀「考感」。**

「一生懸命」般的複習備戰絕非可持續，也絕不該一直延續下去。如果你到考試前最後一天仍瘋狂地做題到深夜，無論是身體還是心情都很容易疲憊不堪；更糟的是，如果考前爭分奪秒做題時「邂逅」了完全沒遇到過的知識盲點、錯題，你還可能會被挫敗感擊垮，甚至心態失衡，心神恍惚地上床後也可能無法安然入睡，進而直接影響第二天的應考狀態。

為了避免過度緊張備考導致的各種副作用，我建議同學們在考前幾天（幾天完全由你自己決定）開始慢下來、鬆下來，除了做模考題外，盡量為自己減負，不再加碼任何備考習題。

同時，就算你平常不輕信「宇宙能量」等聽上去有些玄乎的東西，也請盡量在考前最後幾天「迷信」一次，信服吸引力法則的引導——對於想得到的某件東西或某種結果，如果你虔心默念、努力召喚和追求，它就會在某一天來到你身邊，使「夢想照進現實」。

因此，在考前倒計時階段，請同學們多用正向意念為自己打氣，比如：「我這次托福一定能考到 100 分以上，為申請 ×× 大學打下堅實基礎！」「這一次我複習得很好，上考場時一定能考的全會、蒙的全對，一次就高分通過！」結合自己過去十多年無數次考試的經驗，我可以很負責任地說：這樣的默念鼓舞一定能起到積極作用，在考試時幫到大家。

在 GMAT 考試前的倒計時 3 天裡，我果斷地停止了前 11 天的連續自虐式複習行動，幾乎停做了所有單項練習冊裡的習題，只拿出備考開始時囤好的四套模考題進行模擬訓練。

第一天進行「不掐表、選擇性」的模考，上午、下午各拿出一套模考題，

只做完文法的全部題目，然後核對答案、分析錯題，全天模考練習總用時不超過 6 小時。

第二天進行「掐表、全模擬」模考，由於報名了下午場的考試，所以上午睡到自然醒，閱讀消遣性質的英文小說，午休後把自己關進安靜的書房，掐好表開始這天的完整模擬考試。

第三天仍舊是「掐表、全模擬」模考，但較前一天稍微增加難度。依舊睡到自然醒，然後選擇了一家嘈雜的咖啡館，在靠窗的座位坐下，在室內人聲和室外街景的雙重干擾下，戴耳機做完一整套模考題，旨在提前適應考場中可能出現的雜訊和干擾。

晚飯後回到安靜的書房，花 1 小時以非常淡定的心態回顧了過去兩週的複習歷程，回看曾經做錯但已經搞清錯因的難題。隨後默念這幾天的主旋律─「自己一定能考高分」若干遍，最後洗澡，熄燈，睡覺。

我參加的這次 GMAT 考試據說是那個夏天題目最難的一次，大概也是如此，當考試進行到一半時，我所在的考場竟然已有幾名考生棄考離場，可能是心態沒把握好，提前崩了。而我在答題時也確實經歷了驚險時刻，數學部分連續出現了備考時幾乎沒打過交道的題型，有兩三道題我竟然花了超過 5 分鐘進行演算（模考時數學題最快 10 秒搞定，最慢也不會超過 3 分鐘）。好在考前倒計時的 3 天裡，我充分適應了考試節奏，還為自己注入了足夠強大的淡定和信心，才得以扛下了這場比先前任何一次模考都難了不少的考試。

在答完文法部分的最後一道題、點擊完成考試的按鈕後，我的分數也即刻在螢幕上蹦了出來─760 分，數學拿了滿分。幾天後寫作成績也出來了，滿分。至此，我的 GMAT 迎考之旅圓滿結束，這次考試的分數也為之後成功地申請哈佛商學院奠定了堅實基礎。

在未來的日子裡，同學們一定還將迎戰多場重大考試，不管備考多累、考試多難，我都要在這篇文章的最後再送給大家一句話：快、準、狠，一鼓作氣複習，信心滿滿迎考，你一定能做**得很棒，考得超好**！

註 1：GMAT 是 Graduate Management Admission Test 的縮寫，中文名稱為經企管理研究生入學考試，是申請英美國家商科金融類碩士專案的學生需要完成的一項考試。

本課核心
方法回顧

分階段複習法：

杜絕臨時抱佛腳，日常可持續複習。將複習拆分成小複習、中複習、大複習和大考前複習四種階段性複習，隨時查缺補漏、避免考前突擊的狼狽。

關鍵字串聯回憶複習法：

從一個關鍵字起步，以點到線、以線帶面，逐步完成對一整套關聯知識點的複習。

小組互考複習法：

選擇合適的學習搭檔組成複習小組，定期通過提問互考等方式，一起清除知識弱點、盲點。

第 5 課
善做作業，讓學習遊刃有餘

作業，可謂是和師生們緣分不淺的一種存在。教師通過批改作業，及時把握教學效果，調整教學進度；學生則能在寫作業的過程中，鞏固所學知識點，及時發現問題，查缺補漏。作業的形式也多種多樣，大致可分為書面作業、口頭作業和實踐性作業，多維立體、全方位地操練學生，助其理解和消化課堂知識，並把知識運用於實踐。

然而，說到做作業，學子們心中都是五味雜陳。熱愛寫作業的同學恐怕寥寥無幾。本來好不容易放學了，想放鬆一下，看看電影、吃吃零食，可那麼多作業如同幽靈般縈繞在心頭、腦際，所有這些愉悅身心的事只好退避三舍，給寫作業讓道。作業催人忙，急急如律令。

於是，對許多同學來說，做作業就成了一個強迫與被迫的過程，「作業病」屢見不鮮。比如拖沓磨蹭，效率低下；粗心潦草，錯誤率高；一寫作業就如坐針氈、無限拖延作業時間；而學習基礎差的學生，面對作業時更是哭喪著臉、生無可戀。

像廣大學子一樣，讀書多年，我寫過的作業難以計數。尤其在美國讀本科和商學院期間，作業量之大、難度之高，在我整個學生生涯裡前所未有，因此我對作業壓力有著深切體會，也曾被繁重的作業弄得手忙腳亂甚至心態失衡。

不過，和作業打交道多年以後，我逐漸摸索出了適合自己又切實可行的方法，終於能在如山的作業堆裡「長袖善舞」了。

本課中，我將分享令自己受益匪淺的高效完成作業的幾項方法，助你克

服「作業病」，走出作業困局。

第 1 小課　提前庫存法

　　第一個要介紹的是我這些年一直在踐行的寫作業方法，我稱其為「提前庫存法」。一些同學看到這個名字可能會感到丈二金剛摸不著頭腦——「庫存」是什麼意思？

　　「庫存」的詞典解釋是「倉庫中實際儲存的貨物」，而在這裡指的是「已完成的作業」之意。因此，「提前庫存法」就是「提前將作業完成，並『囤起來』」的意思。

　　做個類比：假設一位挑夫需要在一段有限時間內，將總計一百擔的貨物挑到山頂。依照常規工期安排，這位挑夫也許每天挑十擔，就可以按時完成所有運送任務。然而這位挑夫很勤快，並且想提前把所有活兒幹完，於是除了每天既定的十擔，他還把原計畫第二天完成的一部分貨物在前一天便挑到了山頂，也因此可以在第二天提前運送第三天的部分貨物，以此類推……最終，這位挑夫得以提前若干天就完成了全部運送任務。

　　回到寫作業這個話題。「提前庫存法」的精髓，就是要求我們有意識地主動提前完成老師之後會布置的作業。

　　比方說，絕大多數同學在週一結束前只會寫完週二一早要交的作業，而用了「提前庫存法」的同學不但早早將這部分作業寫好了，還前瞻性地寫完了一部分老師即將在週二布置、要求週三一早提交的作業。

　　可能有同學會問，這和挑夫的情況還不完全一樣啊，挑夫要運送的所有貨物第一天就都囤在了山腳下，還可能是同一種貨物，所以挑夫只要有力氣、有時間，當然可以提前多挑點兒上山，先挑什麼後挑什麼都無所謂；可是作業習題每天都不一樣，我該如何提前知道老師在明天、後天乃至大後天下課後會布置的作業呢？這個問題確實有道理，但也可以通過以下幾種方法被輕而易舉地解決：

　　·**辦法一：**總有一些類似「保留曲目」的固定作業種類，比如語文老師布置的「週記」作業。我在初中和高中時，幾乎每週末都要寫一篇作文，因

此週記便屬於可被預測的一種作業。

那時我總會盡可能地在日常學習中擠出時間，提前多完成 2 至 3 篇作文，建立自己的「週記小庫存池」。

這樣一來，在別的同學剛剛開始為當週的週記作業發愁時，我只需從提前儲備好的「庫存池」裡任選一篇提交就可以了。省出來的時間既可以用來寫更多週記、擴充「庫存池」，更可以另做他用（比如提前寫其他科的作業，甚至就是休息放鬆）。

・**辦法二**：提前詢問老師。從初中開始用「提前庫存法」寫作業以來，我經常會在請教老師時，提前詢問未來幾天的作業都有哪些。教過我的大多數老師都欣賞這樣的問題，因為這說明「該生勤奮好學、積極求知、先人一步」嘛！試問哪個老師不喜歡教主動上進的學生呢？和老師確認好接下來幾天的作業後，就能避免做無用功、完成根本不需要做的作業了。

・**辦法三**：同樣簡單 —— 根據當前學習進度和內容來做「自主預測」，也就是自己判斷之後幾天老師會布置的作業。一般而言，老師講授的內容都是連貫成系統的，不會跳來跳去、沒有條理。

如果今天講完的是第一章節的 A 板塊，那麼明天或後天大概就要進入同樣章節的 B 板塊了。拿大家在中學階段都會學習的三角函數來舉例：通常老師都會先講解正弦（sin）和餘弦（cos）函數，之後才是正切（tan）和餘切（cot）函數。相應地，和正切、餘切有關的家庭作業也會緊隨正弦、余弦之後，所以同學們便可精準地判斷出未來幾天的作業，並提前做起來。

可能同學們接下來的問題會是：我真的有能力完成幾天以後的作業嗎？畢竟連課都還沒上過，所以對新知識點也是一無所知的狀態，那麼作業肯定也不會寫吧？

別著急。首先，「週記」這類常規性作業幾乎很少涉及新課知識點，所以同學們當然可以提前做起來，增加此類作業的庫存；另外，預習是提前熟悉新知識點的最佳方式，可以參考第 3 課（38 頁）的內容。通過我介紹的方法進行有效的預習後，就可以嘗試超前做新課作業。

不過，我建議大家不要太「野心勃勃」，一定別在預習之後就想把新課作業統統搞定。預習終究不是聽老師講課，因此在重難點的理解上很可能會

出現漏洞、偏差。所以我的建議是，在提前做新課作業時，只做最基礎的習題即可，從而保證較高正確率。至於大題、難題，還是等在課堂上學完、學透了相應知識後，再著手完成。

同學們別輕視了提前做作業、囤庫存的好處。如果每科每天都能提前多做一點作業，那麼所有科目加在一起的「提前作業完成量」就能幫你省出相當一段時間，贏別的同學一大截。在中學時，我總是能通過「提前庫存法」進入良性循環、先人一步，把學習的主動權牢牢地握在手中。

第 2 小課　碎片時間見縫插針法

第二個助我先人一步、高效完成作業的方法，我為它取名「碎片時間見縫插針法」。李大釗先生曾說：「誰對時間最吝嗇，時間對誰越慷慨。」莎士比亞也曾說過：「如果誰放棄了時間，時間自然也會放棄他。要讓時間不辜負你，首先你要不辜負時間。」這些絕不是雞湯，而是至理箴言。很多優秀的人就是因為對時間吝嗇到了極點，才成就了偉大事業。

過去多年的學習經歷告訴我，時間確實是海綿，只要願意擠，就一定會有。利用擠出來的時間，我們甚至能完成讓自己都驚訝的工作量。而爭分奪秒做作業，就是「碎片時間見縫插針法」的精髓。

以大多數學校的慣常安排為例：通常，老師會在上午主課講完後布置當日作業。換句話說，到中午時，我們應該已經知道至少 1 至 2 門課的家庭作業了——即便老師還未「官宣」，你也可以主動向老師詢問當天作業是什麼。

從午飯到下午第一節上課前一般有 1.5 至 2 小時的自由支配時間，除去吃飯、稍事午休等時間，保守估計應該還剩 45 分鐘的「空白碎片時間」。假設下午上三節課，那麼也將有兩個課間總計 20 分鐘。因此在放學回家前，我們就擁有了 45 ＋ 20 ＝ 65 分鐘的「空白碎片時間」。再估計得保守點，假設上廁所、和同學聊幾句等閒雜小事需要 20 分鐘，那麼我們仍舊有 65 － 20 ＝ 45 分鐘的碎片時間可以自由支配。

我是如何利用每個上課日的這黃金 45 分鐘呢？答案：見縫插針做和學習有關的事。

我會拿出三分之一的時間快速複習筆記中的當天重難點，可以參考第 3、

第 4 課（44 頁）的內容，而在剩下的至少半小時裡，我會開始做當天作業。

見縫插針完成的每一題雖然沒法幫我們顯著地減輕作業負擔，但積少成多的道理大家都明白。就像英國作家赫胥黎說的：「時間最不偏私，給任何人都是 24 小時；時間也最偏私，給任何人都不是 24 小時。」如果能抓緊碎片時間，把別的同學刷朋友圈、聊八卦的時間用在做作業上，你就更高效地利用了時間，也就能先別人一步完成更多課業。

「碎片時間見縫插針法」的另一個積極產物是，單位時間的寫作業效率比平常整塊時間的要高。原因很簡單——因為時間限制的存在，大腦潛意識會促使我們更集中注意力做題。我在碎片時間裡學習，無論是複習、預習還是寫作業，經常會不自覺地「催」自己：抓緊！還有 5 分鐘就要上下一節課了，現在必須把這兩題做完。

這個場景和吃飯很類似：如果有超過一小時的午飯時間，你一定會不緊不慢、細嚼慢嚥地吃；如果午飯時間限制為 15 分鐘，你自然不會東張西望、耐心品嘗，而是集中精力把飯趕緊吃完。

第 3 小課　不同作業間歇轉換法

第三個要強推各位嘗試的方法，我稱為「不同作業間歇轉換法」。顧名思義，做作業時不要從一而終、從頭到尾，也就是切忌太「專一」，而是採用「做一會兒 A 再來做 B，做一部分 B 再做 C，做 20 分鐘 C 再回到 A……」的寫作業模式。

這個方法的內在邏輯很簡單：長時間重複相同類型的工作會讓我們產生厭煩情緒，做作業自然也不例外。譬如說，今天數學老師布置了一整張密密麻麻的練習卷作業，包括了幾十道不同題型，預計要 2 小時完成。

如果你一口氣從頭做到尾，從下午做到天黑，也許做完一半時就已經疲憊不堪了。強打精神做完這張數學卷，再進入第二個科目的作業時，就容易出現注意力不集中、磨蹭和效率低下的情況。

為了避免這種情況發生，我在中學和大學時一直喜歡穿插著做作業，美其名曰「在五彩繽紛的作業百花園裡徜徉」。比如現在有數學、英語、物理和化學四科作業需要完成。首先，**我會按照個人喜好將四門功課按照「最不**

喜歡→最喜歡→第二不喜歡→第二喜歡」的順序排好。如無特殊情況，我一般最愛做數學題，然後是英語，最後是物理、化學，因此這四門的作業順序就將是「化學→數學→物理→英語」。**我建議大家在頭腦最精神、最活躍的時候先苦後甜，從最不喜歡的內容開始做起。**

依舊以我本人為例：趁腦力、體力仍然充沛，先做 15 分鐘自覺最枯燥的化學作業，隨後切換至「輕鬆愉悅模式」，做 15 分鐘得心應手的數學題，接著按照番茄鐘工作法規則內容休息 5 至 10 分鐘，可以參考第 17 課（188 頁），最後進入下半場的物理和英語作業，至此完成一整個「作業間歇轉換循環」。

不同學科作業穿插進行的好處可以歸納為「換腦子、防枯燥、提效率」。即便是再美味的食物，如果連續不停地吃，終究也會覺得膩，甚至再也無法下嚥；不好吃、不好玩的作業更是如此了。因此，在面臨繁重的學習負擔時，我建議同學們通過「不同作業間歇轉換法」，把寫作業變成一件不那麼痛苦的事。就算忙到實在沒空休息，也可以將「做英語選擇題」當做「解數學幾何題」的學習間放鬆，盡可能地苦中作樂。

寫作業的竅門很多，除了以上詳述的「高效作業三大法」，下面的方法也是我本人或身邊的學霸朋友用過後都說好的，同學們也可以根據自身情況進行嘗試。

第 4 小課　其他親測好用的高效寫作業法

先複習再做作業

如果時間允許，我強烈建議大家在動筆寫作業前，先抽出 10 分鐘快速複習題目中會涉及的知識點（尤其是當天的課堂內容）。這個道理和運動前做簡單的熱身一樣——通過複習，讓大腦先「活絡」運轉起來，提前熟悉一遍相關知識點，解起題來自然會更順利、高效。

假設考試作業法

很多人做不完作業是因為太磨蹭，剛寫了沒幾道題就開始心神渙散開小差，出去上廁所、吃零食，或玩會兒手機，時間就這樣被白白浪費了。為了對抗「寫作業拖延症」，我建議大家適時採用「假設考試作業法」，把寫作

業當成一場正式考試，在解題過程中嚴格要求自己，在規定的時間內禁止隨意走動、玩手機，只能專注於手頭的功課不放鬆。如果覺得自控力不行，就要考慮請一位同學或家長做為「監考老師」嚴控你的分心行為，甚至設置一定的「自我懲罰機制」。

　　要完成棘手的高難度作業時，尤其可以試試「假設考試作業法」。我在耶魯讀大三時，曾和同校的經濟學博士生們一起上最高難度的經濟計量學課。面對複雜冗長的週末作業，我也偶有欲哭無淚的崩潰感，甚至一道題都不想做。

　　但為了按時、確保品質地完成作業，在期末拿到好成績，我逼著自己用「假設考試作業法」，將做作業當成一場重要的考試，絲毫不敢怠慢。有一、兩次實在缺乏動力了，我就會邀請同班的一位博士學長一起在自修室寫作業。他是班裡成績最好的大神級學生，也是令我欽佩的學長榜樣。和他一起學習時，我總能保證自動充電滿格、明顯提高做作業的效率。

本課核心
方法回顧

提前庫存法：

想辦法提前預知作業內容，先人一步提前完成「未來」作業。

碎片時間見縫插針法：

充分利用課下零碎時間，爭分奪秒提前做作業。

不同作業間歇轉換法：

不同學科作業穿插進行，換腦子、防枯燥、提效率。

先複習再做作業：

熟悉一遍相關知識點，讓解題更順利、高效。

假設考試作業法：

把做作業當成一場重要考試，繃緊一根弦，從而顯著提高效率。

第 6 課
重視錯題，彌補知識漏洞

本篇專門寫給總把「粗心」當作錯題藉口的學生。

「這道題為什麼做錯了？」

「粗心了，沒仔細看題目。」

「哎呀，這道題其實會做啊，只是粗心了一下……」

這樣的對話是不是特別熟悉？

我一直覺得，「粗心」是漢語中一個包羅萬象、內涵深刻的清奇存在，也是深受學生「信任」和「依賴」的詞。一個小小的「粗心」，就完美概括了各種做錯題的原因，實在了不起！

「粗心」成了做錯題的最佳理由、最有力的擋箭牌，只要用上這個詞，很多人就自動輕視了錯題，在訂正錯題時敷衍了事。因為在很多人看來，「粗心」一點都不嚴重，沒必要緊張兮兮。然而，這種「做錯題是因為粗心」的態度，無形中耽誤了很多同學的學業，讓他們越往後學得越吃力、做錯題的頻率越高，曾經遠大的升學目標也益發遙不可及。

藉談論「粗心」這個詞，我要告訴各位：相比於「做題出錯」這件事本身，對待錯題的態度更加重要。以「粗心」為藉口進行搪塞，是對學業前途的不負責。

仔細想來，在求學的十多年裡，我之所以能從小學開始一路領先，從沒掉出過「資優生集團」，並非因為多麼卓越的智商，而是因為我太喜歡和錯

題打交道了，甚至可以用「與錯題鬥，其樂無窮」來形容。

不誇張地說，如果平日的學習太一帆風順、所有題目都容易得不費吹灰之力就能做完，我反而會感到無聊。如果在一次考試中拿到滿分，雖然是小確幸，但這樣的快樂通常稍縱即逝，因爲我總覺得沒過癮。相反的，如果做錯了一道題，或直接碰到不會解的難題，我才會興奮異常，好比遊戲玩家碰上了難纏的對手、獅子終於發現了可口的獵物。

我認爲，當出現了錯題，碰上了讓人百思不得其解、急得抓耳撓腮的難題時，學習中最有趣的環節才眞正開始。

換句話說：當學生的樂趣就在於幹掉錯題、攻克難題、不斷變強。這眞眞切切是我發自內心的話，如果你暫時沒法感同身受，甚至覺得我很奇葩也沒關係。我建議你現在做一件事，這對自己的學業有好處，那就是 —— 把上面加粗的那句話貼在牆上或書桌前，每天都能看到。

爲什麼同學們之間的成績差距會越拉越大？不是智商不夠用了，而是因爲有些人喜歡，也善於解決錯題；有些人卻對錯題視而不見。漁網上的漏洞遲遲不補、與日俱增，就永遠有漏網之魚；亡羊時忘了補牢，就會有源源不斷的亡羊。

下面分享我的錯題應對法，外加一份「LEO 牌錯題範本圖片包」，相信會對大家有幫助。

第 1 小課　LEO 牌錯題應對法

步驟一：快速確認爲什麼會做錯題？

知悉錯題原因是避免之後再犯的基石，也是徹底擺脫「粗心」這個萬能藉口的開始。注意：這是先導步驟，不要花太多時間，最多 1 分鐘，可以參考下面我整理的這份「錯題成因自查清單」。

爲什麼出錯了？

錯因 1　知識疏漏導致的「確實不會做」→步驟二的對策 1

錯因 2　審題不仔細，理解錯了題目要問的是什麼→對策 2

錯因 3　（錯因 2 延伸）錯誤認爲是之前熟悉的題型，沒仔細看完題幹、

疏忽了題目的變體／陷阱，便想當然地解題→對策 2

錯因 4　做題時注意力不集中，解題思路被干擾，導致最終答案→對策 3

錯因 5　（多出現在考場）心理素質不過硬；因緊張而發揮失常，原本會做的也錯了→對策 4

錯因 6　會做，解題過程也沒問題，寫答案時筆誤導致丟分→對策 5

錯因 7　（錯因 6 延伸）填錯答題卡導致失分→對策 5

錯因 8　無法歸入上述類別的其他錯因→對策 6

步驟二：根據診斷，攻堅錯題

如果你踏踏實實根據上面的清單確定了錯題原因，那麼恭喜你——終於不再是把粗心掛嘴邊的「想當然黨」了！下一步是根據錯因診斷，把錯題逐一幹掉，並盡量不讓它們死灰復燃。結合自己在國內外的求學經驗，我整理出了下面的「錯題攻堅方案指南」，很多做法都是自己這些年養成的習慣，供同學們參考。

・對策 1

「知識疏漏」有不同類型，可能是理科的公式定理沒理解、某種解題方式沒學會（比如幾何體加輔助線的門道），也可能是文科的記憶類知識點沒背熟記牢。總之，這是我認為最有趣的（當然也是解決起來相對痛苦的）一類錯因。

我的做法

1. 再次確認具體的知識疏漏是什麼。

2. 不要拖延！立刻翻開課本，找到對相關知識點的講解，輔以課堂筆記和練習卷等素材裡的內容。

3. 不要圖快！耐心仔細地學一遍。如果實在一頭霧水、自己沒法搞懂，果斷請教老師／同學。絕對不要怕丟臉，就算被別人罵「腦子笨」也沒事。學會知識是為自己好，沒必要顧慮太多。如果是文史記憶類知識點，基本上沒有捷徑，耐心背到滾瓜爛熟為止。

4. 學會之後，重新做一遍錯題，再次遇到磕絆也別怕，重複第三步或仔細閱讀和理解標準答案，然後再做一遍，直到完全會做，且答案正確為止。

·對策 2

這種錯因和智商無關，和心態有關，三個字——太浮躁，四個字——沒沉住氣。高中老師尤其擅長在題幹裡加變體、埋陷阱，而我們要做的，就是不放過題幹裡的任何一個字、一個標點、一個符號。精讀一遍錯題的題幹，把自己之前誤讀或漏讀的資訊用紅筆標記出來，警醒自己。

另外，把每次審題的差錯一一拎出來，總結一個「常見陷阱／變體大全」，比如數學裡的計量單位不統一、英語裡的前後時態變化等，最好列印出來夾在錯題本（下面會介紹）裡或貼在牆上，每天提醒自己，直到形成條件反射，以後再也不會誤解題意。

·對策 3

因為做題時開小差而出錯，是特別「冤大頭」的一種情形——並非不會做，只是不小心做錯了。說到底，還是專注力出了問題。我的建議很簡單：使用第 14 課（155 頁）介紹的方法，鍛造出強大的專注力。在「GMAT 複習備考經驗」一文（50 頁）裡，我也介紹過自己到嘈雜的咖啡館做模考的經歷，大家不妨一試。

·對策 4

因為緊張而在考試中錯誤頻出、發揮失常是很普遍的現象。這些年我的觀察是，相比於「魯蛇」，很多「學霸」反而更容易出現緊張情緒。

坦率地講，我一直是個比較心大的人，從小到大的各種考試，再到留學考試、托福、SAT、GMAT，再到後來在耶魯和哈佛的每一次難度頗高的期末考，我幾乎一次都沒緊張過——算是個怪胎吧！

我這種不緊張的情緒，多半源於調整得比較從容的心態。首先，我從很小的時候就懂得告訴自己：考試真沒什麼特別的，只不過是對前階段學習的一次總結而已。進考場前，我很少思忖考完以後會發生什麼，不論好與壞。

另一個心態更關鍵，那就是（此處畫重點）——我會告訴自己：第一，考試時一定有很簡單的題，也會碰上可能讓我苦思冥想、抓耳撓腮的「變態題」。對於後者，結果要麼是幸運做對，要麼是出錯丟分，但即使丟分，我依然有機會取得好成績。第二，「我難人也難」，折騰自己的題目同樣不會

讓別的同學好過，所謂「We're all in this together」，大家都在面對一樣的試卷，都有一樣的忐忑，所以沒什麼好怕的。

試著照我上面說的去調整心態，也許你下次考試時就不會再因為緊張而出錯了。

・對策 5

因為筆誤／填錯答題卡而出現錯題，實在非常不應該！建議老出這種狀況的同學賞自己一巴掌。我沒什麼妙招，唯有這個笨辦法分享：首先是靜下心，多檢查一遍剛寫的答案。除了言不由衷之外，「筆不由腦」確實也會發生。要想規避，只能耐心檢查校對。

其次，針對答題卡塗錯、塗串列的問題，我的做法是，首先在答題卡上用鉛筆在整數序號旁畫幾條橫線，比如在第 5、10、15、20……道題的位置畫橫線，做為參照標準。這樣，即使前面塗錯，也有很大的機會發現問題、及時止損。

・對策 6

在學習過程中，如果發現了其他做錯題的原因，也不要忽視，應該及時複盤、改正和總結，避免同樣的錯誤再次發生。

步驟三：整理錯題、時時複習

清楚了錯因、訂正了答案還沒完，我從初中起就有的另一個習慣，是建立和更新錯題本／錯題集錦，將所有錯題整理歸檔，便於隨時翻看、複習。

有人會說，都 21 世紀了，「錯題本」這種舊辦法早該過時了吧？

我不贊同這個觀點，因為「流水的時代更迭，鐵打的學習方法」。整理歸納錯題，就是永遠可以讓我們獲益的好方法。試想，如果不把錯題分類整理到同一個地方（錯題本）上，而是讓它們四散在不同教材、參考書、試卷裡，也許在剛訂正時，你還知道某道錯題的「座標」，但過了一段時間之後就可能遺忘，甚至找不到。

而錯題本相當於錯題的集散地，集結了不同性質和時期的錯題，用英文說就是非常 systematic（系統性的）和 comprehensive（綜合全面的）。

第 2 小課　錯題本操作指南

　　「一冊錯題本在手，知識弱點盲點全有。」關於如何建立和使用錯題本，我的經驗有這幾項：

　　1. 歸檔優先順序：因爲「確實不會做」而錯的題，優先收錄。因爲考場緊張／發揮失常等做錯的本來會做的題，可以不收錄。

　　2. 科目：理科（數理化生）更適合做錯題本，尤其是公式定理類的計算題；文科視情況，英文的文法和固定搭配等也適合，但題幹長的記憶類題目（比如史、地、政大題）不一定全篇摘錄。

　　3. 快捷形式：實在沒時間手寫整理錯題的同學，至少嘗試將錯題內容拍照（包括題幹、錯誤答案、正解訂正），之後存進手機／電腦的相簿（命名格式可以是：日期—學科—知識模組，比如「202003—數學—解析幾何1」）。

　　4. 使用錯題本複習的建議：

　　（1）我的慣用複習時間軸：將某道／某批錯題整理進錯題本之後的 24 小時、一週、半個月後，以及涉及該題知識點的考試前 24 小時，複習錯題，用手遮住錯解和正解，完整重做一遍，直到 100% 確認「無障礙做對」爲止。

　　（2）狀態標記：在記錄錯題一週後，以及考前一天回顧錯題時，我習慣用三種顏色記錄當時狀態。綠色代表「輕鬆無障礙做對錯題「，黃色代表「需要一定思考／稍微卡關，但最終能做對」，紅色代表「仍有問題，不會做或沒做對」。對於黃色和紅色狀態題，我會再次梳理相關知識點，或直接請教老師，速戰速決。

　　（3）以上的錯題本使用法和第 4 課（44 頁）、第 8 課（81 頁）介紹的方法可以共用，增強效果。

　　回想高中晚自習的那段日子，大多數同學都把時間用在做校內作業和課外新題上，但我每天都會抽出一點時間，抱著不同科目的錯題本，複習最新出現的錯題，把它們都扼殺在搖籃（錯題本）裡。

　　在耶魯和哈佛讀書的幾年，我遇到了不少志同道合的夥伴，他們也都癡迷於和錯題「鬥爭」，出現錯題後的第一反應不是沮喪或忽視、放棄，而是

興奮地把錯題拎出來研究，直到徹底明白為止。

　　我的親身經歷，以及自己對不同學霸的觀察都可以說明：好好攻克一道錯題，真的勝過拚速度做五道新題。祝大家「殺」錯題愉快！

　　最後分享我的「LEO 牌錯題範本圖片包」，大家可以根據實際情況，選擇適合自己的 1 至 2 種用起來！

LEO 的錯題本範本 1						
序號	錯題題幹	題目來源	錯因	錯題訂正	涉及知識點	備註

LEO 的錯題本範本 2	
訂正日期	錯誤原因反思
原題題幹	
錯誤解答	
訂正後的解答	

LEO 的錯題本範本 3		
錯題來源	參考書	
	頁數 & 題號	
錯誤答案		
做錯原因		
正確答案		
相關知識點與訂正後反思		
複習紀錄	第一次複習情況	
	第二次複習情況	
	第三次複習情況	

本課核心
方法回顧

遇到錯題時，不「想當然」、不逃避，

盡量把應對錯題變成一件「其樂無窮」的事：

- 步驟一：確認錯因，杜絕以「粗心「為藉口進行搪塞的做法，仔細找出做錯的根本原因。
- 步驟二：對症下藥，根據步驟一中的「診斷結論」，有針對性地採取措施，解決錯題。
- 步驟三：將錯題整理歸檔進錯題本／集，並定期複習，以防錯題「死灰復燃」。

錯題本的使用建議：

- 確認錯題的優先順序：對由於知識盲點（確實不會做）而出現的錯題予以最高重視。理科中和公式定理相關的錯題尤其適合收錄進錯題本；文科中題幹長的記憶類題目未必全篇摘錄。
- 在整理錯題後的固定時間點完成複習，確認對錯題涉及知識的即時掌握情況，必要時重新梳理知識點，或直接求助老師。

第 7 課
戰勝偏科，均衡發展提升競爭力

注意 1：如果你已是職場人，或是不需要為偏科發愁的學生，可以直接跳過本課。

注意 2：如果你是無法靠特長升學、很可能需要迎戰大考的同學，尤其是正為偏科頭疼的人，請繼續閱讀。

偏科，太正常了，太普遍了。

沒人不偏科。就算自詡基本不偏科的那些「萬金油」（比如我），也一定有相對不擅長的科目。

美國發展心理學家霍華德‧嘉納說過，人的智能是多元的，每個人至少存在七種智能：語言、邏輯、空間、音樂、身體動覺、人際、內省。這些智力以不同方式、不同程式組合在一起，使得人們的智能各具特點，也意味著每個人都在某個（些）領域智能超人，在其他方面「智商著急」。

智商，或說天賦，確實是偏科的主因之一，但絕不是全部，在方法介紹部分我會詳述。

是人就會偏科，就算是名人大咖也不能倖免。近代教育家、清華大學前校長羅家倫在考北大時，語文優勢比較明顯，數學偏科嚴重；寫出《圍城》《管錐編》的作家暨學者錢鍾書在考清華時，國文特優，英語滿分，數學只拿了15 分。

是不是挺讓你驚訝的？再說些離我們近一點的例子。比如，我在耶魯和哈佛的同窗好友裡就不乏「骨灰級偏科學霸」。

我在耶魯的一位死黨，從小便顯露出驚人的文學天賦，上大學前已經出版了四本小說，還幫《紐約客》等頂尖雜誌撰稿；但所有理科統統不行，數學還停留在 y = kx + b 的水準。

我的一位哈佛商學院 MBA 同班同學偏得恰恰相反，進入麻省理工學院就讀前，接連斬獲生物和化學國際奧賽的金牌、銀牌，但對英語文學、歷史等人文社會學科一竅不通，甚至感到「深惡痛絕」（他的原話）。

第 1 小課　偏科的成因測試

看到這裡，正為偏科苦惱的你是否獲得了不少安慰？甚至覺得，連頂尖人才們都偏科，我著急個啥呢？

且慢。請你完成下面的問題測試，如果對其中任何一個題的回答是「No」，就算「未能通過測試」，這也意味著你該採取必要的行動解決偏科問題。

1. 你可以放飛自我，完全不在乎接下來的大考成績嗎？

2. 在可能決定命運的大考中，你有任何方法規避偏科的影響嗎？比如文理分科之後，徹底和弱項告別，剩下的全是強項？又如果可以選科考試，且你能做到只選最拿手的科目，把所有弱科都濾掉？

3. 你是特長生嗎？可以通過某項專長直接升讀夢想院校嗎？比如藝術類考生，就算學科考試分數不線上，依然能憑專業能力拿到夢想院校的入場券？

4. 假設真的因為偏科導致名落孫山（極端一點的例子：只低了錄取線 1 分），你可以完全不在乎嗎？

我猜你沒能瀟灑地通過這個測試，對吧？我們當然也想在某個領域才華過人，靠著一門本領高枕無憂、踏上人生的巔峰，但這個概率實在不高。因此，對大多數同學來說，踏踏實實地學好每一科、度過升學這道坎，才是改善未來人生的穩妥正道。

偏科不是真正的缺陷，但在應試大環境中，一個偏科嚴重的人確實容易吃虧，而且可能吃大虧。像上面說的，你在優勢科目裡賺到的分，可能輕易

地就被弱項的丟分消耗殆盡，有點木桶效應^(註一)的意味。

在競賽保送和自主招生政策都收緊的這幾年，同學們更要盡量避免存在明顯弱項。偏科最後傷害的是自己的前途，所以大家要爭取「大偏化小，小偏化了」。

下面分享我總結的一套偏科補救方案，我稱它爲海角計畫（CAPE），希望能助你盡早地擺脫偏科泥淖，成爲考試中的大贏家！

第 2 小課　「海角計畫」拯救偏科

「海角計畫」的四個字母 CAPE 分別代表四個步驟，構成了「CAPE」（英文的「海角」）一詞。

步驟一：Confidence restoration，重建自信

在拯救行動開始前，首先通過積極的心理暗示，讓自信滿格，即使學得最差的學科依然有救，也最有進步空間和提升機會。哪怕只是掃除兩三個知識弱項，都可能在大考中進步 5 分、10 分，把排名提前幾位，距離升學目標更進一步。

步驟二：Assessment，診斷 & 評估

爲自己打好氣之後，仔細思考並明確：爲什麼偏科？「偏科病因」主要有這幾種：

· 天賦／興趣使然：相對不擅長某一科／天生對某個領域提不起興趣。

· 老師因素：很多學生都「認老師」，中學生尤甚。一些同學單單是因爲討厭某個老師，就順帶厭倦他教的課，導致偏科發生（例：我表姊讀高中時坐在第一排，因爲物理老師講話愛噴唾沫，從而對這個老師和物理課都產生了厭煩情緒，導致物理成績下滑。）

· 家長影響：家長的態度和言論時常會直接影響到孩子。因爲家長無意間的感嘆，比如「女兒太像我了，當年我也是不愛學英語，因爲沒語言天賦」，而認爲自己天生學不好某學科、導致偏科惡化的現象廣泛存在。

明確原因後，接著細化評估：

　・一共有幾科弱項科目需要補習？是哪一（幾）科？

　・之後是否有機會擺脫該科影響（比如文理分班後再不想學；大考時可以自主棄選）？如果「是」，暫且允許自己「破罐子破摔」；如果「否」，就要採取行動。

　・弱項學科的「薄弱程度」如何？建議評判時參考這幾個等級：

　差、考試基本不及格、嚴重拖後腿

　較差，勉強及格／每次大考都拖不少後腿

　中，是學得最弱的科目，但不至於掛科，只是和強項有明顯差距

　輕／較輕，很難考出滿意的成績，和強項存在差距

步驟三：Planning，制訂偏科補救計畫

　診斷之後當然要定好治病方案。基於步驟二的評估結果，為確實需要拯救的科目制訂好計畫：

　・消除偏科源頭因素：因「天賦不在線／天生很厭倦」而偏科的，我沒有捷徑分享，只能建議你每天提醒自己：這門課學不好、考不好的話，後果會很嚴重。比如以一分之差與夢想院校失之交臂，比如「學不好就考不上××大學，就沒法和好朋友一起度過大學時光」……總之，「虐」一點，為了將來的美麗人生，逼自己咬牙頂住不放棄。

　因「不喜歡老師」而偏科的不難辦，反覆提醒自己：不喜歡一個老師已經夠煩了，要是因為他再把一門課拖累進去，就太傻了，不值得啊！可不能隨便因為不喜歡某個老師，就把自己的學業和前途賠了進去。

　因「家長影響」而偏科的，請立即阻止家長灌輸任何潛移默化的思想，並堅信「我命由我不由爸媽，爸媽學不好的，我努力一定能學得比他們好！」

　・結合弱科的「薄弱程度」診斷當前的學業作息，思考下面問題。問題的答案便構成了偏科拯救的詳細計畫。

　在未來 × 天內，希望取得多大進步、在考試裡提高多少分？

　丟分的題都有哪些？屬於哪些類型？涉及哪些知識點？

　要在 × 天內取得×× 進步，接下來平均每週得花多長時間補習弱科？

所有可能的、有效的補習方式包括哪些？比如重新做錯題、上補習課、額外加碼練習等？

所有可能的、有效的補習材料包括哪些？除了課本和校內作業，可以看哪些課外參考資料？

憑一己之力能完成目標嗎？如果不行，要如何請教老師？

步驟四：Execution & Evaluation，執行與結果評定

第一個「E」代表「Execution」，制訂計畫當然是為了執行。對所有容易懈怠和放棄的同學，我只說一句話：不執行自己制訂好的計畫，就是對自己的不尊重，就是欺騙自己，有害無利。

第二個「E」代表「Evaluation」，對這次偏科拯救行動的階段性結果和最終成效要即時評估。我建議大家結合自身情況，思考下面問題：

．補習過程中，多久評估一次階段性結果？一週？半個月？一個月？

．除了自己評估，是否請老師幫忙評估？

．如何評估？我建議要「number-driven」，用資料說話。比如：

在補習 ✕ 天後的考試中，該科分數是否有提高？提高了幾分？較前次考試提高 ✕％？

或，同一個知識點的大題得分率是否提高？提高了多少？

又或，在補習 ✕✕ 天後的考試中，該科和最強科的得分差距是否有縮小？縮小了 ✕ 分？

……

執行「海角計畫」時的注意點

．提防「trade-off」，不顧此失彼，補習弱科時別耽誤了其他科的正常學習。我知道並不容易，只能在身體允許的情況下延長學習時間，稍微苦一點，之後會甜。

．補習弱科這件事會很無趣，可能會產生畏難和厭學情緒——別沮喪，這太正常了。堅持積極的心理暗示（我能行、我能行、我能行！），一個人撐不下去的時候，多跟老師交流，或和同學組成學習小組，讓同伴力量激勵

自己前行。

　．在這個艱苦的過程中，別忘了「美好願景激勵法」，想想邁過這道坎之後的生活可以有多美。

　　　願你勝利地完成「海角計畫」
　　　祝你早日戰勝偏科，站上海角
　　　吹著清爽的風，瞭望最美的遠方
　　　面朝大海，春暖花開

　　註一：由美國管理學家勞倫斯・彼得提出，意旨一個木桶能盛多少水，取決於桶壁上最短的木塊。也就是說成果不取決於優勢，而是取決於最薄弱的環節。又稱短板理論或短板效應。

本課核心
方法回顧

海角計畫「CAPE」拯救偏科

- ·步驟一：Confidence restoration，重建自信。
- ·步驟二：Assessment，診斷 & 評估。
- ·步驟三：Planning，制訂偏科補救計畫。
- ·步驟四：Execution & Evaluation，執行與結果評定。

第 8 課
請教老師，充分利用寶貴資源

　　清代散文家劉開在其名篇〈問說〉中開宗明義：「君子之學必好問。問與學，相輔而行者也，非學無以致疑，非問無以廣識。好學而不勤問，非眞好學者也。」強調「問」在學習中的重要作用，勤學與好問相輔相成，缺一不可。

　　這一道理同樣適用於當今的我們。在學習知識的過程中，總會遇到難解和不懂之處，只有勤於求教，才能疑惑頓開、不斷精進。反之，不懂卻不好問，問題日積月累，越學越糊塗，厭學情緒日益增長，甚至學業都難以爲繼。

　　請教的人可以是同學、朋友、父母或導師。我將在本課著重討論的是請教老師的必要性，並分享自己所總結請教老師時的注意事項和必備方法。

　　以中學生爲例。我們一個班約爲 40 至 50 人，任課老師很難顧及每位學生的水準和需求，教課的內容、進度和側重點主要依據教學大綱來把控。在此基礎上，不同的老師又具有鮮明的個人風格，不見得人人都適應，因此課堂講授難免有不夠徹底的地方，這時就需要學生及時請教老師，把在課堂上沒能消化的知識點搞明白、弄清楚，同時也算是給老師提個醒——比如某個概念學生容易混淆，下次上課再強化，多講解一遍。這無形中協助老師提高了講課效果，最終受益的仍是學生自己。

　　請教老師的過程也是難得師生一對一交流互動的機會。老師爲你答疑解惑，從而摸清你的特點和需求，並據此指導你如何彌補弱項，鞏固強項。從此你聽課、做作業、複習都目標明晰，也更善於思考了。

　　另外在一問一答之間，師生關係也拉近了。漸漸的，交流內容不再局限

於具體的學科問題，而是拓展至其他話題——聊聊業餘愛好、說說成長中的煩惱、談談未來規畫等，老師除了在學校裡講課，還可成爲你難能可貴的師長和益友，這種由「好問」發端的師生友誼將使你獲益良多，終生難忘。

第 1 小課　不願請教老師的原因

可見，勤於請教，做一個追著老師問問題的學生，對你大有裨益。只不過，道理雖淺顯，眞正要付諸行動時，爲數不少的同學都會害怕。下面這四種場景，你是否似曾相識？

1. 衆目睽睽之下，追著正在離去的老師問問題，顯得傻乎乎的，怕同學們笑話。

心態調整：不懂就問，當然是好習慣。沒聽懂老師所講卻憋著不問，這才是眞傻；爲了面子不懂裝懂，不僅是虛榮，更是愚蠢。當然了，如果你的確生性靦腆羞澀，不妨找個老師不忙的時間，單獨去辦公室請老師爲你詳細地講解。

2. 自己成績平平，無論是在班上還是老師心目中都幾乎沒有存在感，莽撞地跑到老師跟前張口就問問題，擔心老師覺得莫名其妙，自己也不好意思。

心態調整：請教老師是所有學生的權利，爲學生指點迷津是老師的責任，老師絕非只願意傾聽資優生的詢問；老師們都喜愛勤於動腦和好問的學生，無論他／她是天資聰穎還是資質平常、是成績名列前茅還是寂寂無名。對於成績不好卻有上進心的學生的求問，老師更會耐心回答，解釋得更仔細，並發自內心地給予鼓勵。所以，聽不懂，只管大膽提問，不過是多了一道「自報家門」的程序而已。

3. 擔心自己的問題很「傻白甜」，惹老師不屑，被老師看低。

心態調整：哪些屬於「傻白甜」等級的問題呢？舉個淺顯的例子：物理老師上課剛講了浮力的概念，下課鈴一響，你就跑上前去問老師什麼是浮力，這就是個「傻白甜」問題。對此，老師的回應肯定是：上課沒好好聽講，課本上有，自己複習，實在不懂再來問我。爲什麼會產生這類問題？反躬自問，是不是既沒認眞聽講，也沒仔細思考？如果是，那就怪不得老師不耐煩了。

誰都期望和老師切磋些具有技術含量的問題，但這類問題的產生必須經過研讀、思考和總結的過程。好問和善問的前提永遠是勤學。

4. 不喜歡任課老師，有問題寧願問同學，也不請教老師。

心態調整：無疑，這種想法十分孩子氣，在學生群體，尤其是中學生中，時有耳聞。教師的首要任務是傳授專業知識，教書育人，為社會培養人才。教師也是凡人，既有優點也有缺點，教學風格各具特色，眾口難調，不可能滿足每個學生的需求。

而做為學生，應當始終銘記自己的核心目標是學習知識和技能。既然老師是為傳道、授業、解惑而來，那麼學生就只管從老師那裡汲取知識的養分。因為不喜歡某位老師，就牴觸他／她的課，不與老師進行必要的溝通，耽誤了自己本該正常進行的學習，實在得不償失。

況且年輕時我們多少都有些叛逆心理，時不時看這個不爽，看那個不平，對待人和事不夠客觀，缺乏包容性。

事實上，絕大多數老師都具備合格的職業素養、兢兢業業地在教學第一線奮鬥，傾盡心力培養學生。甩掉任性和負面情緒，保持積極心態，以學業為重，有不懂之處，就大大方方地請教老師，你很可能會發現，哦，這位老師平時凶巴巴的，說話也耿直，但話糙理不糙，他／她其實還是滿可愛的嘛！

第 2 小課　如何請教老師？

請教老師並非簡單的一問一答，而是師生之間的雙向互動和溝通，要使這一過程富有效率，適當的方式和方法是必不可少的。接著介紹自己請教老師時的「全套動作」，我將其稱為「抱老師大腿法」。

請教老師前，請先備好這三個物件：
一本筆記本、一枝筆和一份問題清單

請教老師，當然不可想到什麼問什麼，隨即坐等解答。在每次請教前，需要先把近期所學系統地梳理一遍，尤其將發現的知識盲點、疑點整理成問

題清單，清楚地記錄在本子上，以便在請教老師時逐條提出、避免遺漏。

在中學和大學時，我習慣在每次請教老師前列出一份少則 3 個、多則不超過 10 個問題的清單，並提前確認好每個問題出現的原因——是因爲沒有掌握某種解題方法、公式定理而根本不會做，還是因爲對知識點掌握得不夠扎實，運用起來依舊生疏？

在問題旁邊，我還會附上「補充資訊」，包括涉及的知識點以及在教材裡的對應章節。如果待請教的是某道作業題，也會把題目出處標注清楚（比如：月考試卷多選題第 3 題）。

帶著一份井井有條的問題清單去請教老師，便於老師有的放矢地加以指導，而且因爲之前有過思考和摸索，所以在請教過程中便能隨著老師的解析，不斷追問。

請教的開端：有禮有節，體諒老師

見到老師後，禮貌的開場必不可少。如果老師對你不太熟悉，就要報出自己的名字。然後才說：「老師，我有個（些）問題弄不明白，您有時間爲我解答一下嗎？」

老師們通常工作繁忙，很有可能要趕往下一個課堂繼續上課，或是有其他工作急需到場，所以，問問老師是否有時間爲你解惑答疑十分必要，這既是最起碼的禮貌和對老師的體諒，也是確保高效請教的前提。試想，如果不顧及老師的感受和客觀情況，硬要老師在匆忙中解答你的問題，在很大概率上效果不會太理想。

比即興請教更好的方法是事先預約。我的習慣是「從不突襲」老師，而是提前和老師商定一個彼此都方便的時間，在雙方約定的時間前往教師辦公室，請老師詳細地解答問題。

請教過程中：全神貫注，不懂就問，刨根問底

教師辦公室往往頻繁有人進出，易使人分神，所以聽老師爲你解答困惑時，要全神貫注，大腦時刻保持運轉，切忌被外界干擾。我每次請教老師時，都會兩耳不聞周遭事、全身心地沉浸在和老師的「二人世界」中。

在開始請教前，我會以 1 至 2 句話說明此次希望請教的主題，比如：「老

師，今天我想著重請教在 ×× 模組、×× 單元的內容。」

在得到老師確認後，拿出事先準備好的問題清單，從頭開始提問。這裡就問題次序做一項補充說明：我通常會把宏觀、概念性的問題放在前面（例如關於某個知識點的疑問），把微觀、具體不會做／做錯的題目放在後面。

其間若產生任何疑問，要立即求教，絕不要擔心老師嫌棄自己沒聽明白、理解能力差。當對老師的講解感到困惑時，我同樣會難為情、怕露怯，但為了自己的學習成績，我會立刻打消任何顧慮，然後說：「×× 老師，對不起，我好像有點沒懂，您介意再解釋一遍嗎？」「抱歉，×× 老師，我對您剛才說的還是有點不明白，我們可以再過一遍嗎？」

如果老師重複講解兩到三次後，你依然似懂非懂，就說明存在本質上的知識盲點。此時應誠實地告知老師，以便老師及時幫助自己診斷原因、追根溯源，指導你盡快地加以彌補，否則繼續懵懂不察，結果只能是白費功夫。

再次強調：不要因害怕在老師面前顯得蠢笨而不懂裝懂。事實上，老師們都偏愛勤於思考、坦率認真的學生；另外聆聽老師講解的同時，在本子上做好紀錄，尤其記下讓你茅塞頓開、醍醐灌頂的關鍵資訊，以便之後複習時再次參考。

很多時候，除了將清單上的問題逐一攻克外，我還會進行發散性思考，舉一反三，提出延伸問題，做深入系統的求知。實際上，學生的刨根問底也能激發老師的興致。一問一答，再問再答，抽絲剝繭，由點及面，請教過程變為師生雙方的互動，富有成效，酣暢淋漓，豈不快哉！

請教結束前，記得讓老師做評估

經過此次的互動請教，老師一定已對你現階段的學習情況「心中有數」。此時要趁熱打鐵，請老師為你做一次簡要的評估，指明當前的強項與弱項，並推薦最適合自己的補充學習材料。

請教老師的核心價值，與其說是基於問題清單答疑解惑，不如說是為你量身打造一套學習戰術，這也將對你之後的學習大有裨益。

請教結束後，溫習和回顧必不可少

俗話說，「好記性不如爛筆頭」。即使篤定自己已全面透澈地理解了老

師的解析，也要在請教結束後，根據記錄本和問題清單上的內容，重溫老師所講的要點。包括：所問問題、老師針對性的解答、你的追問內容、老師的進一步分析、老師對你學習狀況的評估、老師建議的改進方法、推薦的輔導資料和參考書等。

時間充裕的話，甚至可用日記形式，將自己通過請教老師弄明白學習盲點和難點的過程生動地記錄下來。除了詳細記錄學術內容，還可以描述自己的心情以及當時的場景和氛圍。若干年後，你步入社會，經受人生的多維歷練，這些自己學生時代的點滴記錄，將會越發彌足珍貴。

LEO 的學習儀式感

請教老師的好處超乎你的想像

最後，我再和同學們分享兩個請教老師的故事。

一個案例說的是我的一位高中同學。她特別勤於和善於請教老師，同學們戲稱她很會抱老師大腿，但也恰恰得益於此，她由後段班成功逆襲，最終考入心儀的重點名校。

這位同學通過考試進入了我所在的省重點高中。高一上學期，她的成績在全年級 700 多名學生中排在 500 至 600 的位置，算是一名後段班。

我的母校一直以來勢頭強勁，出過多位大考狀元，每屆大考都有幾十人被北大、清華和港大錄取。但即便如此，成績徘徊在 500 至 600 名的學生，就算超常發揮，也只能勉強搆得著當年重點大學的錄取線。

但三年後的大考，這位高一時的後段班卻實現了逆襲，考入浙江大學最熱門的專業，且實際上，她的大考分數已達到了北大、清華的錄取線。

據我觀察和她自己的經驗分享，這位同學在高中時有個厲害的殺手鐧，就是請教老師，追著老師問問題，爭取老師給她額外的指導。

每週她都會「處心積慮」地請教各科老師，直到把不懂之處徹底弄明白為止。隨後，她還會把老師對她的評估和建議收集起來，明確了解哪些知識是亟待彌補和加強的，並按照老師的指導給自己加碼，讀老師推薦的輔導書，

做老師特別布置給她的習題，從不做無用功。

可以說她是一個大明白人，懂得如何借力使力，通過自身的勤奮和老師們的有力助推，實現成績的躍升。高二文理分科時，她便超出所有同學的預期，成功地擠入理科重點班。高三上學期第一次月考成績進入了理科前 30 名。所以，大考時她的成績優異，已經成為情理中的事。

另一個案例是我的親身體驗。我個人的經歷也充分證明了請教老師是何等地令人受益。初入耶魯大學時，因文化背景的差異、生活環境的改變和英文交流的不適應，我在開學前幾週苦不堪言。

我深知必須縮短這個令人備感挫折的適應期，而當時的對策就是：不懂就問，厚著臉皮請教老師。

首先，上課全神貫注，邊聽講邊飛速地思考。美國大學的課堂鼓勵學生積極參與，踴躍發言。當時盡管英語口語較美國同學仍有一段差距，我仍主動發言，闡述自己的觀點；與教授的觀點相左時，我也大膽地提出疑問或表達異議。沒過多久，教授就對我有了初步印象，記住了我的名字。

其次，下課後，如果有些問題實在令我百思不得其解，我便給教授發郵件，與他們預約時間，然後前往他們的辦公室請教。去之前，我會把要問的問題整理好（問題清單），不但有課堂上沒聽懂、沒完全消化的知識點，還有舉一反三的延伸問題。

請教之餘，我還會和教授閒聊幾句。教授們都挺健談，與我分享他們的學術成果，有時也聊生活、家人、愛好，甚至家裡養的狗和貓。

同學們可能覺得高等學府裡的教授都一本正經、不苟言笑，難以接近。實際上，他們大多和藹可親，願意和學生們交流，成為朋友。隨著彼此逐漸熟絡，教授們更願意敞開心扉，也非常樂意在你需要幫助時伸出援手，助你一臂之力。

比如大三上學期，我申請投資銀行暑期實習專案，某天和耶魯一位德高望重的教授吃飯時，他得知我正在申請暑期實習，立即說：「Leo，如果你願意去 ×× 投資銀行的紐約總部實習，我非常樂意為你做推薦。」雖然我最終憑藉個人實力，被另一家著名投資銀行高盛錄取為暑期實習生，但教授的熱心和慷慨一直令我感動不已。

這位教授不僅在耶魯的校園裡教書育人，同時還兼任某頂級投資銀行的

高級經濟顧問，備受華爾街尊重。他事業繁忙，我學業壓身，我們交談的機會十分難得，但在為數不多的幾次交流中，他都給予了我寶貴的指導，帶給我意想不到的人生啟迪。用醍醐灌頂、點石成金來形容他對我的啟發也不為過。

在我們學習知識和專業技能、增長見識和智慧的重要人生階段，老師是栽培我們的園丁，用知識的養分促進我們茁壯成長；他們又是我們的領路人，指引我們走正道，避開歪門邪道。

若要擁有穩固的支點、踏上更高的人生起點，我們離不開老師的指導和培養。如此寶貴的資源是需要我們自己珍惜和利用的。所以行動起來吧！

請教老師，挖掘他們的知識寶庫，汲取他們的智慧，為自己鑄造一對強壯的翅膀，迎接未來暴風雨的洗禮吧。

本課核心
方法回顧

請教老師前：

請先備好這三項物件：一本筆記本、一枝筆和一份問題清單。

請教的開端：

有禮有節，體諒老師。

請教過程中：

全神貫注，不懂就問，刨根問底。

請教結束前：

記得讓老師做評估。

請教結束後：

溫習和回顧必不可少。

Part 2.

終身學習，讓你更出類拔萃

第9課
培養邏輯思考力，精準快速做出決策

　　在上一章節中，我講解了可用於課內學業的各種「LEO 親測好方法」，然而學無止境，應試升學畢竟只占人生的五分之一到六分之一。

　　當我們告別學生時代，進入職場打拚後，學習依舊沒有停止，也不該停止。在本章節，我要介紹能應用於更廣闊場景的高效學習方法。當我們不再被上課、做題和考試禁錮時，又該如何繼續求知呢？

　　本篇首先討論「如何提高思考能力」這個話題。有同學曾向我訴苦：

　　Leo 學長，如果讓我做有標準答案的習題倒還可以，可如果給我一個開放式問題，或讓我去自主探究一個主題，我就不知該從何下手。怎麼辦啊？

　　Leo 學長，我覺得我都學傻了，只會考試卻不會自主思考。我看到一些學長學姊做科研、寫論文，或在職場上獨當一面做專案，真心覺得他們好厲害啊！那麼難的問題，他們都是怎麼思考和解決的呢？

　　有類似苦惱的人著實不少，尤其是在以應試為主的國內。坦率地講，我的自主探究與思考能力，也是通過課外學術活動和職場鍛造才日臻完善的。

　　在耶魯和哈佛讀書時的長進尤為明顯，因為在美國高等教育中，大學生的課業任務經常以「獨立研究與學習」的形式出現。學生們在拿到一個研究課題後，需要自主思考、規畫和執行調查研究，並展示成果。若想順利地完成全過程，邏輯思路就必須清晰、完整、嚴謹。

　　進入職場後，邏輯思維與問題處理能力對個人的發展前景尤為關鍵。那

些能夠脫穎而出、獲得重用的員工，往往在這些方面表現卓越。

下面，我將由簡到繁分享自己常用的三個「邏輯思維與問題解決」的方法。這些方法的可操作性強，大家讀完本篇後就可以用起來，相信會有顯著的成效。

第1小課　5W2H 分析思考法

首先介紹我在耶魯讀本科時才接觸到，但試用過後便一發不可收拾的「5W2H 分析思考法」。

在大一時的某堂經濟學課上，教授讓同學們思考一個開放式問題，細節已經記不太清，大致是關於「美國是否要鼓勵本土製造業發展」。讓我印象尤為深刻的是，當時坐我旁邊的同學拿出了一張空白筆記紙，在左側從上往下寫了七個大寫單字，隨後在右側空白處開始記錄自己的思考，沒幾分鐘的工夫，他便在紙上做了不少筆記，清晰而豐富。

當教授邀請大家分享見解時，這位同學第一個舉手，他根據自己的「思考筆記」，開始自信、有條理地闡述觀點。

你也許猜到了，紙上的那七個大寫單字，就是 5W2H 方法的七個主人公——五個以 W 開頭的單字和兩個以 H 開頭的單字，分別是：

What：是什麼？

Who：誰？

Why：為什麼？

When：何時？什麼時間？

Where：何處？在哪裡？

How：怎麼樣？如何做 ×××？

How much：多少？到什麼程度？

很多問題乍一看十分寬泛，讓人不知從何解起，但其實都能通過 5W2H 法被拆分成以七個字母為線索的元素。在完成拆分後，起初令人頭大的問題就不再棘手了。

著名教育家陶行知先生曾寫過一首題為〈八位顧問〉的小詩，稱讚的就是類似 5W2H 的八個引導他思考和解決問題的好助手：

我有八位好朋友，肯把萬事指導我。
你若想問真名姓，名字不同都姓何：
何事何故何人何時何地何去何如，好像弟弟與哥哥。
還有一個西洋派，姓名顛倒叫幾何。
若向八賢常請教，雖是笨人不會錯。

下面我舉個詳細的例子，幫助大家透澈地理解 5W2H 法。

假設一家消費品零售公司目前正計畫銷售一款全新推出的保溫杯，這家企業的創始人找到你，希望你能出謀畫策，幫助他制訂一個詳細的新品計畫。

現在，請你首先思考這個問題：「要如何銷售這款保溫杯，從而在上市後的一年內，進入本地保溫杯品牌市占的前五名？」

採用 5W2H 方法，我們可以將這個問題變成以下七個細分方向，再根據拆分，結合市場情況和對這家公司戰略與目標的理解，向創始人提出一個合適的新品計畫（注：以下拆分並非唯一答案，僅是我花 5 分鐘時間完成的快速思考，僅供參考）。

What
· 什麼事件：銷售新款產品
· 什麼產品：保溫杯
· 什麼目標：上市後一年內，躋身本地保溫杯市占前五名

Who
· 誰來銷售：這家消費品零售公司的直銷團隊？經銷商代理？電商平臺分銷？
· 核心目標消費者：90 後和 00 後青少年群體？70 後和 80 後中青年群體，還是中老年群體？
· 宣發合作：誰來參與產品宣發推廣——廣告公關公司？明星／KOL？

品牌的戰略合作夥伴？

　　·競爭對手：目前市場上的競品有哪些？市占如何？核心競爭力是什麼？

Why

　　·戰略關聯：為什麼要銷售這款保溫杯，對公司戰略、未來發展的作用和影響是什麼？

　　·目標制訂：為什麼要在上市後一年內進入同品類市占前五名？

　　·銷售管道選擇：為什麼要選擇某種銷售方式（Who 的第一點和 Where 的第二點）？有何優劣？

　　·消費群體選擇：為什麼要選擇某種消費群體（Who 的第二點）？有何考量和機會？

Where

　　·銷售地區：本地，包括哪個（些）國家、城市、區域？

　　·銷售管道（Who 第二點的補充）：在本地有哪些管道鋪設？百貨商場專櫃？超市？便利店？公司自有門市？電商平臺？

　　·廣告宣傳：在哪些地方宣傳（比如車站廣告／影片廣告）？

When

　　·預售時間：何時開始預售？

　　·正式銷售：何時開始正式銷售？

　　·特惠促銷：何時進行特惠促銷？是否配合特定節假日和折扣季？

How

　　·廣告宣傳：如何推廣產品？如何制訂預售和正式發售後的不同宣傳策略？

　　·預售：以什麼形式預售？如何登記訂單、後續發貨？

　　·客服／售後：如何制定保固條款？如何進行售後（比如回饋用戶客訴、退換貨等）？

　　·銷售培訓：如何培訓銷售專員？如何考評銷售業績？如何制定與銷售

業績掛鉤的獎懲辦法？

　　・同類品競爭：如何使產品具備獨特賣點、亮點，以搶攻市占？上市後若競品採取相應動作，如何應對？

How much

　　・產品常規定價：綜合考量以上各因素、新品發售目標以及所有成本，產品單價多少？

　　・定價調整：如何根據不同銷售時期、特惠活動、銷售管道等因素調整定價？

　　・宣傳預算：預計投入多少經費進行產品推廣？

　　・銷售分潤激勵：對於不同銷售專員的分潤獎勵設置為多少（百分比）？

　　・市場階段目標：在上市後一年內的不同階段（比如一個月後、一個季度後、半年後），市占率應該達到多少（百分比）？

　　運用 5W2H 法，我們就把這個很寬泛的大問題拆分成了幾十個不同方面的小問題，而這些小問題都將輔助我們做細化思考，並在進一步的研討論證後，做成一份完善的新品上市計畫。

　　另外，如果有充足的時間和精力，完全可能在 5W2H 的框架內提出更多細分問題，我在上面列出了近 30 個，或許你能想出 40 個、50 個，甚至超過 100 個問題，輔助自己做深度思考。

　　最後還要提醒大家，使用 5W2H 法時不能刻板教條，沒必要拘泥於 5 和 2 這兩個數字。有時候，我們毋須把初識問題拆分成七個字母，根據實際情況，「5W1H」「4W1H」「3W2H」等各種「不完全」拆分也都是可以的。

第 2 小課　魚骨圖分析法

　　從小到大，我們最常做的一種思考，用三個字總結就是：為什麼。

　　為什麼比爾・蓋茲可以成為世界首富？
　　為什麼某家工廠會倒閉？

為什麼在 2020 年年初爆發了新冠肺炎疫情？

思考「為什麼」，其實就是在追根溯源、探尋某件事的前因後果。大多數人在被問到「為什麼」時，習慣不假思索地將答案脫口而出，比如：

「小明為什麼那麼胖啊？」
「不就因為他是個大吃貨，管不住嘴嘛！」

乍一看，這個回答挺在理，因果溯源的過程好像也完成了，但如果你想成為一個真正的思考者、養成縝密思考的習慣，就不能像上面這般淺嘗輒止。而「魚骨圖分析法」，就是我在耶魯讀書時學會的，一個迫使我們抽絲剝繭、刨根問底的思考方法。

這個方法又名「因果圖分析法」，由日本管理大師石川馨發明，能以生動具象的方式，協助我們找到事物背後的各種根本原因。

下面我來講一個實例，手把手地教大家通過畫魚骨圖完成深度思考。

第一步：明確待分析的問題

畫魚骨圖前的第一步不必多言，當然是確認要思考分析的問題是什麼，我的建議只有一條：「大事化小」。

為了更全面、深入地思考，最好不要給自己出一個太宏大的難題，而是盡量將大問題拆分成幾個小一點的問題，然後選擇其一，開始分析。

假設我們要思考的問題是：為什麼「傑克小吃店」賣的漢堡品質很差呢？

接著開始作圖：畫一條從左向右（或從右向左）的長箭頭，在箭頭一端畫個長方形框，隨後將待分析的問題寫入框中。這樣「魚骨」的雛形就出現了：問題框是「魚頭」，長直線是「魚脊骨」。

「傑克小吃店」賣
的漢堡品質很差

第二步：列舉「關鍵思考點」

這是魚骨圖分析法的第一個關鍵步驟。我們要明確的是：任何問題都不可能只有一個成因，即便像「小明為什麼胖」這個簡單問題，除了「愛吃」之外，也一定有其他原因在共同起作用，比如「家族基因」。

在這一步，我們要盡可能多地列出可能導致結果的關鍵思考點，或說是關鍵方面。那麼，有哪些「關鍵方面」可能導致傑克小吃店的漢堡品質不過關呢？我列出了下面這些，大家可以邊閱讀邊繼續補充：

· 烹飪方法
· 食材
· 烹飪器具
· 天氣 / 環境
· 員工

接著，我們將上述關鍵思考點畫成一條條獨立的、從魚脊骨發散出去的魚刺，並在每根魚刺端點處畫一個橢圓，再在每個橢圓裡寫一個關鍵思考點。

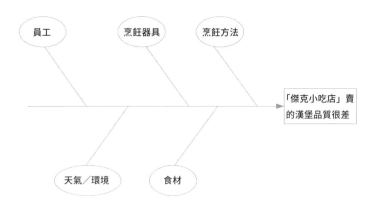

第三步：思考所有可能的原因，並逐一歸類

這一步是我們花最多精力完成本次思考的關鍵步驟。在上一步中，我們明確了若干個關鍵思考點，接下來便是盡可能多地列出更詳細、微觀的原因，再把每個原因歸檔到相應的關鍵思考點中。比如在「員工」這方面，可能的原因就有：

· 培訓不過關，導致員工漢堡製作技能不達標
· 技能達標，但態度出了問題：消極怠工，粗製濫造

同學們可以參見下圖，同時自行補充更多原因。

因果思考的一大難點（當然我認為也是一大樂趣）就在於：「抽絲剝繭」在理論上可以是無止境的。任何細化原因都不是終點，而是一個全新的起點。

什麼意思呢？以上面的第一條細化原因為例：培訓不過關，導致員工的漢堡製作技能不達標——這又是為什麼呢？也許，是因為公司的培訓機制出了問題，或是公司的培訓講師沒教好，又或是員工自己能力欠佳，沒學好。

在一次分析中，如果你認為有必要進行「細化細化再細化」的工序，就可以將二級、三級……成因都通過畫分支魚刺的方式呈現在魚骨圖上。

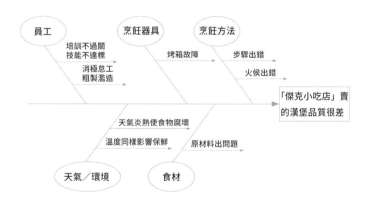

第四步：總體回顧與分析

經過上面三個步驟後，此時的魚骨圖已是大功告成。在結束分析前，我們要善始善終，完成最後一步——邊看圖，邊對所有根本原因進行回顧與思考，並通過複盤，提出針對問題的解決方案。

回到上面的例子，在全面思考了「漢堡為什麼沒做好」的原因後，我們就可以相應地做出整頓。比如對所有技能不達標的員工重新進行培訓，直到每個人都能做出品質合格的漢堡為止。

為了增進同學們對魚骨圖分析法的理解與掌握，我在下面留了幾道家庭作業做為補充練習。以後不管遇到多難的「因果探究題」，大家都可以用這個方法逐步攻克，完成一次又一次全面而深入的思考分析。

· 練習題 1：假設你擔任 CEO 的公司在過去一年中，銷售額下降了 10%，為什麼？
· 練習題 2：最近一個月，大學圖書館頻頻丟書，是什麼原因造成的？
· 練習題 3：春節假期過後的兩週，你所在的公司員工遲到的次數變多，為什麼？

第 3 小課　金字塔原理法

5W2H 法和魚骨圖分析法能協助我們解決生活中絕大多數需要思考的問題。當然，高效好用的邏輯思維方式不勝枚舉，在本篇結束前，再向大家簡單「安利」另一個我常用的思考方法：金字塔原理法。

金字塔原理法的提出者是世界頂級顧問公司麥肯錫的第一位女性諮詢顧問——芭芭拉·明托。實際上，她還專門撰寫了《金字塔原理》這本書，在過去四十多年的時間裡暢銷不衰。很多企業將此書奉為邏輯思維的工具書，並讓員工們在寫報告、做研究時使用其中的方法。

我來用幾句話高度地概括一下金字塔原理法的核心精髓：任何事情都可以被拆分成幾個不同方面——這也類似於 5W2H 法和魚骨圖法背後的思維，而這些方面又可以進一步被拆分成「第二層」，接著「第二層」又能被拆分成「第三層」……以此類推。

畫成圖像來看，待思考分析的大問題就是金字塔的塔尖，而拆分後的細分點（方面）就依次變成了不同層級的塔身，直到塔底爲止。

因此，金字塔原理法的關鍵可以總結爲**「以上統下、歸類分組、邏輯遞進」**。在我們學習／做職場規畫時，這個方法尤其能派上大用場：將一個大目標層層拆分、繪出一座金字塔，最後爲實現目標所要做的所有步驟，也就一目了然了。

先舉一個通俗的例子：你剛到英國開始留學生涯，想爲未來一年的求學生活做好完整規畫。思考這個問題：我在英國這一年，想體驗什麼，完成什麼？運用金字塔原理法進行規畫，也許會是這樣的：

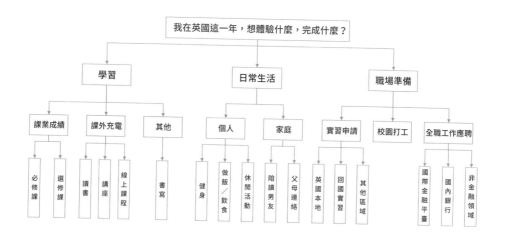

再出一道練習題，請大家試著用金字塔原理法來思考：如何在三個月之後，順利通過大學英語考試？

思路提示：首先可以拆分成「複習計畫與行動」「其他課業安排」「日常作息」等方面。當然，大家可以結合自身情況做不同方式的拆分。

麥肯錫七步解決問題法

　　最後，我向想嘗試更多思考方式的同學們推薦一個進階方法 ——「麥肯錫七步法」，這也是麥肯錫公司的顧問們在應對複雜的商業問題時，經常會使用的一套思考和解決問題的方法。

　　我在高盛工作時，麥肯錫七步法也是我執行專案時得力的好搭檔、好助手。需要做課題研究、撰寫論文的大學生們不妨做做延伸閱讀，嘗試一下這套高級思考流程。

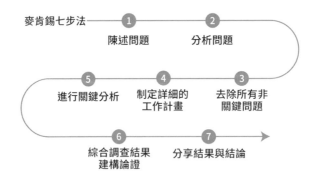

麥肯錫七步法
1 陳述問題
2 分析問題
3 去除所有非關鍵問題
4 制定詳細的工作計畫
5 進行關鍵分析
6 綜合調查結果建構論證
7 分享結果與結論

本課核心 方法回顧

5W2H 分析思考法：

- What：是什麼？
- Who：誰？
- Why：為什麼？
- When：何時？什麼時間？
- Where：何處？在哪裡？
- How：怎麼樣？如何做 ×× ？
- How much：多少？到什麼程度？

魚骨圖分析法（又稱因果分析法）：

通過以下四步，尋找問題的根源，相應地制訂最適解決方案。
- 第一步：明確待分析的問題。
- 第二步：列舉「關鍵思考點」。
- 第三步：思考所有可能的原因，並逐一歸類。
- 第四步：總體回顧與分析。

金字塔原理法：

「以上統下、歸類分組、邏輯遞進」── 將一個宏觀問題（或大目標）層層
拆分、由上而下分層細化，在繪出一座金字塔的同時完成對問題的拆解分析
（或針對目標而制訂的詳細行動方案）。

第 10 課
學會速讀，更快獲取關鍵資訊

你是否有過這樣的經歷：某天興致勃勃從書店抱回一摞書，頗有野心地盤算著每週讀完一本。很快一個月過去了，卻停在第一本書止步不前？

又或，你對閱讀有興趣，讀書時感覺能靜下心，一坐就是一小時。每次閱讀時，好像每句話都看懂了，也沒碰到任何晦澀難懂的表述，可幾句話連成一段話以後，卻發現自己其實沒讀懂，依舊不太清楚這書到底在講些什麼。

造成這種現象的原因是什麼呢？簡言之，還是因為你沒有真正學會該怎樣「閱讀」。很多人想當然地認為，閱讀不就是打開一本書，一行行讀下去嗎？也正因這種對閱讀的片面理解，閱讀時其實並沒動腦，缺乏主動思考和反芻的過程，對書中內容的理解自然大打折扣。

另一個原因，我歸結為「不知道『閱讀』的目的是什麼」。

很多人在打開書本前並沒考慮清楚，這次閱讀是為了什麼？因為沒有明確知道自己是為什麼要讀，也就不知道自己該如何去閱讀、採用哪種方式去閱讀了。

實際上，我們這一生都離不開閱讀，不管你喜不喜歡讀書，都幾乎逃不掉「活到老，讀到老」的命運。掌握了高效好用的閱讀方法，就能避免諸多白工，從而事半功倍。

所以接著上面的討論，閱讀前要做的頭件事，就是必須首先明確此次閱讀的目的是什麼，而閱讀目的不同，最優閱讀策略也將有所不同——我習慣把閱讀方法分成兩大類：速讀和精讀。

速讀顧名思義，就是快速閱讀，或說在較短時間裡迅速完成一項閱讀任

務。什麼時候我們應該速讀呢？如果你只想從一本書中獲取片段知識與資訊，而非深度探究，那麼通常只需速讀即可。比如在寫一篇調查論文時，你更需要做的是快速閱讀若干本書，從每本書裡找到相應支撐或反駁論點的資料。

而精讀是速讀的進化版，需要花時間潛心閱讀，讀得精、讀得深。什麼時候我們應該精讀呢？通常而言，當需要全面深刻地掌握一本書的所有精華和要點時，我們就該精讀。如果選擇速讀，則很難把一本書讀透。

在這一篇裡，我將介紹自己結合多年閱讀經驗提煉而來的「LEO 原創速讀法」，希望能幫助大家顯著提高速讀能效。

課前準備　確定速讀素材

首先，從宏觀方法論來看，如果想在短時間內又快又好地完成速讀任務，**閱讀素材的選擇與規畫十分重要。**

假設我們有一個月的閒置時間，想在此期間多速讀幾本好書。此時的最佳策略並非東讀一本、西讀一本，今天讀讀藝術史，明天又看看人物傳記，而是選定一個領域進行集中閱讀，英文叫做 concentrated reading。

為什麼要這麼做呢？

譬如，由於某些學習任務的要求，我們需要在這一個月專門速讀「全球氣候暖化」相關的書。我們選出 5 本這個主題的書，接著逐本進行速讀。

也許讀第一本時，你還對這個領域感到陌生，對涉及的專業術語一頭霧水，但當速讀到第二本時，你會發現，好像一些內容不再陌生了。比如你此時已經大概知道了什麼是《京都議定書》、什麼是「碳交易」，等讀到第三本時，你覺得熟悉的內容進一步增多，到了第四本、第五本呢？也許一半以上的內容對你而言都是「老朋友」了，讀起來自然會輕鬆不少。

總結一下，提高速讀效率的一個好方法，就是把同類型的書放在一起讀。因為這些書同屬一個領域，所以內容上一定有重合的部分，你可以在速讀完第一本之後，趁熱打鐵進入第二本，由此一來，閱讀效率就會提高不少。

如果你還有點不明白，不妨這樣理解：因為我們的大腦對熟悉和完全陌生的知識接納能力不同，當你看到熟悉的內容時，你的閱讀速度和理解能力都會自動提高 —— 英文叫做「learning curve」或「learning economy of scale」。因此，為了提高速讀能效，最好在某個時間段集中突擊同一領域的書籍。

第 1 小課　「規畫、執行和回顧」速讀法

下面開始講解更微觀的，也是我本人一直在踐行的速讀方法。速讀的關鍵步驟有三，我總結為：規畫、執行和回顧。

首先來講規畫，也就是制訂一次速讀任務的計畫。在做規畫之前先問自己：**這次速讀，我是為了快速掌握一本書的總體思想，還是只需要了解某個章節的關鍵論點即可？**

以我寫的第一本書《不如去闖》舉例，你是想了解我過去十年求學的全過程呢，還是只需要參考我在投資銀行的工作經歷？如果是後者，那麼只要讀和投資銀行有關的章節就可以了。

確定了任務範圍以後，我們該如何制訂這次速讀計畫？很簡單，只需要用兩條資訊，做一道一年級小學生都會的算術題便可。這兩條關鍵資訊，一條是本次速讀一共需要完成多少頁？另一條是希望在多長時間內完成這次速讀任務？

隨後，用前者除以後者，得出單位時間的速讀任務量。比如，你需要完成 300 頁的速讀，一共給自己兩天的時限，那麼單位時間速讀任務就是 300 / 2 = 150 頁 / 天。

你還可以畫分得更細些。比如，每一天你計畫花 2.5 小時做速讀，那麼每小時速讀量就是 150 / 2.5 = 60 頁 / 小時，也就是 1 分鐘 1 頁了。

規畫完成，我們立即進入第二個，也是最重要的步驟：執行，讀起來！

首先，我建議大家選擇一個鮮有干擾的環境坐下來，比如圖書館、自習室或書房。

根據我的經驗，速讀對大腦的瞬間理解能力要求頗高，如果周圍環境比較嘈雜，就會嚴重降低速讀時的理解吸收率。

我曾經試過在嘈雜的咖啡店速讀一本馬克思哲學主題的著作，結果讀懂的部分竟然不到 20％！同樣一本書，在安靜的自修室速讀時，理解率瞬間提

高到 60% 以上。

選好了環境，接下去便是嚴格按照第一步計算出來的單位時間閱讀量開始速讀了——注意，我用了「嚴格」這個詞。速讀時，請盡量繃緊神經、避免分神懈怠。

爲了增加緊迫感，我經常會設置計時器——用手機就可以，但一定切換到勿擾靜音模式，同時暫時關閉提醒功能，比如微信提醒、來電提醒等，把干擾降到最低。

計時的設置，我一般會依照之前定好的單位時間。可能有人會問，這個單位時間肯定不能太長吧？比如 1 小時是不是就有點長了？到後面肯定容易腦力不支的。

我通常會使用「番茄鐘工作法」，把單位速讀時間設置在 20 至 25 分鐘。番茄鐘法是一個廣受青睞的能效提高方法，我在後面的第 14 課（155 頁）中做了詳細講解，同學們可以提前移步閱讀。

簡單來說，通過番茄鐘，我們可以將一項任務畫分成幾個「番茄工作區間」，每個區間長 25 分鐘。比如，需要完成 2.5 小時的速讀任務，我們就可以將其畫分成 150 分鐘 / 25 分鐘 ＝ 6 個番茄鐘。

速讀任務開始的同時，第一個 25 分鐘番茄工作區間的計時也就開始了。在此期間，只能做一件事——速讀，不能走動、玩手機和做其他分心的活動，直到 25 分鐘鬧鈴響起，第一個番茄工作區間結束。

然後你可以暫停速讀，起身休息 3 至 5 分鐘，做一下伸展運動，或喝點水、吃點零食、去下洗手間等，但盡量不要玩手機，因爲這樣做沒法讓大腦休息和放空，還會影響在下一個番茄鐘裡的速讀狀態。

休息結束後馬上回到原位，開始第二個 25 分鐘的番茄工作區間，繼續速讀任務。如此循環下去，直到徹底完成速讀任務爲止。如果自感腦力和體力跟不上，你可以適當延長每個番茄鐘之間的休息時間，或在第三 / 第四個番茄鐘結束後，給自己一個比較長的休息區間（20 至 25 分鐘）。

第 2 小課　快速轉眼速讀法

那麼在番茄鐘法的框架下，具體要如何進行速讀呢？下面，我將詳細介

紹「LEO 牌速讀四大法」之一：**快速轉眼，提煉關鍵句，捕捉主題句。**

大家看到這個方法由三部分組成，「快速轉眼」是作法，「提煉關鍵句」和「捕捉主題句」是目的。

快速轉眼

快速轉眼指的是在速讀時，不要讓自己的眼球在任何詞句上停留太長時間，而是要一行行快速掃視下去。

大家可以回憶一下，我們上小學低年級時認字不多，閱讀速度慢，有時還得用手指著書上的字，一個個念過去，這樣讀書自然特別慢。要想熟練速讀，就必須學會快速轉眼、掃著讀，即使做不到一目十行，也要努力養成以完整句子為單位的整體速讀習慣，盡量避免逐字閱讀、默讀時動嘴念等一些會降低閱讀效率的作法。

在速讀時，切忌因為某個詞句比較晦澀、一下子沒看懂，就停滯不前、反覆回讀，而是要強迫自己繼續往下看，眼球的轉動不能停。

上面說到，快速轉眼掃視閱讀是做法，而這樣做的目的就是提煉關鍵句，捕捉主題句。

提煉關鍵句

有同學會問，要如何鍛鍊快速轉眼掃視閱讀的能力呢？方法並不少。我自己試過的既簡單又有效的一個辦法，是借用卡片或 PPT 來展示片語、句子、句群等，在規定時間內快速完成對一段話的掃視閱讀，盡可能抓到關鍵字、關鍵資訊。我們現在一起做個簡單練習，在 3 至 5 秒內讀完這一小段話：

白求恩同志是加拿大共產黨員，五十多歲了，為了幫助中國的抗日戰爭，受加拿大共產黨和美國共產黨的派遣，不遠萬里，來到中國。

5，4，3，2，1──好，時間到，不能再看了。現在，請你快速告訴我：這段話的關鍵資訊是什麼？

在掃視這段話的過程中，你也許抓住了由幾個關鍵字構成的關鍵資訊：白求恩為幫助抗日戰爭，來到中國。

經過一定量的快速轉眼訓練後，我們速讀時看到的將不再是單個字詞，而是完整的句子，逐漸適應以語段爲單位的閱讀方式。

捕捉主題句

接下來，我們再來了解快速轉眼的第二個目的——捕捉主題句。

在開始第一個番茄鐘速讀區間前，我一定會快速翻閱本次任務下需要速讀完的所有書頁——用上面介紹的快速轉眼掃視法，捕捉所有待讀內容的關鍵資訊，尤其著重掃過每個段落的前兩句話。

這些段落的開頭句，在英文裡常被稱做 topical sentence 或 signal sentence——中文翻譯過來，就是「主題句/主旨句」或「信號句」。主旨句往往是一篇文章的中心句/主題句，起著引出文章關鍵論點，甚至概括全文中心思想的作用。這麼說可能有些抽象，就以我寫的第一本書《不如去闖》中〈讀一所名牌大學，到底有什麼好的？〉這篇文章的節選爲例：

耶魯的教授們，是一群實力引領學術界，影響力延至政商、文藝等各個領域的強者。大學四年裡，我有幸跟諾貝爾經濟學獎獲得者羅伯特·席勒教授學習「金融市場理論」，同摩根史坦利亞太區前首席經濟學家史蒂芬·羅奇教授討論中國未來的經濟走勢，向著名的耶魯大學校務基金投資長大衛·史雲生教授討教投資祕笈。除了上課時能近距離接觸傳說中的各種「人物」，我還有幸和教授們在生活中切磋交流……

這段話的主題句一目了然，其實就是第一句話——「耶魯的教授們是強者」，後面的幾句話都是案例，用以解釋耶魯教授們到底強在哪裡。

大家千萬別小看段落開頭的這一、兩句話。我上面說到，這些句子經常是對整個段落，甚至是之後幾段內容的高度概括或總起，不可忽視。

如果你讀懂了主題句、信號句，就對一篇文章有了初步概念，大體知道了每一文段在講什麼、包含了哪些論點，也能基本判斷出哪部分內容相對重要、哪部分次重要。

對要速讀的文字有了初步印象後，速讀起來就不容易雲裡霧裡了。我通常在「快速轉眼，捕捉主題句」環節不會超過 3 分鐘，除非章節十分冗長。

課間加餐　判斷內容重要性的速讀方法

　　有人可能會問：為什麼要判斷每部分內容的相對重要性呢？從頭一直讀到尾不就好了嗎？但大家不要忘了，速讀時通常有時間限制，在快速掃視閱讀的過程中，如果可以把更多注意力放在相對重要的段落上，就更容易捕捉到文章的核心論點，提高對整體內容的理解。

　　那麼，在判斷內容的相對重要性時，有規律可循嗎？根據多年的速讀經驗，我總結出以下兩點：第一是從文字位置上來說，一篇文章最開頭的部分，更可能是次重要，也就是不太重要的內容，因為多數時候只是在交代背景資訊，尚未開始闡述關鍵論點，而文章的中間偏後部分（有時會延伸到結尾段），通常是相對重要的部分，包含了所有關鍵論點和資訊。

　　第二是如果某部分文字還穿插有清單、圖片、引述等輔助內容，就很有可能是較為關鍵的內容，大家盡量不要忽略。

　　我們現在通過一個具體案例來理解這兩個規律。以下文字節選自我寫的文章〈凌晨 4 點半的哈佛圖書館，真的燈火通明嗎？〉請首先速讀一遍全文。

　　在查資料時，我發現這幾年網上也零星出現過針對這個話題的闢謠或確認文章，但多為遊客或短期交換生的隨意分享，表述並不算嚴密。

　　通過這篇文章，我希望給所有關注〈哈佛凌晨 4 點半圖書館〉的朋友一個可信、完整和正式些的答案。

　　就當我坐在哈佛最大的懷德納圖書館（也是世界藏書量第一的大學圖書館）寫這篇文章時，還有同學在微博上發私信詢問：Leo，我就想知道，凌晨 4 點半的哈佛圖書館是不是真的永遠燈火通明啊？

印證哈佛凌晨 4 點半的圖書館真相

　　來哈佛前，我在微博上問大家最想知道關於這所大學的哪些事。結果不少同學請我「驗證」哈佛圖書館凌晨的景象，這令我始料未及。我本以為，大家最關心的理應是哈佛最牛的教授、最受歡迎的課，以及這裡的學子是如何學習的。

　　在耶魯讀本科時，我第一次從網上看到題為〈哈佛凌晨 4 點半圖書館〉

的文章。那是一篇被瘋轉的、言之鑿鑿，點閱數超過 10 萬的熱門文章，至今還時不時地在微博和朋友圈裡蹦出來唬人。

「凌晨 4 點多的哈佛大學圖書館裡，燈火通明，座無虛席⋯⋯」文章裡還附了「燈火通明，座無虛席」的圖書館照片，羅列了哈佛的「校訓」和「箴言」，可惜每句英語都千瘡百孔，文法錯誤連篇，令人不忍直視。

而那些錯句也讓我對文章的真實性不以為然。再者，耶魯和哈佛是兩所很相似的大學，我熟悉的耶魯學生可沒使那麼大的蠻力學習，哈佛同胞又怎可能如此苦哈哈呢？

但抱著對大夥負責任的態度，我還是決定到哈佛後，就來一次不含糊的盡職調查。出發前，我搜尋了「哈佛凌晨 4 點半」，結果讓我吃驚──原來市面上已經有了以這個片語命名的勵志書，還不止一種，銷量也很不錯。圖書的百度百科裡更有一段雷人的描述：

哈佛的學生餐廳，很難聽到說話的聲音，每個學生端著比薩和可樂坐下後，往往邊吃邊看書或邊做筆記。很少見到哪個學生光吃不讀，也很少見到哪個學生邊吃邊閒聊。

在哈佛，餐廳不過是一個可以吃東西的圖書館，是哈佛正宗 100 個圖書館之外的另類圖書館。哈佛的醫院，同樣寧靜，同樣不管有多少在候診的人也無一人說話，無一人不在閱讀或記錄。

醫院仍是圖書館的延伸。哈佛校園裡，不見華服，不見化妝，更不見晃裡晃蕩，只有匆匆的腳步，堅實地寫下人生的篇章⋯⋯

我不知這真的是書中節選，還是百科撰寫者的大膽創作。但我相信，稍有點常識的人都能看出這段話就是個玩笑吧。到醫院候診時都「無一人說話，無一人不在閱讀或記錄」──他們還是人嗎？

言歸正傳。8 月 28 日，我抵達哈佛，辦完入學手續後，便準備全面系統、深度客觀地把凌晨 4 點半的哈佛圖書館真相查個水落石出，給大家一個靠譜的解釋，消滅一切甚囂塵上的臆斷猜測。我的盡職調查由三部分組成：

1. 哈佛官網資料查詢

2. 哈佛學生現身說法
3. 哈佛圖書館實地走訪

1. 哈佛官網資料查詢

我首先訪問了哈佛大學圖書館官網（library.harvard.edu），在首頁點擊進入「Libraries ／ Hours」（圖書館／開放時間）欄目。

「Libraries ／ Hours」頁面顯示了哈佛 80 間大小圖書館的基本資訊，其中就包括「Today's Hours」（今日開放時間）。

下拉頁面逐一查看，發現幾乎所有圖書館都在零點前閉館，只有 Lamont Library 的開放時間是「24 小時」，這是位於哈佛庭院（Harvard Yard）的一座大學部學生生喜歡去的圖書館。

為保證足夠嚴謹，我又繼續點擊了「Library Hoursby Week」（按週顯示的圖書館開放時間）這個欄目。這麼做的理由？因為我想看一看期末考試期間，圖書館的開放時間是否會為了方便學生複習而延長。

12 月初到中旬是哈佛大學各院系的期末考試週。我將時間調到 12 月 4 日到 10 日，再次查看各圖書館開放時間。然而並沒什麼改變。Lamont Library 仍是清單顯示的唯一 24 小時開放的圖書館。為避免漏看錯看，我專門在頁面上查找「24hr」這個關鍵字，結果全頁面只有 7 個「24hr」，均出自 Lamont Library，其他圖書館最晚只到零點就閉館了。

結論：根據官網資訊，大多數哈佛圖書館都是「今天開門，今天閉館」，只有 Lamont Library 一家「燈火通明」，所以哈佛學子若想在凌晨 4 點半的圖書館裡發奮苦讀，就基本只能去 Lamont Library 了。

2. 哈佛學生現身說法

想到文字資訊和實際情況可能有出入，我在哈佛校園不同區域和院系隨機採訪了 30 位在校生。他們覆蓋了不同的種族，既有剛入學的大一新生，也有已在哈佛苦讀多年的博士生。以下摘選最具代表性的幾個回覆：

問題：你經常在哈佛的任何一間圖書館學習嗎？你通常待多久？你是否會在圖書館熬夜到凌晨，比如凌晨 4、5 點鐘？

·回答 1（哈佛大學部大二學生 Jessica）

我每天都去 Lamont Library 學習，基本上到 11 點多就回宿舍了。我每天需要至少睡 6 小時，不然大腦會沒法工作（笑）。11 點多離開時，圖書館裡的人通常就很少了。不清楚到凌晨還會有多少人，但估計是寥寥無幾。

·回答 2（哈佛商學院二年級學生 Liz）

商學院學生去圖書館學習的相對比較少吧。HBS（哈佛商學院）的 Baker Library 每天關門都挺早，絕不可能待到凌晨的。

·回答 3（哈佛法學院法學博士二年級生 Hassan）

HLS（哈佛法學院）圖書館都是零點關門。我有時會去 HLS Library 念書，但更多時候喜歡一個人在寢室念，論文提交前會熬得晚一些，但幾乎不會超過凌晨 3 點。

·回答 4（哈佛教育學院碩士一年級生 Laura）

平常都去教育學院旁邊的一家咖啡館念書。相較於安靜的圖書館，我更喜歡有點人聲甚至嘈雜的環境，那樣反而更能集中注意力。咖啡館 11 點打烊，我是早起的人，12 點前就得睡，早上 7 點起床。我無法理解習慣學習到凌晨 4 點的人，那有點愚蠢，不是嗎？

·回答 5（哈佛醫學院博士三年級生 Robert）

醫學院的功課挺重的，所以 HMS（哈佛醫學院）的學生都比較刻苦，但也不至於念到凌晨吧。我覺得還是得看自己怎麼安排時間，另外效率真的很重要。幾乎沒去過 Lamont Library，我所知的醫學院同學也很少有人去那裡通宵。

·回答 6（哈佛大學部大四學生 Yoon-Al）

啊，過去這幾年確實熬過幾次通宵，主要是為了寫論文，但絕對不是常態！平常習慣去懷德納圖書館的自修室學習，那裡的雜訊近乎零分貝，每個人都認真學習的氣氛非常棒。平均每次去圖書館念書 3 小時吧，不會到太晚，

完全沒必要的。

・回答 7 （哈佛大學部大一學生 Rawe）

So far so Good ！來哈佛前曾擔心這裡的課業負擔會壓得自己喘不過氣，但開學這幾天感覺還是可以駕馭的。目前都在宿舍念書，我的很多大一同學也喜歡在家寫作業，或和好友一起去咖啡館，因為可以隨時交流功課。在圖書館熬到後半夜？沒想過，也最好不要吧！

結論：不同的哈佛學生給出了類似或乾脆一樣的答案——自己不會在圖書館苦讀到後半夜，沒看到或聽說身邊很多同學這麼做，更不認為這有必要。

唯一可能讓學生待到凌晨 4 點半的 Lamont 圖書館，在隨機受訪的 30 個學生中並無高人氣，去那兒念書的學生也對「熬到後半夜」這一說法給出了否定答案。

上面兩種方法的盡職調查實際上已讓真相浮出水面了：網上瘋傳的「哈佛凌晨 4 點半圖書館的盛景」並不存在。

3. 哈佛圖書館實地走訪

為確保萬無一失，我還是決定把整個調查做完，在夜裡實地拜訪幾間哈佛圖書館和每家的管理員。我選擇了四家最有代表性的：Baker Library（貝克圖書館，位於哈佛商學院校區）、Harvard Yen-Ching Library（哈佛—燕京圖書館，位於東亞研究學系區域）、Widener Library（懷德納圖書館，位於哈佛大學部院校區）和 The Lamont Library（勒蒙圖書館，位於哈佛庭院）。如上所說，唯一通宵開放的其實只有 Lamont Library。

以下為實地探訪情況概要及配圖。

圖書管理員回覆：據我了解，商學院學生喜歡在宿舍或咖啡館學習，而且啃書到深夜的少吧，因為還有其他更重要的事情做。貝克晚上是不開門的，其實即使白天，人也不多——商學院學生白天除了忙上課，還得穿梭於各種社交和招聘活動啊！

對哈佛大學圖書館的盡職調查至此告一段落。凌晨 3 點從勒蒙圖書館出來時，整個哈佛校園都沉浸在睡夢中，只有早起鳥兒的鳴叫和我的腳步聲在

夜裡迴響。

網上熱傳的「哈佛凌晨 4 點半圖書館的景象」，只是一個不存在的想像。

調查後的一二想法：

整輪調查結果容易給人一種印象：哈佛學生沒有大眾輿論所描繪的那樣「努力」和「辛苦」── 他們並不是每天都熬夜學習。

但「熬夜」與「勤奮程度」真的呈直接正相關嗎？哈佛學生，或說以哈佛和耶魯學生為代表的美國一流大學學生，真的不那麼刻苦嗎？

我認為，以學習時間衡量一個人刻苦與否是一個不太合理，甚至有點愚蠢的方法。在哈佛和耶魯，我沒有看到誰以「熬夜」為榮，更沒有學生暗自較量誰能熬得更晚。這些學校學生崇尚的是「productiveness」（效率，多產）。

我沒有在中國讀大學的經歷，不能對國內的大學生妄加評論。但我可以肯定的是，哈佛和耶魯的絕大多數學生都相當高效，具體表現在這些方面：

1. 他們不輕易翹課（在很多美國大學，翹課是要扣很多分的）。

2. 上課時全神貫注聽講、記筆記，遇到不懂的就即時向教授發問，甚至展開一場辯論。力求在下課前就把新知識點都搞明白，而不是抱著「聽不懂也沒關係，反正課後還能再學」的補救心態。

3. 幾乎所有人都會用 Google Calendar 等工具做每天的 To-do list，把當天的學習任務分條列出。一些同學還會進一步畫分優先順序，給自己設置完

成一項功課的時限（比如 7 點晚飯前必須做完 50 頁閱讀）。

4.Workhard，Playhard——該學時就集中精力學，該玩時就使勁玩。我的很多同學前一晚還在派對上喝酒狂歡，第二天就可以做到完全與世隔絕。他們會把自己「關起來」，心無旁騖地讀完一本書、做完一份習題集、寫好一篇論文。

你有時會找不到已切換成學習模式的他們：手機關機，電子郵件和Facebook messager 都不回。高強度的閉關，往往能幫他們在短時間內快、狠、準地把學習任務搞定。

5. 目標感明確：我的很多同學在學習時都會帶著一個很明確的目標。比如「我讀這本書，就是要找到 A、B、C 三個證據，來支持我的論文觀點」「我下午去上這堂複習課，就是爲了搞懂 ×× 概念、○○ 函數、△△ 曲線，不弄明白不回家」。有了目標，或說目的，效率往往會高很多，而不是迷迷糊糊地學了一通，到頭來還是不知道自己收穫了什麼。

有了上面這些讓人非常富有成效的習慣，難道還需要每天都爲了學習熬夜到凌晨 4 點半嗎？

以熬夜傷身爲前提的刻苦，不是好刻苦。

不要再盲目崇拜「哈佛凌晨 4 點半的圖書館」了，那不眞實，也挺愚蠢的。

速讀過後，同學們應該能看出，本文一直到「哈佛凌晨 4 點半的圖書館到底是什麼樣的？這次一定全面系統、深度、客觀地查個水落石出……」這段話之前基本是在陳述大背景，即「對哈佛圖書館凌晨 4 點半景象的廣泛誤解」，這些並非文章的關鍵內容，即「凌晨 4 點半的哈佛圖書館，到底是什麼樣的」相關資訊。

而從「我的盡職調查由三部分組成」這裡開始，就進入了文章的關鍵部分——通過各種調查方法以及相對應的資料和採訪實錄，論證出哈佛學生幾乎不會在圖書館裡熬通宵這個重要事實。至此，我們就完成了對本文重要與次重要段落的判斷，在之後速讀時，便可以有的放矢，有針對性地閱讀了。

第 3 小課　7：3 原則速讀法

第三個速讀方法，我為其取名「7：3 原則速讀法」。在通過前面的方法獲得了對一篇文章的整體認識、完成了對重要和次重要段落的判斷後，接下來我會按照 7：3 的比例進行速讀──70%的時間花在相對重要的段落，30%的時間分配給次重要部分。

讀相對重要部分的速度要比次重要部分慢，以便更好地獲取和理解關鍵內容。

回到上面的例子：現在我們已經判斷出〈凌晨 4 點半的哈佛圖書館，真的燈火通明嗎？〉的重要部分是從「我的盡職調查由三部分組成」這段話開始的，因此從這裡往下讀時，我們可以把速度放慢一些，盡量讀懂每個核心論點，但一定不要逐字默念和回讀。記住，我們正在做的是速讀，不是精讀。

當然，70%和 30%只是一個大致比例，同學們在分配速讀時間時，不必刻意遵循這兩個數字。還需要提醒的一點是，速讀時一定別忘了再讀一遍每個段落的首句話，也就是在第一個方法中介紹過的主題句、信號句。

另外，當讀到關鍵資料和論點闡述時，我建議大家用記號筆把相關內容畫出來，或在段落旁邊做個記號，便於之後著重複習。在有限的時間裡做速讀時，我一般不會另在本子上做詳細的閱讀筆記。

第 4 小課　3 分鐘閉眼過電影速讀法

第四個很重要的方法，也是一次速讀任務的收尾動作，我稱之為「3 分鐘閉眼過電影速讀法」。

這個方法也對應了我一開始說的速讀三大步驟的最後一個步驟──「回顧」（reflection）。

很多人讀完以後會不假思索地把書合上，認為閱讀任務已經完成了。但根據自己的經驗，我會為他們感到有些遺憾。為什麼呢？因為如上所述，不動腦、不思考的閱讀絕不是一次好的閱讀。精讀如此，速讀更是如此。如果讀完以後不主動進行回顧，那麼幾小時、半天、1 天以後，讀過的內容很可能會遺忘大半。

我建議大家這麼做：在完成一次速讀任務後，闔上書，閉上眼，快速用 3 分鐘時間過電影般地回憶一遍剛才讀完的部分，尤其要在大腦裡默念用記號筆標注過的重點資訊。過電影時，可以帶著問題進行複盤回憶。我經常問自己的問題包括這一些：

　　主人公是誰？做了什麼事？為什麼要做？在哪裡？
　　什麼時間？有什麼意義？其他人物與關鍵事件包括什麼？

　　過完電影後再次打開書本，著重瀏覽剛才沒回憶起來的內容。如果時間允許，還可以複習一遍所有記號筆標注過的部分。根據自己多年的經驗，我可以很確定地告訴大家，如果你肯在速讀後花 3 分鐘閉眼過一遍電影，那麼你的速讀效果將得到顯著提升。

　　完成了「3 分鐘閉眼過電影」這道工序後，一次速讀任務就算圓滿完成了。

　　其實，速讀的關鍵可以總結為「三快」：看得快、懂得快、記得快。如果你能根據我介紹的方法，高度專注地完成規畫、執行和回顧這三大步驟，經過一段時間的練習後，你一定可以成為速讀高手，在有限的時間裡吸收豐富的書中精華。

本課核心
方法回顧

「規畫、執行、回顧」速讀法

確定速讀素材

快速轉眼速讀法：

速讀前用幾分鐘時間，「快速轉眼，提煉關鍵句，捕捉主題句「，初步熟悉全部待讀內容。

判斷速讀內容的重要性

7：3 原則速讀法：

有的放矢地把大約 70％的速讀時間分配給重要內容，確保對關鍵論點論據的理解；用剩下 30％的時間掃讀次重要部分。

3 分鐘閉眼過電影法：

速讀後，用 3 分鐘左右的時間閉眼回顧已讀內容，可以在「過電影」時自問自答、盡量多地回憶書中關鍵資訊。

第 11 課
掌握精讀，深入領悟學以致用

如果說速讀是在有限時間內，風馳電掣般獲取書中精髓，那麼精讀就是沉心靜氣、由淺入深品讀書中細節。

什麼是「精讀」？你是如何理解「精讀」的？

很多人會說：「精讀，顧名思義，就是『精細閱讀』嘛。」此話沒錯，不過精讀說來直白，實踐起來卻並不簡單。

你有過這樣的體驗嗎？某天，你雄心勃勃地拿起一本書，準備精細、耐心地讀完它，可當你讀了好幾個鐘頭，頭暈眼花把書闔上後不久，卻發現大多數內容都記不得了？

「哎，我都讀了什麼？這個人和那個人是什麼關係？××事件為什麼會發生？作者到底想表達什麼？」答不上這些問題，你可能會備感沮喪，甚至懷疑自己的智商──花了那麼大力氣讀的書，怎麼到頭來讀懂的內容卻寥寥無幾呢？

別怕，因為很多同學（包括我自己）都有類似經歷。雖然讀書的態度很認真，但精讀方法沒到位，效果自然無法達到預期。

我認為的「精讀」，不但是細緻、從容地閱讀（讀得慢），更是邊讀邊主動思考、不斷反芻。精讀效果不佳，多半因為讀書時沒有真正動腦，沒有花夠心思、花對心思。

在我講解自己的精讀方法前，還想請大家一起明確：精讀的目的是什麼？簡單地說，精讀的對立面是「不求甚解」。

精讀，通常是為了把一本書讀透，讀出蘊藏在書中的各種滋味，讀出作

者的所思所議，全面深刻地掌握書中精髓，核心事件、關鍵論點。

這時速讀就不太合適了，因為速讀往往淺嘗輒止，甚至夾帶一絲功利意味，比如「我只需要快速讀讀這本書的第二章，找幾個能用到畢業論文裡的關鍵資料就可以了。」

相較於速戰速決式的閱讀，我當然偏愛在充裕時間裡，潛心品味書中的曼妙世界。精讀，實乃人生的一件大樂事！

第 1 小課　「三個一」精讀法

了解了「精讀」的定義和目的後，下面介紹我總結的精讀方法。

精讀的第一步同樣是明確任務量、制訂這次精讀任務的執行計畫。雖然精讀的可支配時間通常較速讀寬裕，但由於閱讀強度，或說「用腦度」顯著提高，所以為了最大化閱讀效率，我依然建議同學們計算單位時間的閱讀任務量，在之後的每週／每天／每小時嚴格執行計畫。

打個比方：你要在兩週內精讀一本 600 頁的書，每週有 5 天、每天有 3 小時用於此次精讀任務。那麼你能自由支配的閱讀總時長就是 $5 \times 3 \times 2 = 30$ 個小時，換算成每小時的單位閱讀任務量，大概就是 $600 / 30 = 20$ 頁。

這任務聽上去不算繁重，甚至還覺得輕鬆？大家可別高興太早，因為精讀並不算一件易事。如果能按我的方法每小時完成 20 頁的精讀任務，就已經非常不錯了。

還需補充提醒的是，你不必教條地在每小時剛好讀完 20 頁，這只是一個用於參考的平均數，幫你做到心裡有數，在精讀時更穩健地控制節奏。你大可根據所讀的內容，即時調節速度，遇到晦澀難懂的部分就慢下來，遇到平鋪直敘、淺顯易懂的部分就加快些。

概括地說來，我的每次精讀，都可總結為「三個一」：一本書、一本筆記本、一枝筆。

這三個一，既指我精讀時用到的所有工具，不多不少，就這三樣，也代表了我每次精讀時會完成的關鍵步驟。

（下圖是我在哈佛大學圖書館精讀《國家宏觀經濟學》這本書時的「三個一」場景。）

書，自然指要精讀的內容，而本子和筆，代表精讀時做的這幾件事：一**是精讀前的預熱準備，二是精讀時的隨讀批註和筆記，三是精讀後的好句佳段摘抄和讀後感／書評。**換句話說，每次精讀都是動眼、動腦、動筆甚至動口的多感官同步工作，是閱讀、摘錄和思考的同步進行。

而在這幾「動」中，動腦和動筆尤為重要。這兩「動」，其實是在有意識地「主動閱讀」讓書中內容真正走心入腦。

帶著做閱讀理解題時一絲不苟的態度進行精讀時，我們便能主觀能動性地思考諸多問題，比如作者的寫作角度是什麼？文章的論據都是哪幾個？哪些觀點與自己的認知一致或衝突？只有細讀多思、反覆琢磨，才能領會書中精髓，把書讀透。

第 2 小課　精讀全過程分享

精讀前的預熱準備

我在精讀時的第一次動筆，通常發生在精讀開始前，我稱其為預熱問題列表。有同學可能會問：這個列表是什麼？閱讀有那麼麻煩嗎？直接開始讀不就可以了？

其實不然。在開始精讀前，我們就要進入動腦思考的狀態了。通過列一份預熱問題表，提前寫下若干個和本次閱讀內容相關的問題，進而讓問題引

導自己開始精讀，這樣做是和不假思索、直入閱讀的效果迥乎不同的。

具體作法：用 3 至 5 分鐘時間，在讀書筆記本或電腦上快速列好預熱問題表，一份列表對應一次精讀任務，一般包括 5 至 10 個問題，既可以是寬泛的大問題，也可以是和待精讀內容直接相關的微觀問題。我通常會列的寬泛問題可總結為「5W2H」，包括：

· **5W：**

Who（主人公／主要角色都是誰？）

What（講的是一件什麼事？）

When（發生在什麼時候？）

Where（在哪裡發生？）

Why（為什麼會發生這件事？）

· **2H：**

How（這件事是如何發生的？這些人是如何做的？）

How much ／ How many（有多少？—數量／資料相關的內容）

在第 9 課（92 頁）中，我已講解了「5W2H 分析思考法」，同學們可以回顧一下。

更微觀的問題則要具體案例具體分析，但必須和待精讀內容直接相關。比如，現在要精讀一篇有關外來入侵植物的文章，那麼在預熱問題列表裡，你就可以列出這幾個問題，帶著問題開始有針對性地精讀、思考：

文中介紹了哪幾種外來入侵植物？

這些外來植物是如何入侵本地生態系統的？

它們對原生植被和生物多樣性有哪些直接和間接的影響與危害？

可以通過哪些措施消除外來入侵植物的危害？

同學們一定不可輕視這份預熱問題列表。因為如我上面所說，這些問題能強迫你快速進入積極思考狀態。大腦經過預熱後，精讀效果必將明顯提高。

我在下方和各位分享，我在哈佛精讀商業案例前準備的預熱問題列表。

精讀商業案例前準備的預熱問題列表
文章：哈佛商學院某節課的案例，關於可口可樂與百事可樂自 20 世紀中葉以來的商業競爭史

1. 可口可樂與百事可樂的關鍵性異同都有哪些？
a. 產品角度
b. 供應鏈角度
c. 消費群體定位角度
d. 其他

2. 可口可樂與百事可樂的競爭中，哪一方更具有優勢？為什麼？
3. 可口可樂與百事可樂在未來的競爭中，分別做了哪些商業規畫？
a. 產品革新方面
b. 產品定價方面
c. 市場覆蓋方面
d. 供應鏈方面
e. 其他方面

可口可樂與百事可樂在亞太，尤其在中國市場的競爭態度如何？

那麼，在精讀時要如何使用預熱問題列表呢？一點都不複雜。如果時間充裕，你可以在精讀到和問題相關的段落時，再次拿出問題清單，以關鍵字句的形式將答案添加到相應問題的下方。

如果書中給出的答案較長，也可以只把相關頁碼和段落標注下來，比如「P150，第 2—3 段」。通過邊讀邊補充問題答案，你就把預熱問題列表用到了極致。這份列表不但起到了導讀作用，還因答案的補充，變成了一份有問有答、記錄清晰的精讀筆記，可謂一舉兩得。

精讀時的隨讀批註與筆記
精讀時我的第二次，或說第二種「動筆」，便是做隨讀批註和筆記了。

相信大家對做讀書筆記這件事並不陌生，也基本了解記筆記的意義——比如促進思考、加深理解，但不少人並不知道在精讀時該如何做筆記最好。

我的精讀筆記方法，可以歸納為「二不做二做」：一是**不要整段、整段地用記號筆畫重點；二是不要重複「抄寫「書中的事實性陳述」**。

什麼是「整段摘抄」？可以看看下面這張圖。很多人讀書時喜歡握著記號筆不放，畫下的重點綿延不絕，幾乎占滿了整張書頁。待讀完後回看才驚覺：哎呀，怎麼哪裡哪裡都是重點句啊？這中心論點到底是什麼呢？

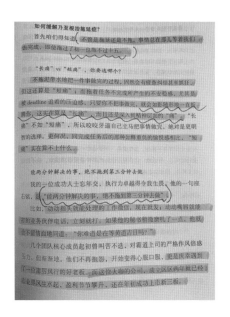

英文裡有句話是這麼說的：Everything is nothing，翻譯成中文可以理解為「面面俱到，反而皆空」。如果精讀時不停地畫重點，到頭來只能落個什麼重點都抓不住的結局。

什麼是「事實性陳述」？簡單概括，就是資訊、資料等不帶作者論點和主觀色彩的客觀內容。

很多人在精讀時會專門用本子做筆記，這樣做沒錯，但有些同學喜歡邊讀邊把大量的「陳述性事實」抄到本子上，有時還配上簡筆畫，做成精美手帳。

我對「手帳」當然沒有意見，也希望自己有朝一日變成手帳達人，但我必須說，精細閱讀和精緻手帳並不搭。為了做出賞心悅目的手帳而煞費苦心地摘抄事實性陳述，不但占用時間，還無法促進思考，因為抄錄事實性內容時，我們的心思大多聚焦在「如何把手帳做得更漂亮」這件事上了。

再來說說做精讀筆記時的「二做」。

一是做筆記時，盡量只記錄自己的思考、隨感。上面說到，不過腦地大量畫重點、抄書中原文並不聰明，與之相對的是即時記下精讀時的主觀思

考——無論是贊同還是否定，是對大論點的評述還是對小細節的思考，都可以批註下來。只有這樣，才算真正走入書中情境、和作者「交流」，進而把書中精髓很好地內化了。

第二個「做」，是第一個「做」的具體實現方式，我為其取名「多色批註法」。

我們在精讀時做的思考，幾乎都帶有個人主觀色彩。正如「一千個人眼裡有一千個哈姆雷特」，不同的人讀相同的內容，一定會有各異的感受與詮釋。同理，當你精讀到某個段落時，也可能會出現三種主觀立場——贊同作者在此處的論點、反對作者的論點以及中立態度（對論點沒有明顯站隊）。

在這裡我尤其要提一下「反對作者論點」這種立場——在精讀時，一定不要輕易被作者說服，尤其不能有「作者是權威，他說的都對」這種心態。

其實，很多論點都是存在爭議的。精讀時，你永遠不要放棄自己提問、質疑的權利，嘗試多一些批判性思考，甚至假設作者的論點是有漏洞的、值得商確的，然後即時記下自己的異見，如有時間，還可以和書友們討論。

「多色批註法」可以促進精讀時的深度思考，鼓勵不同觀點的輸出。我通常用黑色筆寫下同意作者觀點的批註，紅色筆寫下反對作者觀點的批註，藍色筆記下中立的思考。

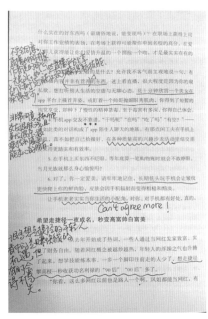

以我寫過的〈這七大毛病，99.9％的年輕人都會有至少一個〉文章為例：在這裡，我假設自己是讀者，而不是原作者。

我用黑色標注的這一條表示贊同文中論點：「非常同意。手機 APP 交友很膚淺，並且魚龍混雜，很難找到真正能交心的朋友。」

紅色的這一條表示反對：「不完全同意。直播 APP 並不像作者說的那麼一無是處。如一些直播平臺分享知識和乾貨，能讓觀眾收穫到新技能、獲得進步。」

而藍色的這一條是中立批註：「很多想走捷徑的年輕人看中的是賺快錢的機遇，但有時會得不償失。」

大家應該能發現，這三條批註全部是我精讀時的所思所想，絲毫沒有陳述性事實的摘錄。我推薦使用「多色批註法」的另一個原因是，當過一段時間回顧批註筆記時，你就能輕易通過不同顏色的紀錄，憶起自己當時的點滴思考。

精讀後的好句佳段摘抄

我建議大家在精讀時的第三種動筆，是好句佳段的摘抄、整理，這也是永不過時的一種閱讀方法。

這方法雖經典，卻常被忽略甚至吐槽。有人說：「這不就是學校裡布置的好詞好句摘抄作業嗎？枯燥乏味得很。」還有人說：「現在都什麼年代了，在網上就能搜到一本書裡的所有金句，何必要費功夫自己摘抄和整理呢？」

我必須得說，做網路搜索和自己動筆整理的效果是很不同的。上網查資料、做複製貼上，基本只動用了視覺。各種書摘語錄網站把整理好的文段直接餵給你，很難助你加深對文中精闢表達的理解與吸收。

而如果自主發現好句佳段，繼而謄抄整理在本子上，就更能體味作者的文采，感受其表達的精妙。另外通過精讀時做摘抄，你還能在不知不覺中學習作者的行文修辭，逐步提高寫作能力。

摘抄整理金句這件事雖不難，卻也有門道。我有以下三個建議：

第一個建議：等精讀任務完成後，再用整塊時間統一謄抄整理。精讀時需要注意力高度集中、無間歇思考，而做金句摘抄比較費時，所以大家不要

邊讀邊抄，否則思路容易被打斷。

我的慣常做法是，讀到好句佳段時，先用筆做個記號（比如在旁邊打個星號），在完成一次精讀任務後，再回到閱讀起始頁，順著星號逐一摘抄。

第二個建議：我把它概括為：「動作描述（動詞）第一，形容詞次之，名詞最後。」最難出彩，也最能凸顯作者精妙文筆的往往是動作描寫，而我們自己寫文章時容易拿捏不好、很難出彩的也常是和動詞有關的內容。

因此如果一篇文章裡有特別妙的動作描述，就優先摘錄、收藏下來。比如魯迅就是運用動詞的大師，大家在精讀他的文章時，就可以學到不少傳神的動作描述。

形容詞是極其豐富的一大範疇——在漢語中尤甚，大家在讀到很妙的表達時也記得一併摘錄。

第三個建議：摘抄本一定要分主題、分書目。如果精讀的是大部頭名著，比如《紅樓夢》《唐吉訶德》，那麼一本小筆記本很可能不夠用，但如若精讀的是短篇文章，就可以把同主題下的短篇金句都摘抄到同一本筆記本上。

這裡的「同主題」可以指同一個文學領域——比如短篇諷刺小說，也可以指同一位作家——比如馬克‧吐溫的不同作品。同主題摘錄，也便於之後系統地查找、回顧。

從小到大，我已經積攢了超過三十本金句摘錄本。從十多年前泛黃的小冊子到如今心愛的燙金摘抄本，都是我獨一無二金不換的寶藏。

精讀後，寫讀後感／書評

我建議同學們在精讀時做的第四種動筆，是在精讀後盡快寫出一篇書評／讀後感。

沒有人對「讀後感」陌生，但如今鮮有人會在閱讀後寫讀後感。其實，正如在第 10 課中介紹的「3 分鐘閉眼過電影速讀法」（117 頁），讀後感是一次精讀任務的重要收尾，就像做一道大菜，在出鍋擺盤前要收汁、勾芡一樣，具有畫龍點睛、錦上添花的效用。

讀後感的寫法因人而異，我在這裡分享一個自己常用的讀後感引導問題清單：

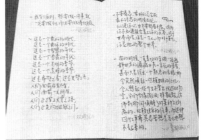

讀後感引導問題清單

每次寫讀後感時,可以根據以下問題完成自問自答,以梳理本次精讀的核心收穫與體會。

這本書／這章節的主要內容是什麼?
都有哪些關鍵角色跟事件?
這本書／這章節最重要的亮點是?
我對這本書／這章節的論點有什麼意見?
這本書／這章節對我而言有什麼價值?有什麼啟示?

需要補充說明的是，因為讀後感通常寫給自己看，所以長短、形式和文筆都不重要，關鍵是把個人感受和主要收穫寫下來，比如令你茅塞頓開的論點，讓你熱淚盈眶的情景。

第 3 小課　朗讀＋錄音精讀法

這是我前幾年無心插柳研發出的精讀方法，非常好用，尤其適合想提高碎片時間利用率的各位同學。

操作方法很簡單：在精讀到經典段落時，嘗試自己朗讀這段話，同時用手機錄下來。之後再利用碎片時間，比如通勤路上、跑步途中，戴著耳機聽上幾段。

比較神奇的一個現象是，聽自己的朗讀可以明顯加深對相應內容的印象。哪怕自己讀得很業餘，甚至結巴，所獲得的效果都比聽專業播音員錄製的有聲書要強不少！大家可以一試。

如果你能掌握上面介紹的幾種方法，精讀就絕非令人頭疼的難事。相反，精讀完全可以其樂無窮，成為你生命中的一大幸事。

當然還要提醒一下：一定別忘了上篇分享的速讀方法，要隨時根據閱讀目的的不同，靈活選擇不同的閱讀方法。精讀與泛讀，要相互補充、穿插使用。

閱讀乃寫作之母。在完成了一定的閱讀積澱後，寫作水準也必將得到提高。希望我的速讀法、精讀法能幫助大家打下堅實的閱讀基礎，在未來的日子裡，不論遇到什麼樣的書籍，都能從容、愉快地應對。

本課核心 方法回顧

精讀開始前，明確任務量、制訂整體閱讀計畫

「三個一」精讀法，一本書、一本筆記本、一枝筆：
精讀前準備預熱問題列表。
精讀時做隨讀批註和筆記。
精讀後摘抄好句佳段，寫讀後感／書評。

做精讀筆記時的「二不做二做」：

‧二不做：
不整段畫重點。
不重複摘抄書中的事實性陳述。
‧二做：
在筆記裡主要記錄自己的所思所想。
積極進行批判性思考，利用「多色批註法」記錄自己的觀點立場。

朗讀＋錄音精讀法：

用手機錄下自己朗讀的書中經典段落，利用碎片時間回聽，加深理解。

第 **12** 課
寫作入門，刻意練習厚積薄發

一提起寫作，很多人的第一反應都是「唉，頭大」，接著想起每次寫文章時的痛苦滋味：要麼絞盡腦汁遲遲難產，要麼寫出來的文字平鋪直敘流水帳，有時還邏輯混亂、主題不明。

一些同學因此頗為鬱悶：為什麼別人就能妙筆生花、文思泉湧，自己卻像茶壺裡煮餃子，有貨倒不出呢？寫作能力難道真是與生俱來的一種天賦嗎？

誠然，寫作能力和先天因素有一定關係，正如有些人天生音感高超，比如音樂天才莫札特，四歲開始學作曲，六歲就與姊姊在歐洲登臺巡演，這當然不是普通人能比的。然而像這樣「老天爺賞飯吃」、天賦異稟的人能有多少呢？可以說是鳳毛麟角。絕大多數人都要在有效方法的指引下，通過後天的持續練習與不斷積累，才能逐漸熟能生巧，磨練出卓越的寫作技藝。

上小學時，我也和很多同學一樣害怕寫東西，做家庭作業時總是把作文放到最後。但如今，寫作已經成為我熟練掌握的一項技能了。雖說離寫作大咖還有相當距離，但起碼在寫文章時能得心應手了。除了讀大學時火力全開、寫了一百多篇高分論文，以及在工作中一氣呵成、動輒幾千字的專案報告之外，我還會抽空在自己的微信公眾號「學長 LEO」上發布原創文章。

如果倒回十年前，我根本沒想過自己會出書。可如今，我寫的第一本書成了暢銷書，現在又即將出版第二本、第三本。在把寫作變成生活習慣的這些年裡，我漸漸發現，自己再也不用挖空心思去湊字數，很多時候反倒是不時閃現的靈感推著我寫，在寫作時也總能進入忘我境界。

爲什麼自己可以從「不愛寫、不會寫」變成「享受寫作」的多產作者呢？我仔細回溯了過往經歷，得出兩個結論：

　　一是寫作能力與閱讀量成正比。我們從小就耳熟能詳的「讀書破萬卷，下筆如有神」確是眞理。年少時閱讀儲備淺薄，肚裡墨水不夠，寫起東西來自然會因「沒貨」「沒料」而感到力不從心。

　　好在自己喜歡閱讀，進入中學和大學後更是嗜書如命，知識與見地也在那些年得以實現跨越式發展，所以寫起文章來越來越順溜。在耶魯的高強度閱讀與寫作訓練，尤其讓我有如神助，徹底告別了寫作小白的過去。

　　二是寫作能力與生活閱歷成正比。這個道理其實和上一條結論相似，都關乎知識面和視野。走南闖北多了，看到的風景和收穫的感悟自然與日俱增，而日常生活中的觀察和遐思，都可能成爲寫作最好的原材料。

　　過去這些年，我不但在中、美兩國之間穿梭，還抽空領略了幾十個國家的風土人情；國內中學與西方大學迥異的求學經歷，以及金融投資銀行和自主創業的不同體驗，也爲我提供了源源不斷的寫作靈感。

　　閱歷變多了、年歲增長了，寫作風格也會發生變化。這個規律在知名作家中也常見，比如年輕時以唯美青春言情見長的安妮寶貝，後來轉變爲更內斂成熟的慶山。

　　所以該如何提高寫作能力，如果只能以一句話來回答這個問題，我一定不假思索地告訴你：如飢似渴地大量閱讀，竭盡所能地感受世界。

　　積累和閱歷多了，觀察和感悟也就有了，寫起東西來自然不再乾澀乏味。觀點更加深刻立體、邏輯越發清晰嚴謹、措辭日益生動精彩的文章，就可能被認定爲佳作了。

　　當然，無論是開卷閱讀還是探索世界、增進見識，都要記得時時記錄、不斷思考，輔以一定量的寫作練習，才能把所見、所聞、所學變成高品質的文字。

　　而這也引出了我要分享的第一種方法：

第 1 小課　建立「靈感與素材本」

　　為了更好地把閱讀所學和生活體驗留存下來，我一直有建立「靈感與素材本」的習慣，並且即時更新和複習。

　　上面說到，一個人必須先有觀點，才能順暢下筆。即便是婦孺皆知的大作家，也並非隨時隨地就能妙筆生花。

　　巴金先生就曾回憶，他有幾次被編輯催稿，逼得沒辦法，坐在書桌前苦思冥想，寫了又塗，塗了再寫，最後一句都沒寫完，桌上稿紙和腦中想法一片空白。

　　正如蓋樓先得有圖紙、旅行先得有路線，靈感與素材對寫作也是缺一不可的。那麼要如何即時捕捉、不斷積累這些原料呢？「靈感與素材本」就能派上用場。

　　靈感，總在不經意間迸發出來，所謂「靈感乍現」可能出現在窗外飄落的黃葉上，可能出現在和好友聊天的一句玩笑裡，也可能乍現於洗澡時水溫由冷變熱的瞬間——嗯，我就經常在洗澡時和妙不可言的靈感邂逅，有幾次甚至都激動得衝出浴室，風馳電掣般記下靈感，生怕它轉瞬即逝。

　　我會把對待靈感的態度總結成五個字——「時刻準備著」。靈感不期而至時，一定不要想當然地認為它將永駐心間；相反的，日常生活裡的紛繁事務都可能干擾靈感停留，導致靈感和我們一期一會、再也不見。

　　在書包或書房裡常備「靈感與素材本」，我們就有機會延長靈感的生命，讓靈感成為新作文的創作來源。如何使用這個本子？並不存在任何條框規則，也不必講究形式，只要以自己看得懂、用著順手、方便查看的方式及時記錄下來就很好。如果覺得本子麻煩，還可以借助手機備忘錄等電子工具。

　　「素材」又是什麼呢？不期而遇的靈感實際上是素材的真子集。除此之外，在日常閱讀和生活體驗中學到的知識、看到的風景，都可以是寫文章時的極佳原材料。

　　舉個簡單的例子：最近你計畫寫一篇以「互聯網經濟中呼風喚雨的人物」為主題的文章，剛好看到了一個對 Facebook 創始人馬克・祖克伯的專訪影片，裡面金句頻出，還提到了他不為人知的輟學哈佛始末，這些素材你就不該錯過。

如果我是你，即使不需要第二天就動筆開始寫，也會立刻把影片的來源（比如網頁名稱和連結）記錄到手機備忘錄或「靈感與素材本」上；如果有時間，我還會進一步把影片中最打動我的金句、故事點以自己的語言稍做總結，同時記好。當我真正開始寫這篇文章時，這些事先整理好的素材、提煉好的要點就能幫上大忙。

幾年前在寫第一本書時，某天我和中學校友們吃飯。一位校友在席間抱怨：「唉，現在的生活干擾項太多了。我現在已經嚴重手機上癮，沒幾分鐘就忍不住打開微信刷一刷。」

另外兩個校友馬上附和道：「以前我看不起別人上班不認真，結果現在我自己也總在上班的時候刷淘寶。」「我是拖延症患者，除非萬不得已，要不然我肯定會先拖著不做，也不知道為什麼……」

這樣稀鬆平常的對話雖然平淡無奇，卻觸發了我的即時靈感：為什麼不在書稿裡加兩篇文章，一篇論述〈當代年輕人通病〉，另一篇討論〈拖延症患者〉呢？

我接著從包裡取出「靈感與素材本」，邊念念有詞，邊快速把這些點子（靈感）和校友們的部分對話（素材）記了下來，幾天後就一氣呵成了這兩篇文章。

不止我這個文字小咖，就連文壇大家們也證明了隨時記下靈感的奇效。諾貝爾文學獎得主莫言先生就曾提到，他的成名作《透明的胡蘿蔔》誕生於夢境。

「那時候，我正在解放軍藝術學院學習。一天早晨，在起床號沒有吹響之前，我看到一片很大的蘿蔔地，蘿蔔地中間有一個草棚。紅日初升，天地間一片輝煌。從太陽升起的地方，有一個身穿紅衣的豐滿女子走過來，她手裡舉著一柄魚叉，魚叉上叉著一個閃閃發光的，似乎還透著明的紅蘿蔔……」

這個夢讓莫言激動不已，他立刻就下床奮筆疾書，只用短短一週就完成了小說初稿。

更有意思的是，莫言還曾從「地鐵站裡為雙胞胎哺乳的婦女」那裡獲得了《豐乳肥臀》的構思，從日本作家川端康成的代表作《雪國》裡得到了《白狗鞦韆架》的創作靈感。如果莫言輕易忽略了這些靈感，文壇大概就會損失多部佳作吧！

在這裡也和同學們分享我的寫作「靈感與素材本」。正如上面所述，我的紀錄絲毫不講求工整格式，中英混搭，看上去甚至有些雜亂。但只要能把隨時隨地遇見的靈感和素材保存下來，就達到了使用這個本子的目的。

在通過「靈感與素材本」增加寫作原材料的同時，我們還應抓緊時間勤加練筆，從而盡快從量變到質變。

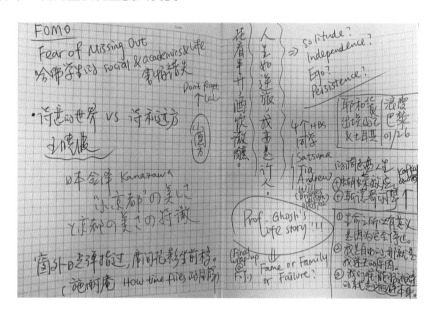

第 2 小課　寫作練筆「四定原則」

用「靈感與素材本」時可以自在寫意，但練筆時就不能毫無規畫、全憑心情了。在學生時代做額外的寫作練習時，我一直遵循著一套「指導思想」，我將其總結為「四定原則」。

・第一個「定」是「定期定量」：要在某段特定的時間內完成一定量的練筆任務，比如每週寫一篇。如果時間充裕，你當然還可以根據實際情況增加任務量，比如以記日記的形式每天完成一篇短文。

還記得自己在初一時接觸到議論文寫作，因為小學時寫的基本是三到四

個自然段構成的標準記敘文，所以起初對議論文不太適應，偶有難下筆的情況出現。

為了提高議論文寫作功底，我當時給自己制訂了額外練筆的任務，每週讓我的母親或語文老師為自己加碼布置一道議論文選題。我會從這道「課外題」出發，獨自完成構思→初稿→定稿的練習過程，接著請語文老師評點指導，之後再結合老師的意見進行修改優化。

‧**第二個「定」是「定時」**：比如每篇作文都必須在 2 小時內完成。大家在平常練筆時尤其可以根據考試時間進行定時訓練。在中學階段，一般語文大考留給作文的時間是 40 至 50 分鐘，所以可以把每次練筆的時長嚴格規定在 50 分鐘以內。掌握了這個節奏之後，在考場上就不容易緊張失措，影響發揮。

‧**第三個「定」是「定字數」或「定篇幅」**：規定每次練筆時的最少字數或最多字數。比如「800 字以上」「不超過 1500 字」。「定字數」和「定時」有異曲同工的效用，只有在平時嚴格規定寫作時長和文章篇幅，寫考場作文時才能從容不迫、遊刃有餘。

關於字數我還要補充說明的是，一篇文章絕非字數越多越好。記得中學時同學們會互相比試：「我這篇作文寫了 1000 字呢。」「哈哈，1000 字算什麼，我寫了足足 2000 字呢！」

然而實際上，「洋洋灑灑一大篇」在很多時候完全沒有必要，因為過多的廢話會讓你的文章變成裹腳布──又臭又長。要想出產高品質文章，就一定得避免囉唆無謂、拖泥帶水的文字表述，盡量「把話說到點子上」，讓行文精練到位。

我在美國大學裡的每一次論文作業都是嚴格規定字數的，比如不超過 3000 英文單字，不超過 15 頁 A4 單面紙，這樣的字數限制能促使學生們在寫作時更精準地謀篇布局，在有限的篇幅內將關鍵論點、論據闡述得精準而凝練。

‧**第四個「定」是「定主題」**：豐富的生活中永遠不乏可用於寫作的話題。

每次練筆時，大家都要盡量定一個和先前不同的主題，除了寫社會熱點話題，還可以寫一次談話、一位遠道而來的故友、一場充滿驚喜的旅行……

我習慣從生活體驗中為自己制訂練筆的選題。比如在路上看到一個帶有「漂流」二字的看板，就自然聯想起了電影《少年Pi的奇幻漂流》和小說《魯賓遜漂流記》。

接著，我會根據聯想內容定一個命題，假設我變身少年Pi，獨自與一隻老虎在海上漂流，我該如何生存下去呢？又比如，我和魯賓遜一樣，被迫在某個偏遠的小島登陸，接著遭遇了島上剽悍的土著部落，我該如何與他們打交道以保住性命，進而和睦相處呢？

第3小課　語音／口頭作文法

「語音／口頭作文法」是另一個我在中學時代使用的提高寫作能力的好方法。受時間和空間所限，我們有時沒法坐下來寫作練筆。在日常碎片時間裡，大家不妨試試「口頭作文」。操作方法並不複雜，只要提前準備好一部有錄音功能的手機就可以進行。

首先，在手機上打開錄音軟體，或自行下載一款語音備忘錄APP，接著通過錄音進行口頭作文訓練。

你可以選好某個主題，錄下一段想表達的話。比如外面正在下雪，你就可以錄下一段對下雪的描述，除了雪花飄飄的風景，也可以說說自己觀賞雪景的隨感。在錄音過程中不要怕結巴，說錯了就重來，還可以針對同一個情節多錄幾段不同描述，盡可能表達得完整、豐富。

錄音完成後存進手機。有空時再次打開音訊，回聽自己錄下的「口頭作文」。你還可以再次就這個主題進行第二次錄音，優化先前表述欠佳的地方，錄下此次想補充的新內容。

當然，如果時間充裕，你還可以把語音作文轉變成真正的書面作文，完成從口語表達到文字創作的進階練習。

語音／口頭作文對提高寫作能力確有促進作用。我認為最重要的一點，是豐富寫作時的情感。在進行口頭作文時，我們並非面無表情地就事論事，而是在環境的帶動下觸景生情，在表達時融入個人情感和不同的音調、語氣

和語速。這些情感都有助於我們日後寫出更生動、共情的文字。

畢竟很多人之所以寫不好文章，就是因爲缺乏感情。小說家卡夫卡曾說：「什麼叫寫作？寫作就是把自己心中的一切都敞開，直到不能再敞開爲止。寫作就是絕對的坦白，沒有絲毫的隱瞞，也就是把整個身心都灌注在裡面。」而口頭作文就有助於我們敞開心扉，進而讓自己的文字更富情感、引人入勝。

口頭作文的另一個好處是幫助我們增加素材儲備，有如「靈感與素材本」的得力助攻。每次口頭作文練習，也是將即時觀察和即興隨感一一記錄、保存的過程。練習得越多，存儲下來的內容自然也越多，之後寫文章時可以使用的素材也就越豐富。

總而言之，「說」與「寫」相輔相成，都是表達能力的一種。口頭描述的技能增強了，遣詞造句的水準也會隨之提高。

第 4 小課　關於「流水帳」的應對建議

很多同學都有這個苦惱：爲什麼自己總是把文章寫成流水帳，真的好無奈啊。

那麼，到底該如何規避流水帳？簡要分享我的兩個建議：

建議一：在寫作功力薄弱的初級階段，盡量選擇熟悉的話題進行練筆，不要操之過急、以難度過高的選題刁難自己。

很多同學都有這個體會，寫作文，但凡碰到的是自己熟悉的主題，就不缺素材和觀點，也容易進入狀態，寫出好內容；相反，如果碰到的是自己不熟悉、沒概念、沒感受的話題，寫起來就特別費勁，最終也容易產出平鋪直敘、空洞乏味的流水帳。

建議二：在下筆前務必確立中心思想，並釐清能夠強化中心思想的幾個核心論點。

中心思想是文章的脊梁，一旦確定，就會起到「全域統率」的作用。清晰的中心思想能夠幫助我們對論點和素材進行取捨，確定哪些詳細敘述、哪些簡要概括、哪些直接略過。流水帳通常缺乏中心思想，也因此容易落入沒有重點、泛泛而談的圈套。

以魯迅〈從百草園到三味書屋〉這篇膾炙人口的文章爲例：他在文中刻

畫了百草園和三味書屋兩種生活環境，描寫的角色包括「我」、常媽媽、閏土的父親、書塾裡的先生和同學等，描述的事件有園中捕鳥、拔何首烏、常媽媽講故事、入學、讀書、翹課、畫畫等。

乍一看雖然素材不少，卻都是從正面或側面為一個核心主題（中心思想）服務，即讚美自由自在的生活，反對對兒童天性的壓制。為此，魯迅詳寫了百草園的生活、有趣的捕鳥活動、課堂秩序的雜亂、翹課的樂趣；略寫了離開百草園到書塾的過程、拜師以及畫畫等，所以這篇文章的人物和事件雖多，卻並非散漫繁雜，而是有主有次、引人入勝的。

第 5 小課　更多 LEO 牌寫作心得

熟能生巧的道理在寫作這件事上再適用不過。從讀小學時寫 300 字都感到頭大，到第一次完成 3000 詞的英文論文並拿到 A，再到半年寫完 30 萬字的書稿，我在寫作中獲得的每一次進步都離不開踏踏實實的練筆。提高寫作沒有捷徑，更毋須高深妙法。

結束本課前，再分享幾點自己的寫作習慣與心得：

·列提綱，列提綱，列提綱

如果不假思索就動筆，可能會出現邏輯錯誤、內容走偏等問題，也可能會不知不覺把文章寫成流水帳。絕大多數人沒有即興動筆出佳作的才華，所以還是要耐心打好草稿再開始寫。直到今天，我仍會在每次寫作前仔細構思，直到列出一份滿意的提綱後才動筆──不管是寫風格輕鬆的隨筆推文，還是寫縝密嚴謹的論文報告。

·觀點比措辭更重要

一些同學理解的「好文章」是用詞豐富華麗、句式精美複雜，但我必須得說，這種觀點十分片面。

一篇好文章，首先要有清晰的主題、有力且有趣的論點，以及精密的邏輯。倘若內容空洞無力，那麼再絕倫的文字也沒法救場。

就像有的人在練英語口語時，把全部精力都用於模仿地道口音，卻全然

不顧觀點（要表達的內容）、文法和措辭一樣。很多名家名篇的高明之處並非遣詞造句，而是充滿才氣、引發深思共鳴的情節與論述。因此我建議大家在寫任何文章時都要「內容第一」，而不是盲目使用華麗辭藻，實際上卻不知所云。

・文章寫得好，真誠不可少

在寫作時問問自己：我正在寫的這段話、這篇文章，能打動和說服我自己嗎？是我以真情實感寫出來的嗎？有沒有任何虛頭巴腦、矯揉造作的內容存在？一篇有質感的好文章不可弄虛作假、違背內心，否則不但是你自己寫得彆扭，讀者也很難被打動。

上面提到，我在寫作時經常進入忘我之境，有時候邊寫邊心跳加速，甚至淚流滿面，因為我是真的走了心、動了情。自己以真誠態度寫就的文章，經常也會引起讀者的強烈共鳴。

・高手評點，加速進步

好文章很多時候不是一蹴而就的，而是經過反覆打磨、潤色而來的。在耶魯的四年裡我寫了一百多篇論文，也虛心請學校寫作輔導中心的老師們幫助評點了一百多次。被自己疏忽的個中紕漏——無論是措辭錯誤還是論點／邏輯疏忽，別人經常一眼就能發現。因此在寫作時，如果想避免因主觀偏見或粗心而導致的不足，就應該有意識地請老師、寫作高手來閱讀和評點。多一雙眼睛、多一種視角，都可能為文章帶來質的提高。

寫作是工夫，是學問，更是一件人生樂事。在寫作時我總能暫別浮躁和壓力，尋回內心的從容與寧靜，也希望你可以獲得這種美好體驗。

在「學霸分享，直通世界名校的超級學習法」中，我將詳細講解自己在耶魯寫作課上學到的「三要素寫作法（214頁）」，對提高寫作品質很有幫助，大家可以提前移步閱讀。

本課核心
方法回顧

建立「靈感與素材本」

‧寫作練筆「四定原則」：
定期定量、定時、定字數、定主題。
‧語音／口頭作文法：
在不能伏案練筆的碎片時間裡，以生活中的即時見聞為題進行口頭作文訓練
並同步錄音，之後回聽和二次練習，從而提升表達能力，增強敘述情感。

規避流水帳的建議：

剛開始練筆時，不選難度過高的生僻選題。
動筆前確立中心思想，並釐清可以支援中心思想的核心論點，動筆後聚焦中
心思想＋論點，拋除一切不相關論述。

LEO 牌寫作心得：

不論寫什麼，列提綱都有利無害。
內容／觀點／立意永遠第一，不刻意堆砌華麗辭藻。
寫作時真心誠意，切勿虛情假意。
寫完後請他人幫助評點，能發現被自己忽視的漏洞。

第 13 課
合理減壓，發揮最佳水準

　　每個人都生活在一定的壓力下，不論你正處於人生的哪個階段、做著什麼樣的事情，你一定或多或少感受著壓力的存在。曾有許多同學問我：「Leo學長，我現在感覺壓力好大，每天都好累。你能告訴我該怎樣擺脫壓力嗎？」

　　憑自己的經歷和對不同人的觀察，我只能說：很遺憾，活在這個世界上，就算我們每天什麼都不做，只是吃喝拉撒睡，也幾乎不可能和壓力絕緣。有些人應對壓力的方法是逃避，比如因為數學總是學不好而備感壓力的一些同學乾脆放棄了數學，破罐子破摔，以避免和壓力源的正面交鋒。然而我要說，這麼做只是暫時麻痺自己，壓力非但不會消失，還可能會惡化，最終將人徹底擊垮。

　　為什麼那麼多同學談壓力色變，甚至「整個人都不好了」呢？因為他們都不理性地把壓力妖魔化了。誠然，壓力在身的滋味不好受：吃不香睡不好，熬夜到爆肝，拚命到頭禿，也因為痛恨這種感覺，很多人給壓力扣上了「一無是處」的帽子。

　　但實際上，壓力沒有人們說的那麼不堪。英語裡有兩句俗語：「Every cloud has a silver lining.」「Every coin has two sides.」──凡事皆有兩面性，壓力也有好的一面。

　　通過本課，我要首先討論壓力的正面效用，轉變大家對壓力的認知，然後再分享自己的抗壓、減壓方法，希望能幫大家學會與壓力和諧共處，從負重前行變成輕裝上陣。

第 1 小課　壓力並非一無是處

壓力，到底有哪些積極作用、正面價值呢？

壓力可以使目標感更強，記憶力更敏銳

當壓力來襲時，我們的記憶能力常會在短時間內突飛猛進。一些同學在大考來臨前拚命複習，結果平常背起來很費勁的東西突然變得沒那麼難了。其實，這正是壓力起了助攻作用，使你的目標感更強、注意力更集中，記憶力也就獲得了臨時性的進步。

適度的壓力能顯著提高學習效率

這一點無須多言，大家早已深有體會。最簡單粗暴且經典的例子大概是寒、暑假作業了。

長假一開始，很多同學就會放飛自我、休閒享樂，把假期作業拋到九霄雲外。直到開學前幾天，才意識到──糟了，暑假作業還沒做呢！於是立即開啟瘋狂運轉的做作業小馬達，風馳電掣緊趕慢趕，在寥寥幾天裡幹掉所有作業。

必須得說，我也有過這樣的經歷。初中某年暑假，我是在新學期開學前的 48 小時之內，把整本暑假習題、數篇語文週記與幾張數學和英語卷子一口氣寫完的。

說這段經歷當然不是為了炫耀，也絕非鼓勵趕作業的作法，只是要說明壓力對學習效率的正向影響：壓力臨頭，我們沒了懈怠的餘地，只能火力全開地應對學習任務，因此在日常學習中有意識地為自己適當加壓十分必要。比如通過列 To-do list 等方式為自己設置時限。

基於自身經歷我想說，在壓力的促進下學習，雖然偶有疲憊，但如果能長期堅持下來，就一定能取得顯著進步。

適當的壓力有利於增強免疫系統、保持健康狀態

大家可以把壓力想像成一個入侵者。當兵臨城下時，你身體裡的免疫衛士們就會出動防禦。醫學上的解釋是，短期壓力可以讓人體開啟防禦模式，

額外產生調節免疫系統的一種叫「白介素」的化學物質。

白介素能夠幫人體在短時間內提高免疫水準，特別是在生病初期，也就是人體最虛弱、最需要幫助的時候，壓力對免疫系統的促進作用尤為明顯。

身處壓力環境中，創造力和競技狀態都會變強

除了對學習效能的積極影響，適量壓力還能點燃大腦，讓人更具創意。

一些同學知道，壓力會促進腎上腺素的分泌，而腎上腺素可以使瞳孔放大，接收更多的光，也能讓聽力更加敏銳；同時大腦感知和分析事物的速度會加快，從而能夠獲取更多資訊。

對感官機能的正面作用，也是一些人喜歡壓力的原因，特別是藝術家和運動員，他們把壓力產生的好作用稱作「興奮與光明的一面」。當這些專業人士帶著一定壓力專注於文學或運動藝術工作時，通常可以發揮出過人的創意才華，創造出傳世佳作；或進入極佳的競技狀態，在比賽中達到巔峰。

壓力為什麼能產生這些積極的影響？我想，最重要的原因是壓力催生了動力——促使人在某段時間內奮起的力量。這種力量猶如加速度，使我們變得更努力、更高效、更強壯、更不服輸、更有野心……也因此，壓力是很多影響力人士的成功催化劑。

在這裡也分享一個小故事，主人公是我的一位耶魯大學姊。她出生在傳統保守的印度教家庭，從馬德拉斯大學數理化專業畢業後，這位學姊本應像印度大多數女孩一樣，接受父母的安排結婚生子，但她不顧家庭勸阻，頂著不被人理解的壓力就讀了加爾各答印度管理學院。

在獲得金融行銷的碩士學位後，學姊的父母以為女兒終於可以考慮終身大事了，結果她繼續衝破重重阻力，遠涉重洋，23 歲隻身來到耶魯大學管理學院深造。

1980 年，她拿到了耶魯的 MBA 學位，之後選擇留在人才濟濟、競爭激烈的美國。做為一名來自南亞發展中國家的年輕女性，她化周圍壓力為動力，一步一個腳印地在職場打拚；1994 年，這位印度裔女性加盟百事公司擔任首席戰略官，10 年之後，正式晉升百事公司的全球董事長兼執行長，成了這家擁有十多萬名員工企業帝國的首位女性掌門人。

這位傑出的大學姊，就是呼風喚雨的商界巨擘——盧英德（Indra

K.Nooyi）。正如流水碰到礁石才能激起美麗浪花，正是壓力給了她不斷前進、勇攀高峰的動力。

下面介紹我本人親測有效的抗壓、減壓好方法。

第 2 小課　積極心理暗示法

第一個方法新穎度有限，但實用度滿分，是我在壓力劇增時的必備減壓良方——進行積極心理暗示，篤定地告訴自己：「我能行。」

莎士比亞曾說過一句話：「世上本無所謂好壞，思想使然。」即便是那些乍一看天大的苦事、愁事，也能在一定程度上被樂觀向上的心態化解；相反，如果心態總是消極悲觀，或一開始就向困難和壓力認輸了，那麼本來不那麼棘手的挑戰，也可能變成壓死駱駝的最後一根稻草。

進行積極心理暗示的作法很多，非常簡單的一種是在身處壓力漩渦時多說鼓勵自己的話，除了上面提到的「我能行」，再和同學們分享我常用的積極心理暗示＋自我鼓勵「臺詞」：

> 「我是最棒的！」
> 「我一定會沒問題的！」
> 「我馬上就能度過這個難關，妥妥的！」
> 「我這麼屬害，任何困難都休想擊敗我！」
> 「這點挑戰算什麼？更大的挑戰我都戰勝過！」
> 「不管是什麼壓力，我都可以『兵來將擋，水來土掩』！」
> 「我×××（自己的姓名）是天下第一，有我怕的事嗎？哼哼！」

大家別笑話最後這句有點「不可一世」的臺詞，這還真是有幾次被短時壓力和緊張感包圍時，我默默對自己說的話，確實很有效。

初中時有次參加全國級別的英語口語大賽，雖然在省級比賽中我輕鬆奪魁，一時間傲視群雄、一覽眾山小，但入圍全國賽的所有選手都是各省區的冠亞季軍，還包括數位「小海龜」——在英美國家生活多年的準母語選手。

在後臺候場時，有兩、三個來自北上廣的選手略帶優越感，目中無人地

用純正英語大聲嬉笑嘮嗑，一個中文字都不說，可能也是有意用這種氣勢震懾其他選手吧。

　　坦率地講，在剛聽到他們談笑風生時，我是有點脊背發涼的，當時的內心想法是：「這英語說得可太溜了，今天真是碰上強勁對手了！」

　　那一次比賽我的志向很高，目標是進入全國前五名，所以在後臺聽到這麼漂亮的口語，沒感到壓力那是不可能的。但從小到大參加各種比賽的經歷給予了我還算強大的心理素質，在壓力山大了 10 秒後，我深吸一口氣，然後徐徐吐出，一邊看著那幾個仍在愉快聊天的選手，一邊對自己說：「他們都是紙老虎，我李某人天下第一，沒有人是我的對手……」

　　這句頗為狂妄的話我當時默念了至少五遍（如果沒記錯的話），用時 1 分鐘。雖然自己是「天下第一」的概率為零，那場大賽奪冠的可能性也微乎其微，但這句話依舊提振了自己的士氣，瓦解了不少或源於內心或飄散在四週的壓力。

　　有時候，你所做的積極心理暗示一定不要 —— 注意，是「一定不要」—— 太乖、太合規矩，千萬別只是一句軟綿綿的「加油」，而是可以「不切實際」一點，充滿霸氣，甚至捶捶胸脯（此處不需腦補某種靈長目動物的經典動作），對自己說 —— Impossible is nothing. I can do it ！

　　除了口頭上進行積極暗示為自己打氣、驅散壓力外，同學們還可以嘗試將自我鼓勵落在紙上。

　　做法不複雜：拿幾張彩色便利貼，在上面用大字寫下正能量滿滿的話語，接著將這些紙片貼在自己經常能看到的地方，比如床頭櫃、書桌、書架上等，寫得越生動越好（比如除了寫字，還畫代表「加油」的圖案），貼得越多越醒目也就越有效。

　　在背負壓力前行時，如果你能被這些「加油貼」環繞著、陪伴著，你將會獲得更多戰勝當下挑戰的勇氣。無圖無真相，下面這些就是我在備戰某次重要考試前，在書房裡為自己寫的「LEO 加油必勝貼」。

　　同學們一定別小看了積極心理暗示的效果。除了我自己的例子能證明此法有用，醫學臨床實驗也得出了類似結論。比如給病人吃安慰劑，雖然很多安慰劑的主要成分是澱粉或糖，根本不是治療器質性病變的真正藥物，但不少病人在服用安慰劑時因為積極的心理暗示（吃了這個藥，身體就會好起來），病情在一段時間之後真的得到了緩解。這就是著名的「安慰劑效應」。

　　和安慰劑效應相對的是「反安慰劑效應」，說的是如果病人不相信治療方案和藥物有效，就可能加重病情，所以同學們一定不要讓消極的心理暗示助長了壓力的氣焰。在身處困境時盡量避免對自己說：「我好累，要撐不住了」「我完蛋了」「我不行，快崩潰了」「我做的都是白工，我要放棄了」這樣的消極話語。

　　最後再分享一個和積極心理暗示相關的有趣例子。對旅館清潔員來說，一天不停歇地打掃客房是相當辛苦的工作，如果此時對清潔員們進行心理暗示干預，對他們說：清理客房是一項特別好的活動，相當於在健身房鍛鍊身體，並且工作中消耗的熱量比一般運動還要大……由此一來，很多清潔員就會轉變對工作的態度，幹起活來更有勁、更高效。

　　所以在面臨壓力時，一定要有意識地開啟積極的心理暗示，讓正面力量成為幫助我們渡過難關的加速度。

第 3 小課　他人經歷排壓法

　　在時間允許的前提下，我會使用另一種叫做「他人經歷排壓法」的方法來減壓。這是我自己取的名，聽上去有些玄乎，其實就是通過別人的境遇、

經歷來為自己紓解壓力、重燃信心，有點「他山之石，可以攻玉」的意味。

「他人經歷」包括哪些呢？當你身處壓力中心、水深火熱的境地時，當然不會想搭理那些當下絲毫沒有壓力、只顧暢快享樂的人，否則可能會落入「人比人氣死人」的情緒——憑什麼他能過得這麼逍遙自在啊？憑什麼我要在這裡受苦？可惡！所以壓力大的時候，千萬別故意跟自己過不去，否則容易心理失衡。

相反，你可以和同樣身處水深火熱狀態的人結為戰友，抱團取暖、互相打氣。比如你計畫出國留學，最近因為複習雅思而壓力倍增，此時如果你繼續堅持孤軍奮戰、每天和堆成小山的習題書形影不離，感到身心俱疲的概率就會增加不少；但如果你找到了兩三位同樣在備戰雅思的考友，並且他們也和你一樣，「為雅思消得人憔悴」，肩負著必須考好的壓力，你就會瞬間感到有了「溫暖和依靠」——Wow, I'm not alone! 我不孤單了，這個世界上還有比我學得更苦的人存在啊！

即使你和這幾位考友不組成複習小組、一起啃書「烤鴨」[註一]，哪怕你們只是建一個微信群、每隔幾天在群裡交流一下各自的情況和感受、為彼此打打氣，你依然會覺得找到了組織，獲得了更多能減壓的陪伴感。

這樣在現實生活中身處相似壓力境遇，並且能直接交流的這些人，就構成了「他人經歷排壓法」中的第一類「他人」。

另一類「他人」並不存在於你的現實生活中，但也可以陪著你扛過現階段的壓力，他們必須滿足兩個條件：一是必須有過特別艱難、痛苦、不幸的境遇（壓力源）；二是必須最終戰勝了困難，完成逆襲並成為贏家（勵志行動）。想必大家已經知道這樣的「他人」何處尋了——沒錯，就是在文學世界和電影作品裡。

高三上學期時，我向學校請假一個半月，閉關衝刺美國大學申請，將唯一的目標定在了耶魯大學。雖然在這段熱火歲月的多數時間裡，我都是鬥志昂揚、動力十足的戰士，但也難免在夜深人靜時被壓力短暫侵襲，感到低落和焦慮，甚至懷疑自己：我，真的能考上耶魯嗎？

在這很苦很累的幾十天裡，有一位榜樣出現在了我的生活中，她幫我排解了壓力，給了我許多力量。這麼多年過去了，我對這位榜樣仍然心存感激。她，就是美國勵志電影《最貧窮的哈佛女孩》的女主角麗茲（Liz

Murray）。

這部電影根據真實故事改編，故事裡的麗茲經受了常人無法想像的不幸，但她硬是在父母吸毒、酗酒和相繼去世後，憑自己不服輸的勁頭考上了哈佛大學，漂亮地走好了自己的「哈佛路」。

「如果麗茲在如此艱難的情況下都能圓夢哈佛，那麼我為什麼不可以考進耶魯？」正是這位榜樣和她的經歷讓我咬牙渡過每一道難關，最終迎來了夢想成真的那一天。

在這裡分享我為紓解壓力曾看過的電影，故事很燃，主人公們很勵志，相信能帶你突出壓力的重圍。

《最貧窮的哈佛女孩》《哪吒之魔童降世》《當幸福來敲門》
《墊底辣妹》《刺激 1995》《心靈捕手》《大魚》
《奔騰年代》《美麗境界》《自行車王嚴福童》

第 4 小課　其他親測好用的減壓法

如果你真心想減壓，就不愁沒有辦法。除了前面詳細介紹的「積極心理暗示法」和「他人經歷排壓法」，我還曾用過不同花樣的其他辦法來為自己清除心頭負擔。下面再簡單分享幾種有趣的減壓法。

‧「萌寵療癒法」：累了、倦了、壓力大了的時候，試試和小動物們親密接觸 10 分鐘，這個方法對喜歡寵物的同學尤其有效。

在哈佛商學院每學期期末考試前的複習週，學校教務處都會和波士頓當地的家養動物關愛協會合作，把萌萌的各種小動物請進校園，讓學生們自由接觸、撫摸。

將溫馴的小香豬、小羊羔、小兔子、小貓咪、小奶狗抱在懷裡，和軟乎乎的牠們親切互動時，一切壓力和煩惱都會被拋到腦後。

‧「淋漓釋放法」：暢快淋漓地做一件（正當的）事以起到減壓目的。初階版的方式包括攀岩、喊山。耶魯校園邊上有座叫「東岩」（EastRock）

的後山，讀大學時，我就經常趁週末從校園一路奔跑到東岩山頂，俯瞰曼妙的耶魯全景和不遠處的大西洋，大聲喊山或唱歌以紓解學業壓力。

‧**「貓式打盹法」**：養過貓的同學一定會發現，貓咪特別愛睡覺，但它們的「覺」鮮有長時間深度睡眠，而是一小段、一小段地打盹，短則 10 分鐘，長的時候也很少超過一小時。

英語裡有個詞叫「catnap」，直譯過來就是「貓咪打盹」，和另一個詞「power nap」（恢復精力的小睡）是類似意思。

實際上，當我們備感壓力和疲憊時，就一定不要再硬撐著繼續幹下去，那樣只能事倍功半。此時，大家可以嘗試「catnap」15 至 20 分鐘，哪怕睡不著也不要緊，只需閉目養神、盡可能放空大腦，讓自己安靜地與世隔絕一小會兒，就能或多或少減輕些壓力感、負擔感。

‧**「未來想像法」**：再難過的坎，也總會有過去的那一天。與其深陷眼前的壓力漩渦，不如嘗試說服自己抽離出來，多想想度過壓力之後的美好生活。

著名藝人蔡康永說過一段話，很能助人減壓，我也曾做成手抄，發在自己的微博上。在這裡和各位分享：

> 挫折感很大、觉得很疲惫的时候，可以闭上眼睛，想象自己经是十年之后的自己，置身一段距离之外，转头去看正在遭遇的那些事。练习这样做，心情可能会平静些，知道眼前这一切，都会过去。
>
> #今天太大的事，明天也许真的没什么#

LEO 的學習儀式感

最初的夢想

　　在本課最後，我想再次說：壓力一點都不可怕，全在於我們如何與之相處。我希望大家能通過我介紹的幾種方法，盡量減少壓力產生的傷害、放大壓力帶來的積極效用。

　　心理學家的研究結果也表明，很多生活特別幸福的人，絕非沒有壓力，而是在遇見壓力時能保持樂觀的心態、飽滿的鬥志，進而在壓力的驅動下，完成一件件讓自己驕傲的事情。當然，也在不斷應對壓力、戰勝壓力的過程中，練就出強大而寵辱不驚的內心。

　　同時，我也把自己的這份中文＋日文手抄送給同學們。這是陪伴我度過高壓期、給予了我勇氣的一首老歌的歌詞──《最初的夢想》（日語原版：《銀の龍の背に乗って》）。

本課核心
方法回顧

壓力並非一無是處。

如何處理好和壓力的關係，還能獲得諸多好處：

· 目標感變強，記憶力更敏銳。
· 適當壓力有利於增強免疫力。
· 適度壓力能顯著提高學習效率。
· 提升創造力和競技狀態。

如何抗壓、減壓？建議嘗試以下方法：

· 積極心理暗示法：越是有壓力，越要相信自己一定行。通過很「燃」的心理暗示為自己鼓勁、弱化壓力導致的緊張焦慮感。
· 他人經歷排壓法：通過和身邊境遇類似的同學／朋友抱團取暖，一起加油度過壓力期；還可以把小說或影視劇中成功戰勝壓力、實現心中所願的人物當作榜樣，從他們的逆襲故事中獲得信念與能量。
· 其他方法還包括：
「萌寵療癒法」
「淋漓釋放法」
「貓式打盹法」
「未來想像法」

第 14 課
提高注意力，告別拖延變自律

專注力，亦即注意力，是指人的心理活動指向和集中於某種事物的能力。古人有云：「用心專者，不聞雷霆之震驚。」描述的正是專注力的最高境界。

通過觀察不難發現，所有高效能人士都有一個共同特點，那就是具有出色的專注力。換言之他們做事的靶向性很強，不僅能遮罩外界干擾，而且能靜氣凝神，把整個身心都投入到所做的事情中，持續高效地完成任務。

專注力在學習中同樣起著至關重要的作用。有教育家強調：「聚精會神是最好的學習方法。」「注意，是我們心靈的唯一門戶，意識中的一切必然通過它才能進入。」可以說，成績的優劣，極大程度地取決於一名學生能否在學習過程中高度地集中注意力。

對此你可能有異議，認為好學生之所以成績好，是源於他們聰明的大腦。但是一個高智商的人，倘若在上課時心不在焉、思緒雲遊天外，也很難獲知老師講述的新知識，更談不上透澈地理解。

我高中時，有位學習拔尖的同學，上課經常偷看小說，但大考小考，回回名列前茅。我好生納悶：上課不聽講，難道他是受到特殊照顧了？

某次數學課上，我偶然發現，前 30 分鐘左右的時間，他不僅聽講，而且是全神貫注、目不轉睛地聽，然後才優哉遊哉地切換到賞讀小說模式。漸漸地，我發現在各科課堂上，前 30 分鐘內，他都極其認真地聽講。

這讓我想起了法國生物學家法布爾非常傳神的一句話：「把你的精力集中到一個焦點上試試，就像透鏡一樣。」我的這位學霸同學就是借助高超的

專注力捕捉課堂精髓，才得以事半功倍的。當然，同學們要效仿的是這位同學專心聽講的部分，可別學他上課看小說哦。

然而，保持高度的專注力說起來容易做起來難。就在我寫完上一段文字的同時，我家的貓咪跳上桌來，我立即開了小差，伸手擼起貓來，貓咪愜意地呼嚕著，用腦袋蹭我的手予以回應，我們這種「互撩」行徑持續了足有5、6分鐘，我才戀戀不捨地把注意力硬拉回到寫作上來，不得不把斷掉的思路重新拼裝一遍。

這是環境不清靜的典型例子。導致工作和學習不專心的因素還有很多，比如慣性拖延。咬牙跺腳賭咒發誓，一定要在晚上7點開始寫作業，11點前洗洗睡，卻因看電視、聊微信、吃零食，推遲到8點多才慢吞吞地翻開作業本；又比如懶癌發作，很多同學通宵打遊戲、看網路小說從不知疲倦，仿若永動機，但是面對學習任務時，卻渾身上下沒有氣力、目光渙散，連筆都懶得拿，更遑論集中注意力了。

挑戰專注力的因素有外在的，更多的則來自我們自身。境由心造，只有改變自己，才有可能抵抗和戰勝外界干擾，提高專注的能力。

本課中，我將分享幾種行之有效、提高專注力的方法，包括「番茄鐘工作法」「與世隔絕法」「自我獎勵與同伴激勵法」「2分鐘原則法」「舒爾特方格訓練法」等。希望這些令我自己受益的方法，也能助同學們一臂之力。

第 1 小課　番茄鐘工作法

首先要講解的這種方法可謂風靡全球，近年來更是從西方傳入國內，獲得了越來越多上進青年的喜愛，而我本人更是在耶魯讀大一時被安利了此法，使用至今。這個非常有效的時間管理＋效率提高方法還有個生動的名字：番茄鐘工作法。

之所以叫「番茄鐘」，一種說法是因為歐洲廚師在煮番茄時會使用計時鐘，以確定番茄烹飪的火候，而番茄鐘工作法的精髓也包含一個或數個固定的時間區間（類似煮番茄所要求的固定時間）。

這個方法由義大利的專注力管理大師法蘭西斯科·西里洛（Francesco Cirillo）在 20 世紀 90 年代初發明。用一句話、幾個關鍵字來概述「番茄鐘

工作法」，便是將一項工作／學習任務在 n 個（n≥1）「番茄鐘工作區間」內高度專注、毫不拖沓地完成。通常情況下，一個番茄鐘工作區間規定爲不間斷的 25 分鐘。下面詳細地介紹操作方法：

· **第一步：準備好番茄鐘工作法的必需物品**，通常包括一個計時器（比如手機自帶的計時器、手表、鬧鐘等）、一份番茄鐘工作法每日紀錄表（如下圖）、一枝筆。

番茄鐘工作法每日紀錄表			
	日期：	今日總番茄鐘數：	
事件	番茄鐘紀錄	預計番茄鐘數	實際番茄鐘數
今日任務完成情況小結			

· **第二步：確認當天需要以番茄鐘工作法完成的所有任務，並基於優先順序確定每件事的執行順序與執行時段、大致用時**。我在此環節的慣常做法分以下幾個步驟：

1. 拿出在前一天晚上或第二天早晨列好的 To-do list（每日任務清單），具體可參考第 17 課（188 頁）清楚地了解當天所有要完成的事項。

2. （此步驟非必須）輔以四象限圖表，同樣可參考第 17 課（188 頁），明確各事項的優先順序。

3. 結合自己當天的工作／學習日程，確定可用來完成各項 To-do 的時段

與時長——比如，和正職工作／學習直接相關的任務自然安排在工作／上學時段，無關的則放在下班／放學時段。

　　．**第三步：基於第二步的資訊，快速填好番茄鐘工作法每日紀錄表中的「事件」和「預計番茄鐘數」兩欄。**（如時間緊張，此步驟也可跳過，但對想認真總結、評估個人番茄鐘工作情況的同學而言較有價值。）

　　比如，本日的一項 To-do 是「背完 50 個托福單字」，那麼就可在「事件」欄填入「背完 50 個托福單字」。假設你預估此任務在 100 分鐘內能完成，那麼就在「預計番茄鐘數」一欄填入「4」（如上文，每個番茄鐘工作區間為 25 分鐘：100 ／ 25 ＝ 4）。同學們可參見下圖範例：

番茄鐘工作法每日紀錄表			
	日期：	今日總番茄鐘數：	
事件	番茄鐘紀錄	預計番茄鐘數	實際番茄鐘數
背完 50 個托福單字		4	
今日任務完成情況小結			

　　．**第四步：前面的鋪墊都已就緒，此處進入重點。**使用番茄鐘工作法，開啟一項任務！

　　1. 按下計時器，第一個番茄鐘計時開始。在接下去的 25 分鐘內，請使出渾身解數杜絕一切干擾和誘惑，將屁股「釘」在座位上，全身心地專注在當前任務這一件事上，嚴禁分心。

保持這樣的高度集中狀態直到 25 分鐘鬧鈴響起，第一個番茄鐘工作區間結束。如果你使用了番茄鐘每日紀錄表，此時可以在當前事項一欄的空白處打第一個勾，意為完成了該事項的第一個番茄鐘（如下圖）。

番茄鐘工作法每日紀錄表			
	日期：	今日總番茄鐘數：	
事件	番茄鐘紀錄	預計番茄鐘數	實際番茄鐘數
背完 50 個托福單字	✓	4	
今日任務完成情況小結			

2.暫停工作，進入 5 分鐘左右的休息時間。此時可以起身做做伸展運動、喝水、吃零食、去洗手間等。休息期間毋須緊張兮兮地計時，但一定不能休息得沒完沒了。

3.休息停止，回到座位準備就緒，計時進入第二個番茄鐘，繼續上一個番茄鐘內還未完成的任務。25 分鐘專注忙碌後，再次進入休息區間（如 2nd）。

4.繼續「25 分鐘番茄鐘工作→ 5 分鐘休息→ 25 分鐘番茄鐘工作→ 5 分鐘休息……」的循環，直到徹底地完成該項任務為止。

5.任務完成後，在 To-do list ／四象限計畫表中將該任務的狀態更新為「完成」。如果使用了番茄鐘紀錄表，此時也將實際番茄數填入表內（如下圖）。

番茄鐘工作法每日紀錄表			
	日期：	今日總番茄鐘數：	
事件	番茄鐘紀錄	預計番茄鐘數	實際番茄鐘數
背完 50 個托福單字	✓	4	
今日任務完成情況小結			

再補充番茄鐘工作法的三個使用注意事項：

第一，如果一項任務用時較長，大家可以視個人精力情況而定，在每 4 個完整的番茄鐘工作區間後，休息 20 至 25 分鐘，以更好地補充體力。

第二，如果在某個進行中的番茄鐘工作區間內受到了不可控干擾，比如有人打斷、突然要應對某件非做不可的事情，則立即停止當前番茄鐘，並視其為作廢（即使還剩 2、3 分鐘就到時也不行），然後盡快處理好這件「干擾項」事件，再重新開始一個新的番茄鐘。

第三，如果一項任務過長，比如預計番茄鐘達到了 8 個以上，我建議大家考慮將其拆分成上、下半場，以避免自己在進入任務最後階段時因體力、腦力不支而影響了完成品質。

我在耶魯和哈佛的求學生活有時忙得像打仗，但多虧了番茄鐘工作法的加持，我才總能淡定、專注、高效地完成每一項學習任務。

我想對同學們說，**專注，真的可以變成你的第二本能**。也許起初嘗試番茄鐘法時，你連熬過 1 個 25 分鐘工作區間都備感吃力，但如果你可以逼自己沉住氣堅持下來，就一定能從艱難地完成 1 個番茄鐘，進化到高效地完成 4

個、5 個甚至更多連續番茄鐘,在越來越長的時間內保持高度專注狀態。

對我的話半信半疑?現在就試試看!

第 2 小課　與世隔絕法

下面介紹的第二個注意力提高方法,要比番茄鐘法更狠一籌,如果用流行語來說,就是比番茄鐘法還要「虐」,我稱爲「與世隔絕法」。

每當備戰重要考試、寫長篇論文時,我幾乎都會「與世隔絕」,逼自己在一段時間內心無旁騖、絕對專注。

「與世隔絕法」顧名思義,就是將自己完全與外界隔斷,遮罩一切可能的干擾項。我的做法通常是這樣的:

第一步,確定未來 n 小時內需要完成的學習任務。通常情況下,$1 \leq n \leq 12$,也就是說,將自己與外界隔斷的時間不宜過長,最多 12 個小時足矣,否則容易精力不支,還有可能因爲長時間遮罩外界資訊而耽誤了其他要事。

另外,我建議大家在每次「與世隔絕」時段內安排的學習任務不要超過兩項。在讀大學時,我一般因爲寫某篇重要論文或準備某場重大考試而「與世隔絕」,但幾乎不會爲了重要性較低的家庭作業使用這個方法。

第二步,備齊此次「與世隔絕」期間內的所有必需物品。爲了達到最佳抗干擾效果,「與世隔絕」時要避免一切重新「入世」的活動,包括但不限於出門買飯、向別人請教問題、借閱手頭上沒有的學習資料等。這些活動都可以是干擾源,會打斷你的高度專注狀態。

有同學可能會問:「與世隔絕,眞的要這麼絕嗎?連去食堂快速地買個飯都不行?」我的回答是:能絕就絕。雖然使用任何學習方法都不該教條,但「與世隔絕法」的精髓便是盡力爲自己創造一個眞空環境,而且,同學們永遠都不要高估自己的抗擾能力——很多時候,一條簡單的手機推送提醒、一次到樓下便利店買飲料的「迷你 trip」,都可能導致我們徹底分心,很久以後才能找回先前的高效狀態。

以下是我在每次「與世隔絕」前會備好的通用物品清單,供同學們參考:

‧**所有必備或可能需要的學習材料**：作業習題、教材、工具書（如字典）、文具、一部電腦（只用於和學習／工作任務相關的目的）。

‧**食物和飲料**：用於在「與世隔絕」期的休息時段補充水分和能量，但不要準備太多零食，否則也會成爲干擾項。我一般會準備足夠的飲用水、一些黑巧克力、一顆蘋果。如果隔絕期間較長或需要熬夜，還會備一壺濃茶或咖啡提神。

‧**其他放鬆輔助用具**：「與世隔絕」式的學習強度較大，越要保持高度專注狀態，越要在隔絕期內的短暫休息時段充分地放鬆恢復。因此，我有時還會準備一只抱枕，用於在連續 1 小時學習後做「貓式打盹」。

當然，有「帶」，就必有「不帶」，下面是「與世隔絕」時的遮罩清單：

‧**一切和娛樂消遣有關的物品**：比如 iPad、遊戲機等。如果使用手機，也須嚴格控制在看時間、計時等單純目的上，並且控制次數。在隔絕期間，盡可能不刷任何和當前學習任務無關的 APP、不打電話閒聊。

‧**每一次「與世隔絕」，都是獨自踏上孤獨之旅**：任何人都可能成爲我們學習、工作時的巨大干擾源，要堅決將他們遮罩在千里之外，包括但不限於家人、愛人、同學、同事。在閉關開始前，記得和所有身邊的人打好招呼，並讓他們配合你的隔絕計畫，非誠勿擾！

第三步，確定「與世隔絕」的場所。具體在哪裡閉關發奮完全因人而異，但爲了抗干擾效果更好，我建議大家盡量遵循這三個原則選擇地點：

‧**足夠安靜**：如果周圍人聲鼎沸，就很難眞正地靜下心來。

‧**熟人少**：如果總有熟人在身邊穿梭，就很難遮罩一切閒聊。

‧**不要太安逸**：如果書桌旁是一張鬆軟舒服的床，睏了、乏了很容易就倒下了。

第四步，開始一段只有你一個人的「與世隔絕」。在閉關隔絕期間，只能在步驟三選擇的地點、使用步驟二準備的各種材料，做步驟一提前確定好的工作／學習任務。

嚴格控制自己分心，盡可能不被任何突發情況干擾。同學們可以使用「番茄鐘工作法」，進行「25 分鐘＋5 分鐘」的工作休息循環直到「與世隔絕」結束。

第 3 小課　激勵法

有同學說：「我意志力比較薄弱，而且學習對我來講真的太枯燥了，怎麼可能像 Leo 學長指導的那樣去『與世隔絕』專注學習呢？就連番茄鐘工作法要求的 25 分鐘，我都會覺得如坐針氈、隨時可能崩潰……」

我非常理解這種苦衷。實際上，學習對多數人而言都不是一件享樂的事情。即便學習能讓我們變得博學多才、獲得滿滿的成就感，但學習過程勢必伴隨著心志的苦和筋骨的勞。也正因為學習時產生的疲累感覺和人類安逸享樂的本能相悖，在學習過程中，大腦裡與痛苦相關的區域就可能被啟動，進而導致我們下意識地將注意力轉移到不痛苦的事情上去，比如刷刷手機、玩會兒遊戲等。長此以往，大腦就會慢慢地建立穩定的神經結構，一旦開始學習就難受，接著不自覺地通過消遣的活動來減輕痛苦。這樣一來，學習時的專注和效率就統統蕩然無存了。

即使再愛學習的人，也一定有因功課而筋疲力盡、產生畏難情緒的時候。坦率地講，我同樣會因為「不喜歡、不舒服、累、煩」學科作業，而偶爾分心。

但這些年，我一直通過有意識地設置「自我獎勵」，來督促自己繼續專注地學下去。方法並不複雜，只需要下面這幾個步驟：

第一步：快速評估即將開始的一項學習任務是否有較高的「畏難系數」。也就是我是否可能會出於不喜歡這門功課等原因，在學習過程中分心？如果答案是肯定的，則進入下一步。

第二步：針對這項「高畏難系數」任務，根據個人喜好，提前設置獎勵。比如我喜歡吃巧克力做成的一切食物，那麼在開始學習前，我可能會提前買一塊巧克力熔岩蛋糕，並將其切成幾等分，放在不遠處的茶几上。

第三步：在「獎賞」的激勵下開始學習。比如每完成 1 個番茄鐘區間的學習，我就可以在休息間隙吃切好的 n 分之一蛋糕，隨後回到書桌旁繼續學

習；在經過第 2 個番茄鐘區間後，再次「獲准」吃 n 分之一蛋糕，直到學習任務完成。

　　諸如此類的自我獎勵可以有效地重建大腦條件反射：在心無旁騖地完成一部分功課後，就可以得到一項獎勵（比如上述的巧克力蛋糕），這樣一來，學習就變成了有甜頭的一件事，在學習過程中產生的痛苦就會逐漸降低，專注力也將顯著提高。

　　如果你是一個很難管住自己的人，或覺得「自我獎勵法」還不夠力度，那麼還可以引入 2 至 3 位同學，嘗試通過「同伴激勵法」督促自己提高學習時的專注度。你可能會問：「啊？我一個人學都很容易分心了，如果和別人湊在一起，豈不是更容易聊天分神？」

　　這個顧慮雖然不無道理，卻也可以規避。此處的「激勵」，不再是「獎勵、犒勞」之意，而是換個角度——通過「懲罰」來強迫自己保持專注。

　　具體可以這麼做。在開始小組學習前，和同伴們做好一系列不可違背的約定，比如：

1. 未來 2 小時內，所有人必須完成這份英語模擬練習卷。
2. 在此期間，手機必須保持關機。
3. 做題期間最多離開座位一次，且原因只能是上洗手間。
4. 全過程不許和其他同伴聊天分心。

　　凡是違背以上任何一項規定者需接受懲罰，比如完成這次小組學習後，買單請所有人吃晚飯，外加為每位同伴買隔天上學時喝的飲料。

　　諸如上述的嚴苛懲罰，再加上小組學習時生成的良性競爭氣場，一定會督促不少同學放棄分心的念想，轉而專注於功課。

第 4 小課　2 分鐘原則法

　　許多人學習時容易分神，歸根結底是由於弦繃得不夠緊——不論做什麼事都隨心所欲，吊兒郎當，熱衷於拖延，輕易就能被各種干擾源影響。這種

現象從心理學角度解釋再正常不過，因為人都是趨向安逸、放鬆的，學習或工作時耗費腦力、體力，產生不舒服的感覺，自然容易懈怠。

但為了更好地完成學習任務，我們不得不說服自己擺脫惰性，從日常生活的不同情景中鍛鍊自己緊湊、幹練起來。這麼多年來，為了讓自己擺脫拖遝、提升專注力，我一直堅持踐行「2 分鐘原則法」。簡言之，這個原則的定義是──能在 2 分鐘之內完成的事情，絕對不拖到第 3 分鐘才去解決。

當然，此處的「2 分鐘」並不是指「精確的 2 分鐘」，而是泛指「2 分鐘上下」的一段極短的時間。生活中有太多不費吹灰之力便能在 2 分鐘內搞定的事情，在這裡分享我的「2 分鐘事項」不完全列表，供大家參考和實踐：

1. 新添加一位微信好友，為避免日後遺忘其身分，在加完好友後立刻標注真實姓名＋身分。

2. 每天清晨列好當日的 To-do list：在固定時段（比如晨跑後）快速、有條理地列好，然後開始踐行，絕不拖延。

3. 別人發來郵件，只需你答覆一個「行 / 不行」，或回覆簡單的一句話，那麼就在查收郵件後立刻完成，否則之後可能會遺忘。

4. 垃圾箱滿了，下樓倒垃圾只需 2 分鐘，那麼現在就做，不要拖到之後才解決。

5. 學習時遇到不會做的難題，需要請教老師。如果你正在學校自習，且老師還未下班，那麼現在就起身去辦公室敲門請教。如果需要和老師預約時間，則立刻就發郵件。

6. 最近有出行計畫，需要訂機票、酒店。為了保證訂到最心儀的航班和住宿，最好現在就完成搜索、預訂和支付。如果拖延到之後才做，想住的旅館可能會客滿，想搭乘的航班也許會變貴。

基於自己多年的親身經歷，我要說：一旦嚴格遵循「2 分鐘原則法」並最終養成了做事緊湊的習慣，學習專注度與效率都會顯著提高。因為堅持做事緊前不拖後，我每天都擁有了比別人更多的可支配時間和高出一截的「生產力」。

從「2 分鐘原則法」還可以衍生出「5 分鐘原則」「10 分鐘原則」，雖

然時間長度不同，但這些原則的精髓都是一致的：對於某項能在短時間內完成的事情，堅決敦促自己「Take action now and get things done quickly and well.」（現在就行動起來，又快又好地把事情完成）。

第 5 小課　舒爾特方格訓練法

　　除了上述學習、工作時可以直接使用的專注力提升方法之外，我再介紹一個操作簡單、效果顯著，而且還有趣的日常注意力提高法——舒爾特方格訓練。

　　「舒爾特方格」起源於美國，是解決專注力低下問題的良方。舒爾特方格表通常是一張由 25 個 1cm×1cm 小方格組成的方形卡片，在這些小方格裡隨機填有阿拉伯數字 1 到 25，如下圖：

7	22	18	4	11
1	10	23	14	19
8	15	2	25	9
13	12	24	6	16
3	21	17	5	20

看似簡單的舒爾特方格表，卻是備受不同人群青睞的注意力／專注力訓練工具，就連飛行員、宇航員都經常使用。

訓練方法十分簡單：利用閒置時間自製一定數量的舒爾特方格表，在每張表上的 25 個小方格中隨機填好數位 1—25（也可以下載使用相關的手機 APP），接著開始計時。雙目注視舒爾特方格表，從 1 開始盡可能快地找到並數完所有 25 個數字，然後停止計時，記錄本次所用時間。稍做休息後，以同樣的方法開始下一張舒爾特方格表訓練。

數完 25 個數字所用的時間越短，說明你的專注力水準越高。一般來說，平均找到 1 個數字用時 1 秒（也就是總用時不超 25 秒），則代表專注力優良。當然，你還可以嘗試提高難度，比如在嘈雜的環境中（人來人往的餐館）進行訓練，加大力度，磨練自己的抗干擾能力。

舒爾特方格訓練法除了能幫我們提升專注力，還能鍛鍊眼球的末梢視覺能力、拓展視覺的廣度。因此，我們的閱讀速率也會逐漸提高，甚至在接受舒爾特方格訓練一段時間後，解鎖一目十行的能力。

本課核心方法回顧

番茄鐘工作法：

將學習任務分解成一個或多個 25 分鐘的工作區間和 5 分鐘的放鬆區間，在工作區間內心無旁騖、注意力高度集中，在 5 分鐘休息區間內放鬆調整、接著再戰。

與世隔絕法：

將自己遮罩在世間一切干擾之外，在一定的時間裡（建議每次不超過 12 小時）「一心唯讀聖賢書」。尤其適合在應對時間緊、強度大的學習任務時使用。

激勵法：

「自我獎勵」與「同伴激勵」：通過設置獎勵（或懲罰），督促自己在有限的時間內高度專注、保質保量地完成學習任務。

2 分鐘原則法：

提高時間緊迫感，養成「能 2 分鐘完成的事情，絕不拖到第 3 分鐘去做」這樣的習慣，以這個原則鞭策自己高效地應對生活和學習瑣事。

舒爾特方格訓練法：

日常專注力訓練的小妙招。可以自行準備材料，也可以通過手機 APP 進行練習。

第 **15** 課
可持續熬夜，也減少身心傷害

很多讀者朋友知道，我是一位骨灰級熬夜者——不是三天兩頭就熬，而是幾乎天天都晚睡。晚睡之後也通常要早起，換句話說就是——從科學健康角度來看，我經常睡眠不足。

真不是我愛熬夜，而是不得不熬。這幾年我一直處在邊學習邊工作的多項任務處理狀態，縱使已經將單位能效提到了很高水準，也依然會因為事情太多而經常犧牲睡眠。

我深知這樣很不好。年輕時長期熬夜的副作用仍在默默積聚發酵，但等我再年長一點，這些經年累月的副作用就可能變成實實在在的傷害。所以，在正式開始這篇文章前，我要先鄭重對大家說：

再忙也得有個度。能不長期熬夜就不長期熬夜，有時間睡、能睡著的時候，就別拖著不睡。充分的休息乃健康之本，健康又是奮鬥之基。

第 1 小課　熬夜前必調整心態

下面進入正題：我是如何熬夜的？

我會建議大家在熬夜時做些什麼，從而將晚睡早起缺覺的副作用盡量減少一些？

首先，在對待「熬夜」時，我們最好做到「不悲不懼」。熬夜固然不舒服，於是很多同學一想到要熬夜，就會自動進入「喪模式」：

「好慘啊，今晚要熬夜，嗚嗚。」

「又得熬夜，實在鬱悶，最近的生活沒法過了……」

「唉，目測可以不用睡了……學習虐我千百遍，到底何時才是個頭？」

當因熬夜而負能量平地起時，我建議你深呼吸，再深呼吸，然後沉住氣，對自己說：熬夜不是魔鬼，充其量就是個紙老虎，毋須大驚小怪、垂頭喪氣。大多數人因熬夜而負面情緒上頭，無非是因為：

1. 害怕熬夜導致的疲憊感。

2. 擔心熬夜帶來的各種不良影響，比如第二天狀態不線上，熬夜可能會「損傷顏值」。

3. 單純覺得自己可憐，心疼自己睡不好、太辛苦。

對待熬夜，最不該有的就是「如臨大敵」般的心態。人這輩子，誰沒有過主動或被動熬夜、缺覺、失眠呢？誰能安逸舒服地度過每一天呢？

要相信，在大多數情況下，我們還是很「皮實」的。無論是在學生時代還是進入職場之後，為了早點完成任務、實現目標，熬夜幾乎是難免的必經之路。不要在沒開始熬夜前就先在心理上被壓力擊垮了。

同時，你要告訴自己：我並非孤軍奮戰。就在今晚，這個世界上還有千千萬萬人和我一起挑燈夜戰。今夜我是熬夜黨，但我並不孤單。

不畏熬夜，但也一定不要把熬夜變成家常便飯，切忌盲信自己年輕、有的是精力，所以恣意不睡。一些同學可能聽過，甚至嘗試過「達文西睡眠法」——據說是由藝術大師達文西發明的一種「定時短期睡眠延時工作法」，其精髓是惜時如金，每工作 4 小時之後僅睡 15 分鐘，然後進入下一個同樣的工作 & 休息循環，由此，一晝夜只需用 1.5 小時來睡眠，從而省下大量時間用於學習和工作。

其實，我曾驚嘆於這樣「強悍」的睡眠安排，作為一個恨不得每天擁有 48 小時的人，也試過「達文西睡眠法」，**然而身體力行測試後的結論是：身心俱疲，不可持續。**

即使我在工作的 4 小時裡數次花 5 分鐘休息拉伸，即使頭個晚上和隔日

白天用達文西循環扛了下來，但到第二天晚上時，頭腦已經開始發蒙，身體也逐漸飄忽了起來，根本無法繼續堅持到第三天破曉。

也許達文西擁有少睡基因、天賦異稟，又或他就是毅力驚人，可以長時間連續不睡，但我們終究不是「少睡異類」，也完全不必這樣摧殘自己。下面介紹我在熬夜前、熬夜時和熬夜後的習慣做法。

第 2 小課　熬夜前

完成了熬夜前的心理建設／心態管理後，接下來便是帶著積極的心態和昂揚的鬥志，開始熬夜前的準備工作。

我將熬夜前要備好的物料總結為「FEW」。Few 在英文裡是「不多、少」的意思，用在這裡再恰當不過──熬夜前要備好的東西的確不多，但每一項都很重要。

F 代表 Food & Drinks（吃的喝的）。漫漫長夜裡容易飢腸轆轆，熬夜的夥伴們大概都體會過午夜時分，餓得發昏的滋味。為了防患於未然，熬夜前一定要備好乾糧。我的「熬夜小食清單」通常包括下面幾項：

‧補充維 C 用的水果：一顆大蘋果，或兩顆奇異果，或兩顆鮮橙，或一小碗櫻桃／覆盆子／紅葡萄。

‧一大杯溫開水，至少 500 毫升。從中醫角度來講，入夜寒涼（且陰氣重），不管什麼季節，都盡量避免喝冰水。雖然多年在海外養成了喝冰飲料的習慣，但熬夜時我還是一定會乖乖燒壺開水備著的。另外，我不建議大家在熬夜時喝熱牛奶，容易犯睏。

‧一小袋什錦堅果（胡桃、腰果、杏仁、榛子、花生等）。堅果是補充能量的利器，熬夜時的最佳伴侶。

‧一片全麥吐司。

E 代表 Entertainment & Relaxation（消遣／放鬆用品）。熬夜時的一大關鍵是「苦中作樂」。都要挑燈夜戰犧牲睡眠了，我們當然得對自己好點。如果熬夜時一味拚命學習工作，那麼用不了多久就會筋疲力盡、意志消沉。

因此，我建議大家把夜熬得多些色彩，學習時全神貫注，短暫休息時就好好鬆弛身心。我的熬夜常備消遣／放鬆品包括：

・一副耳機：在休息間隙戴著聽一下歌。如果你不容易被音樂干擾，還可以在學習時適當聽些「不吵鬧」的音樂，醒腦提神。

・一個 U 形護頸枕：有時我們感到頭暈眼花，其實是頸椎過度疲勞所致。長時間熬夜伏案，脖子很容易吃不消。因此，我建議同學們在熬夜時配一個護頸枕，避免頸椎勞損。

・小玩具：比如一輛模型車、一架樂高小飛機（基於我個人的愛好，僅供參考）。我會先把這些自己喜歡的玩具放在書包裡，在短暫休息時段拿出來把玩片刻，之後再放回書包，接著學習。我不建議大家把這些玩具擺在視線可及的地方，那樣會增加分心概率。

另外，也不建議在休息時看影片刷劇——這種活動特別「引人入勝」，讓你一不小心就忘了時間、刷到停不下來。

在哈佛，我有時會和一對情侶朋友一起熬夜學習。有趣的是，男生和女生都喜歡「毛茸茸的東西」。熬夜時，這個美國小夥會帶一隻忍者龜布偶，女生則是帶上陪伴她多年的毛絨小熊。

學習時，男生會把忍者龜擺在桌子一角，偶爾抓一抓，而他女友則喜歡在休息時把小熊抱在懷裡。據他倆說，兩隻娃娃給了他們溫馨的陪伴感，「特別療癒」。聽上去是不是既詭異又可愛？

W 代表 Working Materials（工作材料）。顧名思義，就是熬夜時要用到的各種學習／工作材料，包括但不限於參考書、筆記本、電腦等。

我建議大家不要在熬夜伊始就把所有材料放滿滿在桌上，這麼做可能會給自己平添額外壓力，有些「眼見心煩」的意味，容易產生「今晚任務實在太重了」的感覺；相反，要盡量保持桌面的整潔輕快，做一項任務時才拿出相關學習材料，其他無關的都暫時放在書包裡。

第 3 小課　熬夜時

我把自己熬夜時的做法總結為「熬夜 5S 法」，每個 S 代表一項熬夜時的核心要素：

第一個 S 代表 Study & Work（學習和工作），這也是熬夜的首要任務，毋須贅述。熬夜時，我們都希望速戰速決，因此提高單位能效至關重要。

挑燈夜戰時，我通常選擇干擾源最少的圖書館。如果要寫長篇論文，更會找到圖書館最僻靜的角落坐下，盡可能「與世隔絕」。我不太喜歡在宿舍熬夜，因為書桌後面便是床，整個氣氛太安逸，不適合高強度奮戰。

熬夜時我常使用「番茄鐘工作法」，這個方法我在第 14 課（155 頁）中做了詳細介紹，同學們可以進行回顧。在每個 25 分鐘的學習區間內，我一定會將手機放進書包，嚴格做到不想、不看、不刷；如果需要用筆記型電腦，也只打開和課業相關的應用。

總之，Study&Work 的關鍵便是：**摒除雜念，潛心功課**。

第二個 S 代表 Snacks & Beverages（小吃小飲），這一項也對應了熬夜前準備的「吃的喝的」。在每次 5 分鐘休息區間，我都會喝溫開水；每過 1 個小時，吃水果／堅果／全麥吐司，以補充熬夜時必需的水分與能量。

有些同學可能擔心晚上喝水，第二天水腫怎麼辦？吃東西，長胖怎麼辦？不要過分憂慮！熬夜對身體造成的負擔已經不小，如果為了漂亮而不吃不喝，那麼健康的損耗只會更大。熬夜時一定記住規律喝水，每次不用喝多，50—100 毫升即可，而吃健康有機的水果、堅果，也不會導致體重增長。

第三個 S 代表 Stretchout & Relax（拉伸放鬆）。深夜伏案容易腰酸背痛，長時間盯著書本也會造成缺氧。除了用上面提到的護頸枕，也要不時伸展和深呼吸，活絡筋骨、為機體輸送更多氧氣。在每次 5 分鐘休息區間，我都會起身走動、拉伸片刻，再回到座位繼續奮鬥。

第四個 S 代表 Slogan（口號、標語）。這裡實際上是「積極的心理暗示」

之意。除了熬夜前的基本心理建設，在熬夜過程中也要不斷爲自己打氣、創造積極向上的氣氛，從而盡量消減熬夜帶來的負面情緒。我在熬夜時會用到的 slogan 包括以下幾種：

· 「我很快就會漂亮地完成任務，然後好好地睡一覺。」
· 「我身體很棒，熬夜後一定能調整過來。」
· 「這次熬夜會帶來滿滿的收穫：幾個小時的奮戰一定會卓有成效。」

最後一個 S 代表 Sleep，實際上是 No Sleep（別睡覺）。很多人因爲熬夜時犯睏，都自然想閉上眼瞇一會兒，結果不小心就睡了過去，等醒來時已是三更半夜，甚至已經破曉，這時才因爲沒完成任務而後悔不迭。即使上了鬧鐘，被叫醒時也很可能頭昏眼花，起床氣爆棚，直接影響了之後的狀態。

熬夜學習必然使人不舒服，但長痛不如短痛，與其現在打盹睡覺耽誤了進度，還不如咬咬牙、發發狠，快刀斬亂麻盡早結束戰役，然後高枕無憂地睡到天明。

第 4 小課　熬夜後

熬夜後要做的當然是——徹底放鬆、安然睡覺。我的熬夜後步驟通常是：

1.再次伸展，揉捏按摩一下頸部和腰背。

2.如果時間還不算太晚，可以用熱水泡腳，或快速洗一個熱水澡。（關於深夜／睡前洗澡，尤其是洗頭是否有利健康、是否會增加體內濕氣，這裡不做討論，大家應該自行做決定。）

3.睡前冥想片刻，感謝自己的五臟六腑又一次很好地配合自己熬了夜。不管今晚有沒有完成所有任務，都不要再多想和糾結。此時應該盡量放空大腦，然後帶著愉悅的心情熄燈睡覺。

4.第二天盡可能抽空補眠。即使依然繁忙，也要盡量打 10 分鐘的小盹，減輕疲憊。

在文章最後，我再送給大家（和自己）兩句話：

1. 熬夜不是魔鬼，但熬夜確實不好。白天抓緊時間、提高效率，晚上能不熬夜就不熬夜。我們任何時候都不該隨意虧空身體。

2. 如果被迫要熬夜，也別太鬱悶、焦慮。用我上面介紹的方法科學、愉悅地熬夜，一切都會很好。

祝我們熬夜順利！

本課核心
方法回顧

開始熬夜前

心態的調整必不可少。坦然、從容應對熬夜,「不悲不懼」。

熬夜前

備好「FEW」熬夜必需物品。

熬夜時

依照熬夜 5S 法,緊湊高效地完成任務,並盡量「苦中作樂」。

熬夜後

摒除雜念、盡快入睡;第二天盡量抽空補眠。

第16課
快速自學，跨界成長的祕訣

曾有不止一人對我說：「Leo，你當時能進高盛工作，多虧大學時學了經濟學專業！專業對口，才有機會入職高大上的平臺啊……」

每次聽到類似的評論，我都一笑置之。不過今天我要通過這篇文章，統一做個回覆：其實，高盛需要的工作技能，至少有六到七成是我入職後通過自學才獲得的——我會在下面分享更多細節。

另外，每年過關斬將進入高盛的新員工裡，不乏大學時一節金融課都沒上過的人，有些同事的專業甚至是歷史、社會學、心理學。

是不是挺讓你驚訝的？如果我告訴你，在哈佛商學院求學的兩年中，我至少有三分之一的時間在自學，你是否會覺得更神奇了？

但事實就是如此。哈佛商學院的案例教學法要求學生們在上課前，完成對新課案例的研讀——注意，是「研讀」，不是簡簡單單讀完了事，而是邊精讀，邊自學第二天要在課堂上討論的案例和商業原理。

在過去 10 多年裡，我從沒有停止過自學，不是因為「不得不」，而是確實喜歡、享受自學的過程。一想到每天都能和各種新知識、新事物初次見面，我就興奮不已。我想，這也是人活在這個世界上的一大樂趣吧。

如果不考慮樂趣，而是想得稍微功利些，自學的重要性則更加凸顯：擅長通過自學不斷鍛造實力的人，在職場上總有更多先人一步、脫穎而出的機會。在競爭日益激烈的 21 世紀，會自學本身就是一項強大的背書。

自學的方式多種多樣，看書是一種自學，報班也是自學。下面介紹我的自學祕笈和個人經歷，也許會對想提升自學能力的你有一些啓發。

第 1 小課　請教強者法

細述方法前，先分享兩段啟發我良多的話。

第一段是荀子在〈勸學〉中的所言：「假輿馬者，非利足也，而致千里；假舟楫者，非能水也，而絕江河。君子性非異也，善假於物也。」

想必大家對這段經典古文並不陌生，意思說的是：騎馬的人，不一定是跑得快的人，卻可以行千里路；坐船的人，不一定是擅長游泳的人，卻能橫渡江河。成大事者，並非生來就天賦異稟，而是他們善用身邊的事物和資源（去提高自己）罷了。

另一段話來自美國勵志演講人東尼‧羅賓斯（Tony Robbins），他說：「要想掌握任何技能、策略或目標，最快的方式就是照著前人開闢的路往前走。如果你碰到了已經得到你想要結果的人，並且參照他們的經驗行動起來，你就很有希望獲得同樣的結果。」

兩段話共同傳達了一個要點——「借力」，而「借力」的思路在自學這件事上同樣適用。自學不只是「自己學習」那麼簡單，如果你真把自學當成了關起門來僅憑一己之力去學習和琢磨，效果很可能會大打折扣。畢竟對要自學的領域一知半解，又怎能成為自己的良師呢？

要想自學效果好，就該充分動用一切可以借力的資源來協助自己。一些同學習慣上網查找相關資料，或去圖書館借閱相關書籍，但問題是這個年代的搜尋引擎並不靠譜，搜索結果魚龍混雜，而圖書館的藏書又浩如煙海，面對紛繁的選擇，實在不知從何入手。

這也就引出了我的第一種自學方法：尋找到相關領域的強者、專家，拜他們為師。定期讓有閱歷、有技能的前輩們點撥和指導，能讓你獲益匪淺。

有人會問：這不相當於在課堂外又找了個老師嗎？還算「自學」嗎？當然。這裡的「拜師學藝」，並非在學校裡跟著老師上課，而是在總體自學的基礎上，定期約談、求教強者，從而更好地評估自學效果、夯實自學所得。

舉兩個我自己的例子，大家就能秒懂這個方法怎麼用了。

大學畢業後，我加入高盛公司的投資銀行部，成為一名分析師。在耶魯我主攻經濟學，學的大多是偏理論的宏觀／微觀經濟、經濟計量學和博弈論，和投資銀行裡的公司金融工作實際上交集甚少，因此做為初入職場的小輩，

我要在短時間裡學會很多新知識和新技能，才能快速上手。雖然入職時在紐約總部完成了六週的培訓，但大中華區畢竟不同於美國，因此我必須自學充電，提高業務水準。

這時候我是如何自學的呢？首先，我快速摸清了公司提供的所有內部培訓資源，結合自己「新手菜鳥」的需求和國內金融市場的門道，從「高盛大學」（高盛公司的內部培訓網站，涵蓋海量學習資料、行業乾貨、專案案例）分門別類下載了一系列自學材料，接著立刻制訂好了包括短期（一週）、中期（月度）和長期（季度 & 半年度）的自學計畫，敦促自己不管多忙，都咬牙在完成當天工作任務後，再自學至少半小時，完成學習筆記和練習題。

閉門造車難免碰到自己解決不了的難點，因此就需要第二步：拜師學藝。進入公司兩週內，我就在自己參與的幾個項目團隊中選定了一位小 Boss（我的直屬上司）和一位大 Boss（團隊領頭人，通常是副總裁／執行董事以上職稱的資深銀行家）。我的拜師標準就這四條：信得過、聊得來、業績卓越、在高盛工作至少三年。

向小 Boss 和大 Boss 請教的方法還有所不同。小 Boss 也曾是初級分析師，在多個項目上積累了豐富的執行（幹活）經驗，再加上我和小 Boss 每天都一起工作，已經處得很熟，所以我拜他為直屬師兄，可以在吃飯、喝咖啡或出差路上，直接請教自學中遇到的問題。

從某個財務報表專案的會計處理方法，到某家公司上市後股價破發的原因，我都會虛心求教、刨根問底，而小 Boss 也總是很耐心地有問必答，把我當師弟來培養。我得以在入職後很短的時間內進步神速、獲得團隊成員們的信任，除了刻苦自學外，在很大程度上要歸功於小 Boss 的慷慨指點。

拜師大 Boss 的方法不同：由於大 Boss 位高權重、日理萬機，我這個小蝦米沒法隨心所欲地做日常求教，但既然決心拜師，就不能有太多顧慮。首先，我給大 Boss 發了一封誠懇的郵件，說明自己有志提升業務能力、希望獲得當面指教；在得到大 Boss 肯定的答覆後，我馬上和他約好了第一次請教的時間：兩週後的某個相對不忙的星期五傍晚，請他到公司樓下喝咖啡，順便取經。

見面前，我整理了過去一段時間在自學中碰到的問題，一一記在本子上／手機備忘錄裡——當然不是「某公司生產成本的計算」之類的瑣碎問題，

而是更宏觀、更關乎金融行業的大問題。畢竟大 Boss 已經是公司的領導者，能分享更高遠和深刻的見地。

邊喝咖啡邊討教，當然也不忘做筆記，我會把大 Boss 的「真傳」即時記錄下來，用於以後反芻內化。除非碰上特殊情況，在高盛的兩年裡，我平均每個月就會和大 Boss 導師見一次，每次至少半小時，如飢似渴地求教。

拜師過程當然不止於「問問題、求指教」這一步，我通常還會完成一個跟進步驟——請導師們對我前階段的自學成果給予評價、回饋。雖然天才可以做到無師自通，但對我們絕大多數普通人而言，只有多次練習才能夯實自學成果。練習後固然會有長進，但進步了多少、還有哪些方面需要提高，就得讓前輩強者幫忙一起評估了。

剛入職時，我的金融建模技巧還不嫻熟，獨自鑽研了幾個之前專案的模型後，開始加碼練習。在這個過程中，我不但向小 Boss 導師請教建模時令我卡關的問題，還讓他來評判我搭完的模型好不好、存在什麼紕漏和如何改進。通過收集前輩的回饋，我就得以定好下一階段自學時需要重點攻克的薄弱環節，直至接近完美。

這樣，在長期自學充電＋日常請教小 Boss ＋每月請教大 Boss 的節奏裡，我的業務能力進步很快，雖然不敢用突飛猛進形容，但足以讓我夠資格勝任初級分析師職責範疇外的工作了。因為自己變牛了，不少同期同事沒有的鍛鍊機會也就紛至沓來了。

2015 年底，我第一次試水創業，參與創辦了一家互聯網旅遊公司。當時對創業一腔熱血，但知之甚少，為了盡快自學成才，從投顧領域順利進入創業領域，我繼續拜師學藝、請教前輩，但和「高盛拜師」略有不同的是，創業這個領域實在廣博，面對琳琅滿目的創業主題書籍、課程甚至電影，我不知該從何下手。所以「創業拜師」的第一步，變成了先選定前輩導師，請他們推薦最適合我的學習材料（比如書單），再開始自學，接著根據第一階段所學，帶著總結好的問題清單去請教前輩。

之後，我還在國內一家領先的文學影視公司任策略長，參與了幾個電影文學版權的投資項目。雖然「投資銀行」和「電影投資」都有「投資」二字，卻完全是兩碼事。所以，我這個前投資銀行搬磚工又一次踏上了系統、深入的自學之旅，用了 3 個月，每天擠時間鑽研影視創投，邊學邊請教行業大咖，不懂就問、舉一反三，終於順利入了門。

分享完這兩段自學經歷，我想再次提醒大家：自學絕非閉門造車、一個人扛，而是勤拜師、善借力。也許「聽君一席話，勝讀十年書」的說法誇張了些，但強者前輩的點撥指導，一定會讓你獲益良多。

請教強者前輩的步驟一覽

1. 確定現階段自學主題與任務
2. 選定自學材料
3. 選定可以「拜師」的強者前輩
4. 定期梳理所學、總結問題、約談和請教強者前輩
5. 練習所學，請前輩評估
6. 根據前輩回饋，繼續練習／改進、有的放矢制訂下一階段自學計畫
7. 回到步驟 4，開始新一輪循環

第 2 小課　3A 自學法

　　自學都該像上述方法中介紹的那樣，「有計畫、有組織」嗎？非也。我認為，除了在某個階段為完成學業／事業上的某個目標而專門、刻意去自學，其他時候更不能忘了自學。

　　生活就是最廣袤無邊的知識海洋，在與這個世界打交道的每分每秒，我們都有可能接觸到新知識，並通過自學將其納入自己的知識儲備庫裡。

　　如果你想把自學變成一種習慣、一件不做都不舒服的事，就可以嘗試我下面要介紹的方法，我把它叫作「3A 自學法」。3A 代表了三個以 A 開頭的英文單字，分別是：

Anywhere（任何地方）
Anytime（任何時候）
Anything（任何事物）

　　用一句話概括便是：「隨時隨地自學任何可以學、值得學的東西。」這些年走南闖北、出國求學，我幾乎已經把「3A 自學」這項做法融進了身體和血液，得上了「自學強迫症」，主要症狀是碰上任何不懂、不熟悉的新知識，就想盡量弄明白，如果讓它輕易飄過了，就會覺得不自在，甚至感到失落。

　　隨時隨地自學，具體如何操作呢？我的做法包括以下兩部分：

　　一是自學時記錄：前幾年，我書包裡永遠裝著一個「新知識發現與記錄本」，用於在隨時、隨地碰上新知識時，快速記到本子上。

　　如果時間允許，就當場通過請教別人或自行查資料的方式把新知識迅速學會；如果當時來不及，就先把和新知識有關的關鍵字寫進本子，在忙碌之後的碎片時間裡自學搞懂。

　　這兩年由於日程更繁忙、用筆寫字的時間變少，我漸漸用手機備忘錄 APP 取代了記錄本，將新知識和在網上查到的資料一鍵複製、貼上，存進手機，方便省時。

二是自學後回顧：上面說到，自學少不了練習和溫習，隨時、隨地、隨性的自學也不能忽略這個步驟。我一般會每隔幾天就抽出 10 至 20 分鐘，翻一翻新知識記錄本或手機備忘錄，回顧過去幾天自學的新東西。由於這種複習不和任何實際任務掛鉤（比如考試升學），所以做起來沒有壓力和負擔感，甚至還能變成一種百忙之中的調劑、消遣。

關於 3A 的補充說明	
Anywhere（任何地方）	值得學習的新知識無處不在，尤其是在新的、陌生的地方，比如旅行目的地等。
Anytime（任何時候）	放鬆消遣時段也是自學的好時候，包括平日的碎片時間（比如閱讀時、聚會時、看劇時），以及外出旅行時。
Anything（任何事物）	任何自己感興趣的、能讓自己獲益的知識，和學業／事業並不直接掛鉤，但能提高綜合修養和閱歷的事物。

　　仔細想來，「3A 自學」習慣已經陪伴了我至少 10 多年，也許在很小的時候就萌了芽。究其原因，是自己對新知識入迷、對學新東西有癮。於我而言，自學求知的過程非但不枯燥，還充滿樂趣和成就感。

　　我喜歡旅行，不但因為能親眼領略世間美好，也因為每次出門遠行，都是在閱讀一本活的、動態的好書，關乎自然、社科、文史、藝術。走在異鄉的大街小巷，一定會遇見各種新鮮事，而「3A 自學」的習慣便會促使我及時捕捉、學習新知識——無論是和當地民俗文化有關的生詞，還是某種地質考古現象。

　　回想 2009 年入學耶魯最初的幾週，英語竟給了我一記下馬威。雖然在托福和 SAT 考試中都拿了高分，可那時的我初到新大陸，對美式英語的道地表達知之甚少，甚至還在溝通中鬧出過大笑話。

　　短暫沮喪後，我逼自己打起精神，猛攻英語，以「3A 自學」的方法，隨時隨地抓住一切機會充電：看電視節目時、和清潔阿姨聊天時、坐車聽廣播時、在健身房練器械時、和同學們去派對時、到食堂買飯時、經過校園布告

欄時……不管在哪裡，只要碰到了生詞、新說法，一定爭取「就地解決」，通過查字典、問同學、上網搜索的方式學會，同時記到新知識記錄本上。

自學的動力和玩轉英語的決心幫助我在短短一個月內進步神速，直到和美國人談笑風生、直到做夢時都用英語。

在哈佛商學院，我每天都要研學不同的商業案例。每份案例閱讀材料裡都有上課時沒有涉及的知識，一些同學可能會淺嘗輒止，或乾脆自動忽略，但我是「3A 自學強迫症患者」，從不輕易放過任何不懂的知識點。

即使教授在課上不講，我也會見縫插針查資料自學，然後記到新知識備忘錄裡。兩年下來，我就比同屆同學多學了不少。而這些通過自學一點點儲備起來的商業知識，都可能對我日後的事業有重要幫助。

如何自學？坦率地講，我這些年一直在用的方法就是上述兩個：有規畫、有側重的自學、拜師前輩強者，搭配持續的、日常的「3A 即興自學」，除此之外就沒用過其他更高端的方法了。

我們都知道「活到老，學到老」這句話，但告別校園後真正能堅持自學一輩子的人並不多，很多人因為怕累、怕苦，或因生活瑣事的牽絆，就漸漸懶了、乏了。如果你沒有與生俱來對知識的渴求，可以問自己下面這幾個問題（也是我偶爾逼自己學不感興趣領域的知識時會用到的）：

我是不是想改變命運，為自己創造更好的生活、更棒的未來呢？（如果「是」，就要趁現在多學、多充電。）

我是不是想成為一個有趣、有魅力、自信而受歡迎的人呢？（如果「是」，就要趁現在多學、多充電。）

這輩子來世界走一遭，如果不抓緊時間和機會多看、多學些東西，等我老掉牙、走不動、學不會的時候，當我即將告別此生的時候，是否會後悔呢？（如果「是」，就要趁現在多學、多充電。）

這組三連環問，就是在激勵你意識到自學的價值，以及自學能帶給你的諸多收穫。相信你會對至少一個問題給出「是」的答案。

結束本課前，我最後再囉唆幾點注意事項：

自學有益，但切勿喧賓奪主，本末倒置。如果當前的主業已經讓你應接不暇（比如備戰大考），就要暫時把課外自學擱一擱，投入超過90%的精力在最重要的事情上。

必要時懂得放棄對某個領域的自學。為什麼？一是因為實在沒有任何興趣，就算自學也很難堅持下去；如果需要自學的內容恰巧又很重要、沒法繞過（比如是通過某項考試的必要條件），我就建議你果斷放棄自學、借助外力搞定，比如花錢報個專項輔導班，短時間攻克。

二是因為實在沒天分，怎麼學也學不好（當然這種情況少一些），如果自學半天都不見成效，這機會成本就大了，還不如把時間和精力用在更有價值的事情上。

「3A 自學」時如果選擇用手機 APP 記錄所學，一定要盡量抵制手機的諸多誘惑，避免分心。很多同學都有過這樣的經歷：明明是想拿手機做件正經事，卻被各種社交娛樂 APP 的消息、提醒吸引了注意力，愉快地刷了起來，甚至忘了此時此刻開手機是爲了什麼。

　　如果經常被手機干擾，自學效果就會大打折扣。所以建議手機強迫症患者們還是準備一本小本子，隨身攜帶隨時用。

　　目標導向的專項自學一定要有計畫、有遞進、有重點。換句話說，不要想著一口吃成胖子、一夜之間變專家。

　　初識一個新領域時，我們常會因爲興奮而自信和動力爆棚，但越是激動，越要沉得住氣。確定好自學的大目標、拆分小計畫，然後一步一步執行，才可能學得踏實。

　　回到我入職高盛時的例子，爲了完成「熟練搭建各類複雜金融模型」這個大目標，我必須先從最基礎的會計和金融知識夯實起，同時練好 Excel 技藝，之後才能開始分行業、分類別地操練不同模型，逐步進階，直至變成建模達人。

本課核心
方法回顧

請教強者法：

即使是自學，也不能僅憑一己之力閉門造車。要想自學好，強者不可少。
在自學過程中，選擇相關領域的專家、前輩，並定期求教自學中遇到的問題
（借力），從而顯著提高自學效果。

3A 自學法：

「Anywhere, anytime, anything.」
隨時隨地自學任何可以學、值得學的事物，並在自學時做好紀錄，自學後經
常回顧，把新鮮所學扎實內化進自己的知識儲備庫。
一旦開始自學，就全力以赴、高度專注，不要輕言放棄。自學，能讓我們走
入美麗新世界，體驗前所未有的精采人生。

第 17 課
時間管理，把做事效率提高 3 倍

　　時間管理有多重要呢？一言以蔽之，管理時間就是管理人生。有人把每天都過得充實緊湊、忙而有序，有人卻懈怠隨性、忙中生亂。兩種對待時間的方式所造就的學習狀態和生活境遇，不消十年便會出現分野，高下立判。

　　時間管理是內容驅動和目標導向的。所謂內容，就是有著輕重緩急之分的事項和任務，這些大大小小的事項和任務如涓涓細流彙聚成人生長河中的階段性目標和長遠目標。

　　我的體會是，如果心中缺乏明晰的目標引導，整個人是形散而神不聚的，很難做到科學地安排時間和充分利用時間。平日裡就算忙忙叨叨，也容易顧此失彼，甚至原地踏步。

　　我們的日常充斥著各種事務，要麼從早到晚地聽課、寫作業和考試，要麼疲於工作、加班加點，仿佛一個旋轉不停的陀螺。有同學因此抱怨道：「每天都感到應接不暇，哪裡還有餘暇規畫時間啊？」

　　而這恰恰是本課所要講述的對策。**越忙，越需要時間的管理。**

　　具體應當怎麼做，才可以在有限的時間裡實現高效率，自主駕馭繁忙的日常呢？這些年來，我求學和工作多頭並舉，恨不得生出三頭六臂，掌握幻影移形的特異功能。若非得益於時間管理方法，我大概已經疲憊、焦慮到崩潰了。

　　根據親身實踐，我總結了幾個必不可少的時間管理方法，其中包括梳理必做之事的主次緩急，將宏觀的遠期目標分解成若干子目標，然後落實到每日、每週和每月中，也就是列出每日的任務清單、做週計畫和月計畫等。為

便於同學們直觀地感受這些步驟，我在下面的方法介紹部分還專門給出了範本實例。

第 1 小課　每日任務清單法

首先介紹的是「每日任務清單」，英文裡稱 To-do list。不少同學對這個詞已經不陌生。毫不誇張地說，我是把 To-do list 分享給國內公眾比較早的人。在若干年前，我就曾通過一條微博，介紹了哈佛學生最常用的幾種 To-do list 範本，點閱數已經超過 1000 萬次。很多人在讀過那條微博後紛紛用起了 To-do list，並且表示獲益匪淺。因此在時間管理章節，我要優先精講 To-do list 神器的使用方法。

To-do list 的使用方法濃縮成一句話，就是：將每天待完成的事項逐一寫下來（比如記錄在紙上），隨後根據這張清單，展開一天的忙碌。每完成一項任務後，便在 To-do list 上將相應事項畫去（或在旁邊打勾），代表「已完成」的狀態。To-do list 帶來的好處主要體現在這三點：

第一個好處是幫助我們避免遺忘、釐清頭緒 —— 今天我到底要完成哪些任務？

一些人想當然地覺得自己「心裡永遠有數」「每天做什麼，我怎麼可能不知道啊？」結果到了臨睡前，才突然發現遺漏了重要事項，「哎呀壞了，忘了忘了，這個還沒做，完了⋯⋯」

不論記性好壞，我們在一天的奔忙中都很容易丟三落四、顧此失彼，因為忙一件事而把另一件事拋在了腦後，而 To-do list 能幫我們降低「耽誤大事」的可能性。

我通常習慣在每天晨起醒腦後便立刻坐在書桌旁，用 3 至 5 分鐘時間快速寫好當日的 To-do list，將輕重緩急不一的任務一一列出來，再帶著這張 To-do list 有條不紊地開始全天的忙碌，因此總能感到踏實、從容。

第二個好處是增強緊迫感、提高效率。根據當天的繁忙程度，一張 To-do list 可以包含少則三、五個、多則十幾二十個任務。當這張密密麻麻的任務清單出現在眼前時，想懈怠偷懶其實都難。

一些在我的建議下開始使用 To-do list 的同學就說：「Leo 學長，自從開始寫每日 To-do list，我整個人都緊湊了好多！因為腦子裡總想著去做完清單上的那些任務。」

　　「學長，我有強迫症，在看到 To-do list 上那些還沒完成的事項時，我就渾身不自在，恨不得趕緊把它們全部都畫掉，要不然這一天都覺得沒過完。」

　　之前有位清華大學學生的每日計畫安排表在社交網路上火了。進入大學後，這位同學堅持每天列任務清單，風雨無阻。因為這個好習慣，這位學霸比其他同學做事更高效、成果更顯著、生活更充實，當然也得到了更多、更好的求學、求職機會。

　　讓 To-do list 日常提醒、鞭策自己，你也一定可以緊湊、高效起來。

　　第三個好處便是「解鎖成就感」等積極的情緒影響。一些同學常感迷茫、無力，每天得過且過，「不知道未來在哪裡」，然後在我「學長 LEO」的公眾號後臺留言向我訴苦，希望我能幫他們走出低迷的泥潭。

　　每每收到類似問題，我都想送給這些同學一句話：你不是無緣無故迷茫、無力的。你現在低迷、空虛、缺失希望感，在很大程度上是因為 —— 你壓根就沒讓自己忙起來！每天無所事事，怎麼可能看到希望和未來呢？

　　不論你多「不忙」，每天也一定還有能讓自己忙起來的事。退一萬步講，即使是吃喝拉撒睡，也都算是要認真完成的日常 To-do。

　　也許你現在尚未決定長遠、宏觀的人生方向，暫且胸無大志，那又怎樣？這不代表你沒有近憂！相反，只有把每天最細微、最瑣碎的小事認真、踏實地完成好，你才可能不斷進步、優化自我，逐漸找到並踏上通向未來的路。

　　我建議有上述困擾的同學從今天起使用 To-do list，即使是絞盡腦汁，也要把必做事項毫不含糊地列出來，隨後敦促自己一項項堅定完成。做事的過程必然有艱辛甚至苦痛，但完成所有任務後再回頭看來時路，你一定能收穫成就感帶來的喜悅。

　　下面介紹哈佛等美國頂尖名校學生最常用的四種 To-do list 範本，我本人也都使用過，既有「基本標配版」，也有「豪華進階版」，同學們可以自由選擇最適合自己的那一款。

To-do list 範本 1

第一種範本最簡單直接，尤其適合剛接觸 To-do list 的入門選手，或日理萬機的大忙人。如下圖所示，這種 To-do list 表由一目了然的三列組成：事項序號、具體任務和完成狀態。爲了便於大家參考，我在範本中填了一個例子。

在高盛工作的兩年裡，我每天都應接不暇，所以用的一直是這個最簡單的 To-do list 範本，也督促自己完成了別人也許要 4、5 年才能搞定的工作量。

哈佛學生常用的 To-do list 範本 1		
這是最簡單直接的一種範本，填起來最快，適合每天忙得應接不暇的人。		
No. （序號）	To-do （任務）	Status （狀態）
1	Complete the Corporate Finance problem set （完成公司金融課的習題集）	Done （完成）
2		
3		
4		
5		
6		
7		

To-do list 範本 2

範本 2 是我本人最喜歡的一種。除非實在擠不出時間，我都習慣用這種 To-do list 來規畫時間和任務。

時間管理的一大關鍵，是把更多的時間安排到更重要的事情上，類似二八原則（或 80 / 20 原則）闡述的概念。下面這個範本的妙就在於第一列「優先順序」的分類──通過將一段時間的事項按照重要程度畫分成高、中、低三個優先順序，我們可以更精準地把握有限時間，盡量把時間首先分配給最重要的 To-do 事項。

第二列「截止日期與時間」是基於上面第一種範本的進化。「狀態」欄

注明的只是某個 To-do 的當前進度（比如完成、未完成），而「截止日期與時間」能讓我們更清楚地意識到，到底還有多少時間來完成某項任務，在必要時可以增強我們的緊迫感和提高我們的效率。

這個範本可以用於單日的任務與時間規畫，也可以用於超過一天甚至幾天的區間。當做單日 To-do list 使用時，所有事項的截止日期都是「今天」，因此可以忽略不填，只需註明時間節點的不同，比如上午 11 點前、下午 2 點前。當用做一段時間的 To-do 規畫時，截止日期便各有不同了，比如本週一早上 9 點前、本週四中午 12 點前。

舉個簡單例子：現在是期末考試週，所以優先順序最高的任務必然是複習和考試，一切和學習無關的事項統統退居二線，成為優先順序「中」和「低」的 To-do。在優先順序「高」的事項裡，時間靠前的考試又比靠後的更重要；另一種進一步畫分優先順序的方式是基於考試的相對權重——比如語文更重要，因為是主科，滿分 150 分；歷史是副科，滿分 100 分；又或是根據難易程度和複習所需時長——比如數學最令你頭疼、複習時要下的功夫最多，所以備戰數學考試就該是重中之重的 To-do。

哈佛學生常用的 To-do list 範本 2			
範本 1 的進化版。加入優先順序畫分後，最重要的任務便一目了然了。			
Priority （優先順序）	DueDate&Time （截止日期與時間）	To-do （任務）	Status （狀態）
High （高）	Noon of Sept 20 （9 月 20 日中午前）	Complete the Corporate Finance problem set （完成公司金融課的習題集）	Done （完成）
Medium （中）			
Low （低）			

To-do list 範本 3

　　第三種範本和前兩種非常不同，基於待辦事項的類別屬性。下面的示意圖中包括了四大類，非常適用於在校學生，包括作業、連絡、會議／約會以及不能歸於前三種分類的雜七雜八的任務。

　　當然，這些事項分類是可以根據實際情況靈活變動的。如果你是上班族，就可以把「作業」換成「工作」；如果你最近比較宅，沒有太多社交活動，而是把更多時間放在修練內功上，就可以把「會議／約會」換成「個人精進」，下分運動健身、讀書、學習某項技能等 To-do。

哈佛學生常用的 To-do list 範本 3

以下專案可根據個人實際情況進行更改。

Homework 作業 (已在職的同學換成工作任務)			Correspondence 連絡 (包括要打的電話，要發的郵件等)		
Done？ 已完成？	Description 任務描述	Due Date／ Current Progress 截止日期／ 當前狀態	Done？ 已完成？	Name／ Description 連絡人姓名／描述	Phone／E-mail 電話號碼／信箱地址
Yes	Complete the Corporate Finance problem set (公司金融課的習題集)	Noon of Sept 20 (9 月 20 日中午前)			

Meetings 會議／約會			Miscellaneous Tasks 雜七雜八的任務		
Done？ 已完成？	Name／Description 會面人姓名／描述	Meetingdate／ Time&Venue 會面日期／ 時間和地點	Done？ 已完成？	Description 任務描述	Due Date/ Current Progress 截止日期／當前狀態
			Yes		

這種範本尤其適用於目前身兼多職、需要在不同事項之間遊走的人。通過將各項 To-do 分門別類，我們可以更直觀地了解自己生活的組成元素。在哈佛讀 MBA 的兩年裡，我邊工作邊讀書，永遠是個「多工處理者」，因此這種範本使用也很多。

我在哈佛求學時某一天的 To-do list

為方便大家查閱，除人名和地名外的內容已換成中文，為保證完善和清晰，只列出當天所有任務的 80%。

Homework 作業			Correspondence 聯絡		
已完成？	任務描述	截止時間／當前狀態	已完成？	連絡人姓名／描述	電話號碼／電郵地址
是	讀完明天上課要討論的 3 個商業案例（100 頁，中速閱讀）	9 月 8 日晚 11 點前	是	發郵件給 Lanch 教授，討論幾個課堂問題	
是	寫完「領導力」的 3 頁短文	時間同上：已提前 1 天完成	是	發郵件給 Josh，制訂學習小組下月計畫	* 因隱私考量，此處省去
是	做完沃爾瑪公司 2015 年財務資料分析	9 月 8 日結束前	是	發郵件給 Thomas，討論週末河邊派對	

Meetings 會議／約會			Miscellaneous Tasks 雜七雜八的任務		
已完成？	會面人姓名／描述	會面時間和地點	已完成？	任務描述	截止時間／當前狀態
是	6 人學習小組／本日案例討論	早 8：15，Spangler 二樓	是	Shad 健身中心 1 小時有氧訓練	9 月 8 日下午 5：30
是	Lipton 教授／午餐	中午 12：30，Katousan 拉麵館	是	到哈佛廣場買長跑褲和健身背心	9 月 8 日晚餐前
是	Kimura 教授／日本阿依努原住民研究	下午 3：30，燕京圖書館	改到明天	到 H-Mart 買藍莓、雞蛋、香腸和番茄	9 月 8 日晚餐前
是	Cristo ／晚餐	晚 6：15，Tom's BaoBao	是	發布＜凌晨 4 點半哈佛圖書館＞調查文	9 月 8 日晚 9：30
是	風險投資俱樂部第一次討論會	晚 8：00，PeabodyTerrace	是	接受兩個平臺的專欄作家邀請	

To-do list 範本 4

第四種範本和第三種比較類似，但不難從範本上的文字看出，這種 To-do list 的整體基調更輕鬆，以「要幹的正事、要見的人、要買的東西、要去的地方、雜七雜八」代替了範本 3 裡嚴肅、正經的屬性分類。

如果你最近比較辛苦，不想再用一張一本正經的 To-do list 給自己增加壓力了，就可以試試這個範本。

你只需要把 To-do 分門別類寫在這個表單上，不用註明截止日期和時間，當完成一個事項後，直接用筆畫去即可，非常簡單直接。所以，無論是從範本的架構元素還是使用方法來看，這份 To-do list 都可算是四種範本中最輕鬆的一種。

哈佛學生常用的 To-do list 範本 4		
風格比較輕鬆歡快，若不想給自己太大壓迫感，可以試用這個範本。		
已完成的任務可以用不同顏色標出，或用橫線畫去。		
Do This 要幹的正事 (學習／工作任務)	Need to Meet 要見的人	Need This 需要的東西
市場行銷課 5 頁小論文	R 教授	金融分析課補充講義
Be There 要去的地方	Miscellaneous Others 雜七雜八	
懷德納圖書館自修室　@2 點	在查理斯河畔變速跑 10 公里	
@		
@		

我不擅長斷捨離，更是一直捨不得扔掉自己曾用過的 To-do list 紀錄本，因為每一本都是自己生命的記載，具有非常別樣的意義。

　　前段時間搬家，我無意中翻出了自己過去十多年來記滿的四十多本 To-do list 本，上面有自己考耶魯、進高盛、做公司和讀哈佛這一路的足跡。

　　打開 2008 年年底備考耶魯本科時用過的一本，看到每天密密麻麻的 To-do list 和為自己打氣的手抄勵志語，實在感慨萬千、百感交集。縱使手機、電腦已經強勢成為我們生活中的重要角色，未來我依舊會以最傳統的方式，用樸素的筆和小本子，記錄自己每一天的旅程。

第 2 小課　週計畫與月計畫表

　　To-do list 固然非常有用，但也有其局限性，因為這個工具主要是對短時間內微觀任務的即時規畫和管理，但對覆蓋更長時間段的宏觀目標計畫卻起不到很大用處。

　　而時間管理的關鍵，不但在於高效利用眼前的每分每秒，更在於規畫好每個以週、月、季度、年為單位的時間段內，都應該做哪些事、完成哪些長遠目標。

　　我的美國教授和同學們常說一句話：We should have abroader picture of

what needs to be done over an extended period of time——我們應該清楚地知道，在更長一段時間內都該完成什麼事情。

週計畫／月計畫表就是對 To-do list 的完美補充。前者宏觀，後者微觀，幫助我們在時間管理上運籌帷幄，不但明確階段性規畫，還要完成好當下每一項細微任務。

下面展示的是我在高盛投資銀行時做的週計畫，以及之後創業時制訂的月度規畫。不難看出這兩張表的元素大同小異，都是「日期對應計畫／目標」。

需要注意的是，這些「計畫／目標「並非 To-do list 裡的當天細碎小任務，而是需要多個步驟和一定的時間跨度才能完成的各項目標。比如在月計畫表的 15 日有「完成市場團隊三名員工招募」這一項，並非意指 15 日當天一口氣招到三人，而是以 15 日為截止日期，在那之前的一段時間裡陸續完成招募。

同理，月底 30 日「完成第一輪 APP 內測」也指以 30 日為截止日期，在 30 日之前的一段時間裡，將這項規畫拆分成以天為單位的數個 To-do，分步驟陸續完成。

我是如何將週計畫／月計畫表與 To-do list 搭配使用的呢？通常情況下，都是從最宏觀到最微觀：首先，我會在每個月的最後一天展望、制訂好下個月的整體規畫，將不同分類下的各項目標整理出來，再預設好每一項的截止日期，填到月計畫表上；其次，將每一項月度目標拆分成從開始到結束的數個「二級步驟」，按時間先後順序填到週計畫表上；最後，進一步將這些「二級步驟「拆分成最細碎、微觀的 To-do，在每天早晨填到當日的 To-do list 上。

按這個邏輯規畫自己的每月、每週和每天，你也可以更清晰合理、井井有條地管理時間，完成一項又一項大規畫、小任務。

如果大家想更高瞻遠矚，當然還可以以一整年，甚至三年、五年為起始點規畫未來的時間。

我在高盛工作第三個月時的某一次週計畫

注：因工作資訊高度保密，以下內容進行了刪減與匿名處理。

板塊			日期						
			星期一	星期二	星期三	星期四	星期五	星期六	星期日
日常工作		銀河項目		完成內部過會檔全稿	完成華北地區協力廠商盡調計畫	完成華南地區協力廠商盡調計畫	完成管理層盡調問題清單；完成內部過會檔第二次修訂稿	完成所有主要協力廠商（供應商，大客戶，合作銀行）盡調問題清單	
		九色鹿項目	完成第二版盈利預測模型	完成 A-1 檔中 GS 團隊負責的 *** 部分初稿		基於各方回饋，完成 A-1 檔中 GS 團隊負責的 *** 部分第二稿	基於 VP 和公司 CFO 回饋，完成第三版盈利預測模型		完成 Cornerstone Investor Prez Deck 初稿
		星光項目	完成所有 kick-off 後的 admin 檔		完成項目執行時間全表初稿				
自學／精進		模型練習		以自定假設，完成 F 公司 LBO 模型練習			基於小 Boss 分享的 J 公司美股 IPO 財務預測模型，以最新財務資料完成對該模型的更新		複習 F 公司和 J 公司的模型，整理難點與疑問，下週一請教小 Boss
		案例學習	讀完 B 食品公司港股 IPO 項目的 case study，做自學筆記		讀完 E 公司 2011 年 A＋H Listing 的 case，做自學筆記			讀完 H 公司 2013 年美元可轉債發行 case，做自學筆記	完成本週精讀的所有 case study，從自學筆記中整理難點與疑問，下週一請教小 Boss
		上市與證交所檔研究		看完 braham 公司招股書投資亮點和競爭優勢章節，做自學筆記	看完 Abraham 公司招股書風險章節，做自學筆記	看完 People 公司 2013 年年報的 MD&A 和財務章節，做自學筆記		看完 People 公司 2013 年年報關於收購和新業務拓展的部分，做自學筆記	完成本週精讀的所有招股書、年報等檔關鍵知識點的複習，從自學筆記中整理難點與疑問，下週一約小 Boss 請教

我在創業時的某一次月度計畫						
1	2	3	4	5	6	7
	完成 APP 第二輪 UI 與功能優化				完成第一批服務方專項培訓	
8	9	10	11	12	13	14
		完成第一批 100 名種子用戶篩選		完成銀行合作方支付方案	完成 APP 第三輪 UI 與功能優化	
15	16	17	18	19	20	21
完成市場團隊三名員工招募		完成第二批服務方專項培訓	完成 BD 團隊最後一名全職員工招募；完成技術團隊一名兼職招募		完成上線全方案及物料初稿	
22	23	24	25	26	27	28
		完成第一批種子用戶回饋分析		完成 APP 終輪 UI 與功能優化	完成上線全方案及物料定稿	
29	30					
	完成第一輪 APP 內測					

第 3 小課　四象限記錄法

四象限記錄法（以下簡稱「四象限法」）是時間管理工具中頗具人氣的舶來品，由美國著名管理學家史蒂芬・柯維在暢銷書《與時間有約》中首次提出後，便迅速風靡全球，尤其深受國外大學生和職場人的青睞。

在讀本科時，我從一位經濟學博士助教那裡學到了這種比 To-do list 更高級的時間管理工具，也從此成了它的忠實擁護者。

四象限法解決的核心問題可以用六個字總結：確認優先順序。 從廣義上來看，每個人都是身兼數職的多工處理者，不同任務之間一定存在輕重緩急的優先順序差異，我們理應把有限的時間和精力投入到優先順序最高的事情中。

四象限法將「優先順序」進一步拆分成兩個元素：重要性和緊急程度。看到「象限」兩個字就能猜出，這個方法基於數學的二維座標軸，如下圖所示，X 軸代表待辦事項的「緊急性」，Y 軸代表待辦事項的「重要性」。使用四象限法，就是將所有 To-do 事項分配到四個座標系中，具體來說：

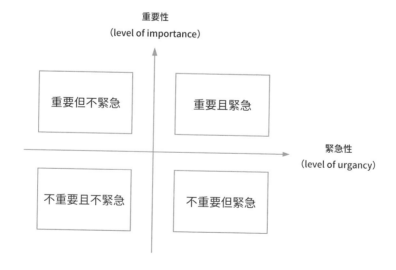

讀到這裡，很多同學會問：如何判斷一件事的重要性和緊急性呢？

一點都不難。首先，我們要意識到，「重要」和「緊急」都是無法量化，且存在一定主觀因素的概念，每個人的畫分方法不盡相同。根據當前生活狀態和對未來規畫的不同，對一個人很重要的某件事放到另一個人的生活裡，卻可能微不足道。因此畫分四象限事項座標時，毋須過多參考別人，只需結合自身情況做定奪。而如何判斷一件事是否「重要」？我的做法是問自己這幾個問題：

1.這件事是否和我當前生活／學習／工作的主題息息相關？

2.如果不做這件事，是否會影響我生活的某個或某幾個方面？是否會影響其他（尤其是後序）事項的推進？

比如你現在的一大目標是申請明年到英國讀大學，那麼「準備留學」就是當下生活的重要主題。假設待歸類的事項是「準備雅思考試、至少拿到6分」，我們借用以上問題做個判斷：

1.「備考雅思」和「準備留學」這個主題息息相關嗎？是的。

2.如果不備考雅思、拿不到6分以上的成績，是否會影響你當下生活的主題？是的。

3.是否會影響其他（尤其是後序）事項的推進——「申請英國院校，爭取拿到 Offer」？是的。

因此，「備考雅思」非常重要。

如何判斷一件事是否「緊急」？也不複雜，在絕大多數情況下根據一件事的截止期限來判斷即可。

比如3天後，你就將迎來本學期的期末考試，而這次考試的成績將直接決定你是否能進入理科重點班，那「複習備戰期末考」就至關重要。這件事「緊急」嗎？答案也是肯定的，畢竟留給你複習的時間只有區區3天了：要想在72小時後胸有成竹地上考場，現在就必須卯足了勁複習。

這幾年，在四象限法的影響下，我漸漸養成了一個習慣：面對任何一項

To-do，我都會不自覺用上述方法迅速判斷：這件事重要嗎？緊急嗎？然後將其歸類進當前的優先順序坐標系裡。

基於重要性和緊急性將待辦事項畫入四個象限，只是時間管理的開始。接下來，我們該如何對待不同象限的 To-do 呢？

很多人的第一反應是：第一象限裡的任務既緊急又重要，當然擁有至高無上的優先順序。此話沒錯，但也只說對了一半。

實際上，四象限法的精髓是：**盡量減少第一象限的事項，用更多時間和精力把第二象限的任務提前完成。**

因為，第一象限的事項最容易讓人壓力陡增，有時為了趕在截止日期前做完，甚至無法保質保量。這樣匆忙而令人抓狂的狀態，你想擁有嗎？相信絕大多數同學的答案都會是「當然不」！

實際上，如果我們平常能緊湊些、高效些，許多工根本都不該出現在第一象限，而是在第二象限就已經被「終結」了。換句話說，第一象限的存在，在很大程度上是日常拖延的結果。

基於這個邏輯，我在下圖對每個象限的時間分配、執行方法和對待原則做了總結：

	時間分配	執行方法	對待原則
第一象限	25%—30%	立刻著手、盡快完成	越少越好，很多第一象限的事情是因為之前沒有抓緊時間，導致原本第二象限的 To-do 被拖成了第一象限。
第二象限	50% 以上	提前啟動、有計畫地做	盡可能將一半以上精力投資在這個象限，提前完成重要事項，先緊後鬆才能更從容不迫。
第三象限	1%，越少越好	盡量少做、防止牽扯過多寶貴精力，比如刷朋友圈。	可以當做忙碌生活的適當調劑，但要預防沉溺和上癮。
第四象限	15%—20%	少占用自己的精力，嘗試交給別人去做	專注於自己的主線；任何支線上冒出來的緊急事項都盡量少占用自己有限的時間資源（比如家裡馬桶壞了，肯定緊急，但和你當下的工作學習沒什麼關係，屬於生活瑣事，所以不重要）。

總而言之，我們要用超過一半的時間和精力完成第二象限的任務，盡可能縮減第一象限，為自己減負。

　　當然，如果一件事已經無法挽救地進入了第一象限，就要優先盡快完成。一旦拖延誤事，就沒有「第零象限」幫著托底了。

　　第三象限的事項既不重要也不緊急，是最「沒地位」的存在，多半可以當做忙碌之餘的短暫放鬆，比如刷朋友圈、喝酒、打牌、唱 KTV，但切忌上癮、不務正業。

　　第四象限的事項不重要卻緊急，也因此有些微妙，比如家裡抽水馬桶突然壞了。雖然這件事和你當前的主要任務（比如複習備考）並不相關，但上廁所沒法沖水，總歸是需要趕緊解決的尷尬問題。最好的應對策略，便是將這類事項交給別人代為搞定，比如請水電工上門維修，盡量別讓這些瑣事耽誤了自己的寶貴時間。

　　時間管理的工具不勝枚舉，以上向同學們介紹的，僅是我自己用起來最得心應手的幾種方法。實際上，如果你打開任何搜尋引擎輸入「時間管理」，都可能發現比上述方法看上去更厲害的妙招。但是我要說，時間管理只是手段，絕非最終目的，大家千萬不要在如何管理時間上掏空了心思，關鍵是要選擇一到兩種最適合自己的方法，堅持規畫和執行，讓時間變得越來越「多」。

　　另外還要提醒大家，時間管理能效的提升也遵循「熟能生巧」這個規律，不要妄想一口吃成胖子，恨不得今天就能憑上述方法變身時間管理達人，尤其要注意避免在 To-do list 上放置過多工。太多的 To-do 事項只會讓人狼狽不堪，進而因無法完成任務而備感挫敗。

　　同學們更可將本課中的方法和第 14 課（155 頁）中介紹的工具結合使用，效果更佳。我自己的習慣流程是：首先利用四象限法確認好一天中待辦事項的輕重緩急，之後根據不同象限事務的優先順序列好當日的 To-do list，接著在執行任務時使用番茄鐘法，在每個單位時間內都全神貫注地學習、工作。「時間像海綿裡的水，只要願意擠，總還是有的。」以魯迅先生的這句膾炙人口的話結束本課。希望你也能和我一樣，從有限的 24 小時裡挖掘出無限的潛能，獲得源源不斷的充實感。

本課核心 方法回顧

每日任務清單（To-do list）：

將一天中的待辦事項按照優先順序或屬性分類，再逐一列出來，做為當日工作／學習的指引。

每完成一項 To-do 的同時，在表上打勾或直接把該項 To-do 畫去，直至完成當日所有（或盡量多的）To-do 為止。對於無法按原計畫完成的任務，也要在 To-do list 上註明原因。

週計畫／月計畫表：

是 To-do list 的補充和延伸。To-do list 主要記錄每日微觀任務，而週計畫／月計畫表列出的是一個階段的「大 To-do」「小目標」。兩者相輔相成，建議搭配使用。

四象限記錄法：

一種畫分「優先順序」的時間規畫工具。將一個階段內（可以是一天，也可以是更長時間）的所有待辦事項根據「重要」和「緊急」程度，歸入四個優先順序象限。

第一、第二象限的事項相對重要，第三、第四象限次重要。平時，應把更多精力用於完成第二象限的任務，從而避免第一象限過於擁擠、平添無謂壓力。

Part 3.

學霸分享，
直通世界名校的超級學習法

第 18 課
LEO 手把手教你如何學好英語

　　相比於廣大 95 後、00 後，我和英語初次邂逅的時間並不早。直到上小學三年級時，我才第一次在學校的英語課上學習 ABC。

　　人生中第一節英語課的場景至今歷歷在目：一位年輕洋氣的女老師，風一般踏進教室，開口就是順暢的英語，引得孩子們（包括我）不禁「哇」地驚嘆——雖然什麼都聽不懂，但打心底裡佩服。

　　從那天起，我就多了一個願望：有朝一日，像英語啟蒙老師一樣玩轉這門語言。那時候我覺得，用外語口若懸河談笑風生，簡直太酷了！

　　從 9 歲和英語結緣，到 28 歲哈佛 MBA 畢業，我這一路和英語的交情實在不淺：不但經歷了完整的國內英語應試教育，也過五關斬六將攻克了托福、SAT 和 GMAT 等國外英文考試。經歷了在美國大學、碩士 6 年的留學生活和投資銀行高強度的中、英雙語工作錘鍊後，英語已經融進了我的血液，成了我的第二母語。

　　這幾年一直有讀者問我關於學英語的問題。我也觀察到，國內英語教育市場魚龍混雜，某些自詡英語大神、名師的人總愛把學英語這事說得天花亂墜，導致不少渴望秒變英文達人的學生被忽悠著花了大錢，卻每每上當受騙後悔不已，甚至產生了深度的自我懷疑。

　　教英語並非我的工作，但藉此次寫書之機，我想結合自己學英語、用英語超過 20 年的經歷，真實直白、言簡意賅地分享一些英語學習建議，希望能幫同學們盡量少走彎路、盡快找對路子，盡可能踏踏實實地提高英語水準。

第 1 小課　單字

　　字、詞是所有語言的基礎。背單字是令無數人頭疼的事，但我不得不說：要想英語學得好，單字儲備不可少。

　　不要輕信「拋棄單字書，流利說英語」之類的廣告詞，那只是吸引人掏錢埋單的套路。哪怕你沒有英語考試壓力，只想應付日常簡單交流，也不可能繞過單字這一關。

　　單字，要沉住氣好好地背。什麼是「好好地背」？首先，單字脫離了語境就如同魚沒了水，背單字時一定要結合例句、語段；其次，絕不能只把中、英文意思顛來倒去背會了事，而是要精通一個詞的不同形式和用法，不只是在文章中能讀懂的那種「用」，而是自己寫英語作文時也能正確使用的那種「用」，才算真正掌握了一個單字。

背單字的實操建議

　　假設你當下有充足的背單字時間，那麼：

・要有一個合理預期，不可能一口吃成胖子。

・在複習一個剛背完的單字時，如果用了超過5秒才勉強想起它的意思，那麼這個單字不算過關，必須重新背至少一遍。

・複習時不能只看著單字回憶中文釋義，必須完成「英到中、中到英、不同詞性、變體時態、例句回顧」的全套流程。

・如第 1 課（14 頁）所介紹，晨起和睡前背單字的效率更好，並推薦嘗試我的「六步雞血背單字法」，親測有效。

第 2 小課　文法

　　另一根啃起來很痛苦的骨頭是文法。市面上不乏「文法無用論」，但這必須具體情況具體分析。如果你只想在出國旅遊時能「蹦」幾句英語，倒是不必過分糾結文法。

　　但我相信，這本書的相當一部分讀者是學生，只要是學生就得盡可能硬

著頭皮把英語文法一點一點學明白，遇到沒明白的千萬別淺嘗輒止、直接放棄，必須趕緊找老師請教徹底。否則，你懂的——在諸如克漏字填空這樣的題目裡，就得丟分了。

如果你有志到說英語的國家留學，或是日後用英文工作，那文法更是至關重要。我就認識一些留學生，因為文法遲遲不過關，結果論文裡紕漏百出，最後直接掛科，甚至重修學分。

在上初二時，我曾經花兩個月時間完整攻克了英語文法，那是一段艱苦卓絕的歲月。

和絕大多數人一樣，我也討厭枯燥至極的文法，但所幸我一直懷揣著「玩轉英語」的夢想，所以在老師多次強調了文法的重要性後，我買回一本《薄冰英語文法》，開始了和各種時態、各種句子結構打交道的自學之旅，每天利用課下時間啃文法書、做練習題，隔天帶著問題找老師刨根問底。

不誇張地說，兩個月下來，我的英語能力進化到了另一個境界。最明顯的感受是「一切都通了」，我掌握了這門語言背後的邏輯和原理，不再只是機械地背單字、寫句子了。這種先苦後甜的通透感特別好，只有自己試過了才知道。

第 3 小課　聽力

很多人最重視的是口語，畢竟說話時最能顯現英語能力。但我要做個類比：單字和文法是爬，閱讀和聽力是走，寫作和口語是跑。如果沒有扎實的英文功底，口語怎能說得流利且高級？

要想口語好，聽力尤其少不了。對於初階、中階的英語學習者而言，聽力尤為重要。因為做聽力實際上是在模仿，只有聽得多了、模仿得多了，大腦吸收的純正語音語調和地道表達用法才更多，輪到自己說的時候才可能「張口就來」。

上面提到，初中是我英文能力突飛猛進的關鍵階段，在老老實實背單字、啃文法的同時，我也堅持完成了大量的聽力、聽寫練習，感謝中學母校對我英文學習的巨大推動。記得那時，老師特意為學生們加碼，布置了諸如《新概念 2、3》和《美國之音慢速英語》等「超綱」教材的聽寫練習。

在每天完成難度較低的教材作業後，我都會打開隨身聽，繼續修練「聽功」，邊聽邊寫，在潛移默化中學會了更多詞句表達，也逐漸能熟練聽懂各種發音、語調，尤其是連讀。

初中時打下的扎實聽力基礎讓我獲益無窮。高一上學期某天，我心血來潮下載了一套托福模考題，在毫無準備的情況下竟然做對了將近四分之三的聽力題！高二和高三時參加英文辯論賽、模擬聯合國大會，我也幾乎沒在聽力理解上遇到任何阻礙。

再補充一條建議：選擇聽力材料時千萬別設限。既可以採用正統、經典的教材，也可以多聽海外廣播、流行音樂，多看英文原聲電影。大量地聽、聽得雜，對磨練耳朵大有裨益。

第 4 小課　閱讀

和聽力一樣，閱讀也在英語學習中扮演著承上啓下的角色。很多人問我爲什麼總能先同齡人一步，提前達到更高的英文水準，我的一大訣竅就是閱讀：讀得雜、讀得頻、大量讀、精讀和泛讀相結合。

從小到大，學校裡常規的英文課本從沒滿足過我，別人一學期上完的教材，我可能用一個多月就三下五除二地學完了，這依然得感謝中學母校的教學進度與英文氛圍。作爲一所拔尖外國語學校的學生，我從初一起就有機會享受英文小班教學，以普通中學兩倍的速度學完全市統一教材，接著開始接觸難度更高的課外閱讀。

我上初二、初三時，老師組織大家訂閱《企鵝英語分級閱讀》，我經常在午休和睡前捧著薄薄的英文小說讀到忘我，有時用一天時間便能讀完諸如《愛麗絲夢遊仙境》《野性的呼喚》等英文名著的簡化版。即使文中不乏生詞，我也能依靠上下文讀懂 80％ 至 90％ 的內容，英文閱讀理解能力就是在這個過程中實現了質的飛躍。

上高中後，我讀得越發生猛。先是跟老師申請特准，在高一下學期後不再聽講基礎英語課，轉而自主閱讀《哈利波特》《魔戒》《傲慢與偏見》等英文原版小說（此時已不再是簡化版）。

高二和高三參加北大、復旦、外交學院等高校組織的模擬聯合國大會時，

在備戰期間一天就能讀完 100 頁的英文檔，閱讀水準得到了夯實，也爲之後留學美國打好了基礎。

可以說，我的英語在很大程度上是「讀」出來的。即便在對很多單字一知半解的英語小白年代，我也從未顧慮過「讀不懂」這種情況。其實，就算連矇帶猜地讀、只看懂 1% 的內容，也能潛移默化地提高英文能力。

不管你當前水準如何，我都建議你每天抽出至少 15 分鐘做英語閱讀，可以讀專欄短文，可以讀英語新聞，當然也可以讀大部頭原著。選什麼難度的閱讀材料呢？我的建議是「需要踮起腳尖、稍微費點力才搆得著」的材料。

比如現在你的英語水準是 1，那就選難度係數在 1.2 至 1.5 的材料來讀，也就是比自身能力高 20％－50％的材料。在閱讀過程中掌握新的單字與表達，日復一日、積少成多，一段時間後定會收效明顯。

另外，我第 10 課（104 頁）和第 11 課（120 頁）中介紹的諸多方法同樣適用於英語閱讀，比如三色批註法、3 分鐘過電影法（用英文完成回顧、複述）、好詞佳句摘抄法等。閱讀沒有捷徑，也不需要捷徑，但我們必須打起精神、持之以恆。

第 5 小課　口語

幾乎所有英語學習者都渴望說一口漂亮口語，但真正實現的人屈指可數——其實這也無可厚非，畢竟對很多人來說，英語只是學生時代的一項應試任務，工作以後可能就和英語漸漸絕緣了。

當然，如果你因爲工作、旅行或海外求學需要一定的口語能力，我下面的建議也許能略幫一二。

第一個建議是，說的內容大於語音語調。很多同學極其重視發音，覺得口語說得好等於漂亮的口音。這也沒錯，假如你能很好地模仿美音或英音，講起英語來像個母語者，自然令人刮目相看。

但很多人因此陷入的誤區是，將絕大多數時間和精力用於盲目模仿口音，卻忽視了說出的內容品質：文法、措辭、表達方式漏洞百出，有時甚至讓交流對象一頭霧水，根本聽不懂。

上面說到，單字和文法是基礎，聽力和閱讀承上啓下，口語是水到渠成。

若想在說英語時用詞貼切、表達道地，前面這些基本功步驟必不可少。

我在國外有很多來自新加坡和印度的朋友，他們說英語時帶著濃郁的地方口音，但仔細聽來，措辭和句子結構都道地，嫻熟極了。這樣的口語即使並非傳統意義上最主流的美音、英音，也是漂亮的口語。

一些人總顧慮自己說英語難聽、夾雜口音。但我必須說，那又怎麼樣？有口音怎麼了？只要內容說得好、表達得道地流利，有腔調的口語同樣優秀。

第二個建議是，盡量避免和水準相當，甚至不如自己的人一起練口語，尤其當大家都是英語半生不熟的學習者，說英語時容易出錯，出的還可能是同樣的錯。如果大家總湊在一起練，就很可能會固化已有的口語毛病，無法改進提高。

我在中學時練口語的做法很簡單：厚著臉皮纏著外師「尬聊」。當時學校聘請了來自美國和加拿大的外師，每週都安排一節外師口語課。這短短45分鐘的浸泡式學習還不夠，我會繼續在課間和放學後找外師聊天——天南海北什麼都聊，只要能練習口語就行。外師也會不時指出我的口語差錯，尤其是不地道的說法。一來二去和外師成了朋友，聊起天來更自然妥帖，我的口語也越來越順了。

第三個建議也是萬變不離其宗，想說好英語，就得大量、反覆練習。因此平時多給自己淘些好的口語練習材料，不斷模仿跟讀，有時間的話就多背誦經典語段，長期堅持下來，才可能出口成章、金句頻出。

去美國留學前，我就有意識地加強口語練習，經常去書店買回各種練習材料，比如探索頻道、迪士尼頻道和美國國家地理的影片，還有《英文經典演講50篇》之類帶音訊的書，邊看邊聽邊跟讀，同時做好筆記，學會了許多純正表達，也漸漸修好了口音。

第 19 課
三要素寫作法，把文章寫到心裡去

你一定遇到過這樣的人：唱歌五音挺全，但歌聲就是缺乏特色和韻味；烹飪技能過關，各種食材也運用嫻熟，可做出來的飯菜就是不夠香、不入味……

類似的例子還有很多，比如一些主持人，受過專業訓練、字正腔圓，可主持時總是欠了點魅力、缺了些觀眾緣；有的演員什麼都能演，但很難把角色演「活」，遲遲火不起來。

寫文章也是如此。許多人在寫作時能做到語句通順，還不時地用些好詞佳句，可寫出來的文字總差了點意思，中規中矩，無法令人拍案叫絕。

其實，一篇文章寫得好不好、能否寫到讀者心裡去，很多時候並不取決於措辭美不美，而取決於作者是否找準了切入點、用對了描寫方式。

這裡說的描寫方式，就是我在本篇要介紹的「三要素寫作法」，一個我用了超過 10 年的寫作進階法。

在詳述方法前，先聊聊我和三要素寫作法的結緣：時間回到 2009 年初秋，那時我剛進耶魯讀大一，人生中第一堂在大學上的課就和寫作有關——「Yale Freshman Writing Seminar」（耶魯本科新生寫作研討課），也是所有大一耶魯人的必修課。

第一節課上，教授帶著我們對《時代》《紐約客》等影響力刊物的知名篇章做修辭分析，通俗來說，就是評判每篇文章寫得好不好。而分析的工具，正是「三要素」。

在入讀耶魯前，我接受了 12 年的國內教育，學的語文自然是漢語；第一

次以全英文聽講、做分析、寫論文，起初我著實吃了點苦，費了比美國同學多一倍的努力才迎頭趕上（如有興趣閱讀我在耶魯寫第一篇論文的故事，可以翻看我出版的第一本書《不如去闖》）。

但就是在耶魯寫作課堂結識的這「三要素」，讓我在往後的求學路上受益匪淺。耶魯 4 年、哈佛 2 年，我寫了上百篇論文，大多數都拿了 A，而且沒有一篇的成績低於 A-（滿分爲 A），也算比較罕見了。

不誇張地說，我的論文開掛之路，就始於 2009 年秋天與「三要素」的邂逅。「三要素寫作法」實際上是我的自行命名，因爲這項方法沒有官方名稱。「三要素」，指的是三個希臘語單字：ethos、pathos、logos，最早由哲學先賢亞里斯多德提出，屬於古希臘修辭學範疇。這三個詞譯成中文的意思分別是：

Ethos：人品訴求，或「可信」（對應英文單字 credibility）
Pathos：情感訴求，或「情感」（對應英文單字 emotion、empathy）
Logos：理性訴求，或「邏輯」（對應英文單字 logic、reasoning）

這個方法的精髓用一句話總結便是：如果想做一場精采演講，或寫出一篇高品質的文章，「三要素」的運用必不可少。下面我將結合實例，詳述三要素的概念與使用技巧。

第 1 小課　Ethos，可信

「可信度高」在絕大多數時候都是加分項，只有可信、靠譜了，才能說服別人、獲得認可。寫文章也不例外，作者必須讓自己和自己的文字有足夠可信度，文章才能站得住腳、服得了眾。

換句話說，我們在寫作時必須動用「ethos」，才可能讓讀者心悅誠服。先從讀者視角舉個簡單的例子：比如你想深入了解東非原始部落的文化習俗，現在有兩篇相關文章可選，一篇文章的作者是從沒去過非洲，僅在網上做了做功課、東拼西湊把文章寫完應付作業的某大學生；另一篇文章的作者，則是曾在肯亞（東非國家）一個部落做社會調查長達 3 年的歷史學家。

這兩位作者，誰更可信呢？毋庸置疑是後者。而做為讀者，我們自然也會選讀歷史學家的文章，因為他的「ethos值」很高。

因此，在寫某個主題／領域的文章時，提高ethos的一大做法，就是建立做為作者的可信度，從而讓讀者堅信不疑：嗯，這個作者和他寫的文字都很可信。

再從作者角度來舉例。比如你要寫一篇議論文，關於「高中生是否必須穿校服上學」這個話題。那麼，不管你是支持還是反對，一定會在文章裡討論這件事：穿校服上學，對高中生都有哪些益處（或危害）？

為了提高ethos，你可以在相關段落的開頭很自然地寫下這一句話：「××年前，當我還在A高中讀書時，就曾連續穿了三年校服，只因校規嚴格，著私服上學的違反者都要接受訓導處的訓誡……」

注意以上部分：短短二十多字，就巧妙地提升了作者的可信度。因為，作者亮出了身分——這個話題曾經的當事人，而不只是一個路人甲筆者。

再舉個例子，假設你要寫一篇「大學生與毒品」的文章。這是個有點沉重的話題，也需要相對較多的事例資料，才能讓內容有說服力。如果你在這個領域有相關經驗，就應該果斷地在文章中呈現出來，比如「在做研究生論文時，我曾對B市三所大學的總計××名本科生做過採訪調查，了解他們對毒品的看法。」

和上個例子類似，簡單一句話，就漂亮地把作者的可信度提高了一大截。除了直接提高作者的可信度，我們還應該有策略地提高觀點的可信度，而這之中非常有效的一個方法，便是引用充足的、高品質的例證和資料。

比如你正在寫一篇關於空氣汙染的文章，要闡述的一個觀點是「霧霾給我們的健康帶來了不良影響和長遠威脅」。如果你僅僅描述直觀感受，例如「一出門就嗓子發癢、老想咳嗽」，雖然不少讀者也會感同身受，但這畢竟只是一種感覺，並非令人信服的資料。

為了提高這個觀點的可信度，你可以引用權威資料。來看下面這段：「哈佛大學公共衛生學院證明，霧霾中的顆粒汙染物不僅會引發心肌梗塞，還會造成心肌缺血或損傷。美國調查了2.5萬名有心臟病或心臟不太好的人，發現PM 2.5每增加10微克／立方米後，病人死亡率會提高10%至27%。(註一)」

有了權威機構的權威研究資料，觀點的ethos瞬間就提高了不止一個檔

次。關於引用權威資料的例子多如牛毛，這裡就不贅述了，總之想立觀點、下結論之前，一定問自己這個問題：我是憑主觀感受得出這樣的結論呢，還是借用真實、有說服力的資料來論證？如果是後者，我該引述誰的資料、哪裡的資料，才能讓讀者足夠信服呢？

另一個提高可信度的方式，是引用名家之言「引經據典」。坦率地講，我並不算這種方法的擁護者。雖然我愛讀前輩大家的論著，但主要還是學習他們的思想智慧；在閱讀時摘抄名家的經典文字，也是因為欣賞、想模仿，並非在寫作時直接引用。

我見過不少朋友有個共同習慣，總喜歡寫：「×××曾經說過……」「正如×××說的……」在文章中高頻率地引用名人名言。雖然能為論點增加可信度，也凸顯自己閱讀甚廣，但用多了，未免喧賓奪主，甚至讓讀者產生「這人沒什麼主見，淨是套用別人說的話」的印象。因此引用名人名言對提高 ethos 有用，也能為文章增色，但一定別濫用。畢竟，你才是文章的主人，理應保有自己的觀點和特色。

第 2 小課　Pathos，情感

和 ethos 同等重要的是 pathos，對應英文的「emotion」和中文的「情感」一詞。也就是說，寫文章時一定不能少了感情色彩。在朗讀和演講時，我們要聲情並茂，寫作也是如此。文字清湯寡水不走心，就如同炒菜不入味、演戲不傳神。

要如何讓文字有感情呢？我記得耶魯寫作課的教授說過一句話：「Show, don't just tell.」翻譯成中文大概是：描述（或呈現），不要只是講述。平鋪直敘的文字一定缺乏感情，而一味地堆砌與情緒相關的形容詞，效果也未必會好，有時還適得其反。

在這裡舉幾個易懂的例子，比如在某篇關於預防青少年自殺的文章裡，有兩段話候選。如果你是讀者，哪一段會更觸動你的心弦呢？

選項 1：「每年都有成千上萬的花季少年以自殺的方式結束寶貴生命。在世界各地，青少年自殺悲劇事件每天都在上演。我認為，加強青少年心理

輔導至關重要。」

選項2：「我失去了我摯愛的兒子，他在三年前一個下著雨的早晨，割腕自殺。做為痛失孩子的母親，這些年我生不如死。加強青少年心理輔導，拯救在泥潭中的孩子們，不要再重演這樣的悲劇……」

很顯然，從pathos角度判斷，第二段話完勝第一段。寥寥數語便勾勒出了飽滿的情緒，令人痛惜。第一段話雖然包含了諸如「成千上萬」「寶貴生命」「悲劇」「至關重要」等語氣較強烈的詞，卻依然擺脫不了空洞感，也很難激發讀者的情緒。

又如，你要寫一篇有關醫護人員在前線與新冠肺炎疫情戰鬥的文章。下面兩段話，哪一段的情感更強烈呢？

選項1：疫情無情人有情。廣大醫護工作者放棄了與家人過年的機會，堅守一線與疫情抗爭。他們犧牲小家保大家，令人感動。

選項2：試問，在突如其來的疫情面前，哪有什麼「白衣天使」呢？不過是一群逆向而行的孩子，努力學著前輩的樣子，拚著命和死神搶人罷了。

第一段話用詞精準、表述流暢，沒毛病，可就是少了靈氣。相反，第二段的共情就做得好，不再正面歌頌「白衣天使」的崇高，而是通過「孩子」這樣更柔軟的類比，襯托出醫護人員的犧牲精神，更容易引發讀者對他們的心疼與尊敬。

通過上面的例子，大家理解「Show, don't just tell.」的含義了嗎？如果還有困惑，再看這個更淺顯的例子：

形容女生漂亮的描寫方法有不少。一種是簡單粗暴的形容詞羅列：她閉月羞花秀外慧中傾國傾城大家閨秀……這樣的寫法就是典型的「tell」（一味敘述），你覺得走心嗎？另一種是「show」（展示）：她的氣質清新恬淡。眼睛雖不大，卻含笑而有神。一對若隱若現的酒窩，更讓青春氣息撲面而來……對五官細節的勾勒，能引起讀者對女孩的好感情緒，一些讀者甚至還會「腦補」她的長相。

在文章裡加入恰到好處的pathos，就如同烹飪時用了分量剛好的佐料，

讓菜品更加入味。我在這裡用「恰到好處」這個詞,是要提醒大家,渲染情緒時一定得適度,不可言過其實。任何過度描述背後的不真誠,讀者都是能察覺到的。

第 3 小課　Logos,邏輯

「Logic is the an atomy of thought.」——英國哲學家約翰·洛克(John Locke)的這句話,「邏輯是對思想的剖析」道出了邏輯的重要性。

Logos,對應英文的「logic」和中文的「邏輯」。「邏輯」包羅萬象、含義深刻,在此不過多展開。說得通俗些,無論是演講還是寫作,如果我們想清晰、有條理地闡述觀點,以理服人,就不能丟了邏輯。講解「邏輯學」本身未免有些抽象,那麼換個相反的角度:在寫文章時,什麼樣的做法是「缺乏邏輯」呢?

我在國內外上學後觀察到的一個普遍現象是,中國學生(尤其是國內高中搞競賽的資優生)的腦子特別活、特別快,但這不見得全是好事。寫作時,腦子靈光的人就特別容易犯「跳步」的錯。做數學題時,能跳好幾步直達正解,固然令人欽佩豔羨;但寫作時如果忽略了論證的步驟,直達結論,或先拋出論點,卻不做詳細的闡述,就會給自己的文章減分了,也容易讓讀者一頭霧水。來看這句話:

老年人在心腦方面相對脆弱,有更高的病患風險,所以不建議他們去卡拉 OK。

這句話沒有文法毛病,意思似乎也表達得挺清楚,但從邏輯嚴謹度這個點來說,卻經不起深究。實際上,作者在「老年人心腦方面較弱」和「卡拉 OK」之間忽略了至少一步:為什麼老年人不該去卡拉 OK?因為卡拉 OK 做為聚集性娛樂場所,經常人聲鼎沸、氣氛熱鬧,再加上人們常在 KTV 消費酒精飲料、玩到深更半夜,而這些都可能對心腦血管產生衝擊,增加患上相關疾病的風險。

「跳步」是邏輯不嚴密的典型表現,而跳步發生的主要原因是作者做了

錯誤假設，認為讀者和自己一樣，也具備和論點相關的背景資訊或常識，所以這樣的作者在寫文章時會直達終點，忽略了必要的闡述。

許多人在寫作時常犯的另一個錯誤，是「邏輯不一」，也就是論點和例證矛盾。本來想說 A 好，卻有意或無意地說 A 壞了，搬起石頭砸自己的腳的例子數不勝數。比如本想描繪一個善良、有愛心的人物形象，卻在文章裡「不經意」地寫到他「對動物沒有耐心，還因嫌鄰居家的狗叫聲太大，把它拐出來賣給了商販」。

又如寫一名男子為了盡快將臨盆的妻子送到醫院生產，不惜在鬧市區闖紅燈超速駕車這件事。作者的觀點是，「男子為了想要妻子平安生產而違規駕駛，情況特殊，不應被處罰」，然後寫了下面這段話：

誠然，在鬧市區超速駕駛經常會導致致命事故，但該男子的此次違規實屬無奈，情有可原，因為他的妻子在醫院生產比在車裡要安全得多。

這個表述出邏輯問題了嗎？是的，因為前半句的陳述和作者論點（盡快趕到醫院才能保平安）矛盾了——既然男子在超速駕駛時出事故的概率顯著提高，如果真的碰上車禍，妻子豈不是更不安全了嗎？

第一個例子裡的錯誤也許還比較低級，但第二個例子中的邏輯問題卻普遍存在。如何在寫作時提高邏輯性、做到邏輯清晰有條理呢？我會用這兩個簡單的辦法：

首先是別怕麻煩、別偷懶，下筆前一定列好提綱。我們畢竟不是能出口成章的文豪，如果沒想清楚就動筆，便可能出現邏輯混亂、內容走偏等問題。不管是寫議論文還是記敘文、是文學創作還是非虛構描寫，我都會仔細地在紙上釐清提綱，規畫好：

· 文章的中心思想／主旨是什麼？
· 論點有幾個、分別是什麼？
· 如何謀篇布局？哪個論點在前，哪個在後？
· 如何開篇、怎麼收尾？

除了純文字提綱，同學們還可以做更直觀的圖文提綱。比如現在要寫一篇三段論作文，我就會用下面的範本：

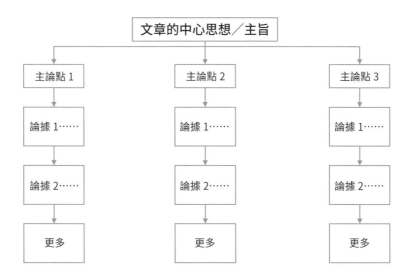

第二個確保邏輯縝密的作法，是在動筆前就收集好所有寫作素材，然後逐一評估，擇優選擇其中最能支持文章論點的材料，將次重要的以及可能和寫作內容出現邏輯矛盾的素材棄之不用。

無論是寫隨筆還是論文，我都會在動筆前至少抽 10 分鐘全面檢視素材，只留用其中最嚴謹而有說服力的材料。如下圖所示，假設你要闡述「某人創業成功的原因」，在動筆前搜集資料時，你可能找到了不下 20 個原因，但寫文章時一定不能面面俱到，而是選擇其中最重要、最符合中心思想的若干個原因進行詳述。

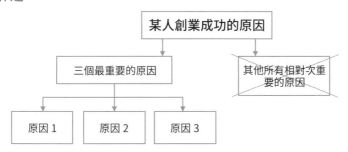

什麼樣的素材是「嚴謹而有說服力」的呢？這又要回到上面說過的 ethos 了。一般而言，我傾向於使用官方資料和客觀事實，而不是未經驗證的一家之言。只有確鑿的素材才能強有力地支援論點，讓文章邏輯更嚴密。

有些同學很苦惱：「我天生邏輯不行，做事、做題、寫文章都容易沒條理，要怎麼辦啊？」

我的建議只有一條：買一些與邏輯訓練相關的書，日常擠時間多學多練。在考 GMAT（美國商學院入學考試）前，為了提高邏輯能力，我特意買了難度更大的 LSAT（美國法學院入學考試）的邏輯題冊，擠時間練習。從起初的錯誤率過半，到最後幾乎閉著眼都能做對 95％以上，我的邏輯思維能力在短時間內突飛猛進。

實際上，要想寫出一篇優秀的文章，ethos、pathos 和 logos 三者缺一不可。如果作者在行文時邏輯混亂（logos 不達標），文章的可信度就會大打折扣（ethos 不達標）；如果通篇只有縝密而理性的敘述（ethos 和 logos 兼備），卻冰冷生硬、毫無感情色彩（缺失 pathos），讀者也很難被文章打動。相反，盡是感性、沒有理性，同樣是行不通的。

三要素寫作的關鍵，是在合適的段落配用合適的要素，讓文章既縝密清晰又具備恰到好處的共情力。

最後向大家推薦電影《十二怒漢》。在哈佛商學院的領導力課堂上，我就曾通過這部好萊塢經典，深度地學習了三要素在寫作和談判中發揮的重要作用。

（註一）此段引述摘自 https://www.sohu.com/a/211770085_284136

本課核心方法回顧

若想寫好文章，只關注文法正確和措辭通順並不夠，還需要更進一步地在合適的地方融入 ethos、pathos 和 logos 這三項「寫作精進」要素。

可信（ethos）：

通過引用確鑿的資料、權威之言等方式，提高作者本身、觀點和文字的可信度。

情感（pathos）：

「Show, don't just tell.」，用調動讀者情緒、情感的表述替換平鋪直敘，以提高文章的共鳴力、共情力。

邏輯（logos）：

從論據到結論之間不可輕易地跳步，更要提防論據與論點的自相矛盾。只有邏輯清晰、論證嚴謹的文字，才可能具備較高的可信度。

第20課
LEO 解讀 SMART 原則法：
制訂切實可行的計畫，達成人生目標

　　哈佛商學院的第一節課，教授向大家拋出了一個言簡意賅的問題：「從哈佛畢業後，你們的人生目標是什麼？」

　　我當時剛好把幾位同學的回答記在了筆記本上：

　　「我要讓愛充滿生活，做一個有愛的人。」

　　「老實說，我首先還是希望實現財務自由，然後不留遺憾地度過餘生。」

　　「我希望能為撒哈拉以南非洲的醫療衛生改革做出貢獻，第一步就是回到肯亞，加入我們國家和醫療相關的政府部門……」

　　教授聽罷微笑著點頭：「大家回答得都不錯。我為哈佛招生辦公室的老師們感到高興，他們沒看走眼，沒選錯人！」接著他話鋒一轉，說：「哈佛學生可能是世界上最聰明（smart）的一群人，不過呢，幾位同學的回答還不能算太『聰明』（smart）。不是說你們的人生目標不好，而是──大家意識到了嗎──除了最後一位同學關於醫療改革的回答相對具體以外，其他的回答都有些空泛了。

　　當然，也和我剛才的措辭方式有關，本來就問得有點寬泛嘛，不怪大家。今天是同學們在哈佛商學院的第一堂課，我想把一個聰明的制訂目標的方法教給聰明的你們。這個方法叫作：SMART 原則法。」

這個設置目標的方法，就成了我在哈佛收到的第一份乾貨。從那以後，幾乎每次規畫新的目標時，我都會讓 SMART 原則做為自己的參謀。

SMART 原則法源自「現代管理學之父」彼得·杜拉克在其著作中有關目標管理（Management by Objectives，簡稱 MBO）的論述。「SMART」是一個縮略語，代表五個形容詞，分別是：

S：Specific，具體的、明確的
M：Measurable，可量化的、可度量的
A：Attainable，可達到的、可實現的
R：Relevant，相關的、有關的
T：Time-bound，有時效的、有時限的

用一句話通俗地概括 SMART 原則法的精髓便是：制訂目標時，要充分考慮以上五大方面。這個方法由管理學大師最早提出，主要的應用場景自然也是商業、企業和員工管理中的目標制訂工作，但 SMART 原則法同樣適用於學習場景。下面，我就將舉例講解五個字母的含義，以及我們該如何相應地設置學習目標。

S：Specific，具體的、明確的

這個詞是 SMART 原則的總起和高度概括。

什麼是有效的好目標？一句話回答：**這個目標必須盡量具體，盡量多一些關於時間、範圍、地點等的定語。**

越具體、務實的目標，執行起來心裡就會越有底，獲得的結果也會越清晰、越明確。如果一個目標過於空泛，也許它都不該被稱做「目標」，只能算「夢想」。回到文章開頭的例子，第一個同學的目標是「讓人生充滿愛」，雖然這個回答肯定沒什麼錯，但「充滿」和「愛」都是比較抽象的概念，也就導致這個目標過於虛幻，無法為接下去的執行提供很清晰的路徑指導。

再舉個很簡單的例子。很多同學說：我要提高英語水準！這麼說本身沒毛病，但究竟要提高到什麼程度？在什麼樣的時間維度之內？這些資訊在這個目標陳述句裡統統缺失，也就無法滿足「specific」的原則。

如果你說，「我要提高英語水準，今年 12 月之前拿到雅思 7 分，其中口語部分至少得 7.5 分」，這個目標就變得具象、明確了許多，也就達到了「specific」的要求。

M：Measurable，可量化的、可度量的

文章開頭第二個同學的回答是「實現財務自由」，我相信這也是很多讀者的共同訴求。不過，「財務自由」該如何定義？到底要有多少身家，才能算財務自由呢？

這就引出了 SMART 原則法的第二項要求：**一個好的目標，必須是可量化、可度量的**。如何量化「財務自由」？最直接的方式自然是定一個具體數額。比如「我要實現財務自由，在退休前現金存款達到至少兩億元」。這個數位就好比是實現目標過程中的指路燈塔，讓為之奮鬥的人有了明確的參考。

回到上一段「提高英語水準」的例子大家會發現：如果達到了 M 這項要求，往往也同時讓目標變得更 specific 了。沒錯，滿足 M、A、R、T 中的任意一項或幾項，都能使目標變得更加清晰、具象、明確。

A：Attainable，可達到的、可實現的

我們都知道，學習、工作時不可好高騖遠。在設定目標時也是如此──切忌把目標定得高不可攀。我們確實要仰望星空，但更應該腳踏實地。SMART 原則法中的「A」說的也是同一回事：好目標首先應該切合實際，是我們經過努力之後確實有機會實現的目標，而非可望而不可即的海市蜃樓。

還是以學英語舉例。假如你剛學會了英語的 26 個字母，卻希望在 3 個月內考過托福 110 分以上，這個目標可能實現嗎？幾乎無異於癡人說夢，縱使躊躇滿志、不眠不休地惡補英語，到頭來也很可能是竹籃打水一場空。

所以，我們在設置目標時一定要循序漸進、一步一個腳印踏踏實實地提高。制訂任何學習目標時，都要客觀地結合自己當下的進度和能力。對於剛掌握英語 26 個字母的初學者，也許在 3 個月內背會至少 300 個單字才是更「Attainable」的目標。

R：Relevant，相關的、有關的

不管是制訂每日 To-do list 上的小目標，還是設計關乎未來數年的大目標，我們都要提防「跑題」。

「跑題」通常是指寫作文時，論點、論據偏離了中心思想。而目標設定時的跑題，指的是目標偏離了當下的人生主軸、優先順序最高的事情、你最想達到的「詩和遠方」。

設置目標時不跑題的要求看似簡單，卻是很多人做得最不好的一面，因為生活中總充斥著各種干擾項和誘惑，而人們又缺乏足夠強的定力去約束和引導自己走直線、不跑偏。

比如你兩週後要考研，那麼這 14 天裡最重要的事便是「備戰考研」，其他大多數事項都該靠邊。如果你清楚考研對自己有多重要，就應該在每天的 To-do list 裡制訂和考研直接相關的大、小目標。如果你定了諸如「週末前讀完 ×× 小說」等和考研一點關係都沒有的 To-do，就是跑偏了。為了不重要的小目標而耗費時間、精力，都可能會導致你在考研中多錯題、多丟分。

滿足「Relevant」這個要求並不難。在制訂目標時，我習慣問自己這些問題：對我來說，當前優先順序最高的事情／大方向是什麼？為什麼要設置這個目標？和我的大方向、大目標相關嗎？能幫我離大的理想更進一步嗎？

總之，要時刻記著：什麼才是對自己最重要的。

T：Time-bound，有時效的、有時限的

最後一個原則更容易理解：定目標時別忘了考慮「時間」這一維度。如果一項目標沒了截止日期的約束，就喪失了至少一半的意義。難道什麼事你都可以待到山花爛漫、猴年馬月之時，才慢條斯理地做完嗎？當然不是。

如果在完成目標的過程中忽略了時間管理，就可能使機會成本不斷地增加，進而導致焦慮等負面情緒的產生。

我經常聽周圍的人說：「不行不行，玩手機上癮了，我要趕緊恢復閱讀了！」很多人說完這話就沒了下文，一是因為當時也僅是「說說而已」，根本沒有真正實現的動力；二是因為沒有「Time-bound」——如果缺了一個明確的時限，又怎能給自己增加緊迫感呢？

如果把目標定成：「今年我要重拾閱讀，在年底前總計讀完 30 本書。具體來說，上半年結束前要讀完至少 12 本，下半年結束前要至少再讀完另外 18 本。」這樣的目標就具有了時效性，也就變成清晰、有效的好目標了。

最近在讀書時，我還發現了一個 SMART 原則的創新變體，很有意思，在這裡也一併分享給大家。不過下面版本的五個維度過於激進，表述也不如原版具象，尤其是 S、M 和 A 的意思有些重疊，所以我更建議大家遵循上面介紹的經典版 SMART 原則。

S：Stretching，延伸的、更高要求的／具有挑戰性的
M：Motivational，激勵人的、給人動力的
A：Ambitious，野心勃勃的、雄心壯志的
R：Rewarding，有收益的、有回報的
T：Trackable，可追蹤的、可跟進的（和原本「Measurable」的意思相近）

文章最後，給各位留一道家庭作業：
選擇最近對自己很重要的一項目標，試著用 SMART 原則法對其進行優化。

Good luck ！

第 21 課
LEO 解讀 OKR 工作法：
設置有挑戰性的目標，定期檢查進度

　　上一課介紹的 SMART 原則法，給你留下最深印象的元素是哪一個？Specific、Measurable、Attainable、Relevant，還是 Time-bound ？在哈佛商學院課堂上首次接觸這個方法時，最引起我注意的是「Attainable」這個詞。

　　當時，作為一個習慣了對自己苛刻要求、不輕信任何經典理論的批判性思考者，我對於「Attainable」是持一些保留意見的。課後，我向教授發問：「從小我們就知道要志存高遠，有野心是一件好事。可 SMART 原則法裡的 Attainable 卻建議我們制訂『可以實現』的目標，這是否有些過於保守？是否會導致一些人不敢跳脫舒適圈，只為了求穩而給自己布置容易完成的目標呢？」

　　「Leo，你問了一個很棒的問題！沒錯，正如凡事都有兩面性一樣，Attainable 也是一把『雙刃劍』。讓人制訂比較現實的目標，是否可能導致對自己降低要求這樣的情況出現呢？確實有可能。這取決於你具體如何詮釋『Attainable』這個詞。所以我們要辯證地解讀和運用 SMART 原則法、尋找最適合自己的平衡點 —— 如何既提高目標完成的勝算，又能推自己一把、接受更多的挑戰呢？這是大家都必須思考的問題。」

　　教授愉快地解答了我的疑惑，接著推薦了另一個制訂目標的方法：「如果你有興趣做更多探索，我建議你讀一讀領英資深產品經理克里絲蒂娜·沃德科的《OKR 工作法》，裡面介紹了一種比 SMART 更令人激動的目標設計

方法……」

　　數週後的感恩節假期，我抽空讀了教授推薦的這本書。MBA 二年級時有次研討 Google 的案例，我又從互聯網公司發展的視角，重溫了這個叫做「OKR」的方法。

　　一年多後的今天，我已經把 OKR 工作法「布道」給了公司團隊的每一位成員；也要藉寫書的契機，向各位推薦這個同樣適用於學習領域的目標管理好方法。

　　OKR 的全稱是 objectives & key results，中文翻譯為「目標和關鍵結果」。這個方法發源於英特爾公司，後來逐漸在矽谷互聯網巨頭乃至全球各大企業中流行開來，最著名的例子應屬 Google 員工對 OKR 方法的應用。

　　OKR 和 SMART 原則同屬目標制訂範疇的好方法，它們的差異體現在哪些方面呢？

　　首先，SMART 原則著重於「goal setting」（目標制訂），而 OKR 法則更往下游延伸——objectives 關乎目標，key results 關乎之後的執行和結果。

　　另外，就像上面提到的，OKR 法較 SMART 原則更激進。SMART 原則強調制訂目標時的踏實、合理與審慎（Attainable，可實現的），而 OKR 法的核心精神是：定下的目標一定要「振奮人心」。

　　為什麼 O 要 exciting 呢？我認為跟 OKR 法的起源有關：網路公司在早期發展時必須充滿狼性，才能抓住機遇、抵禦挑戰、快速發展，最終成為行業中的領軍企業。因此，訂立的目標不能太「水」、太穩，而是要讓人腎上腺素激增、幹勁爆棚。什麼樣的目標是「激動人心」的？舉個簡單例子：

常規目標：今年背完 3000 個日語單字。
狼性目標：完成日語能力提升的目標（包括增加詞彙量），春節假期到日本無溝通障礙跨年旅遊。

　　稍加對比，兩個目標的差異一目了然：常規目標是量化的（有具體數字）、清晰的，但缺乏一種刺激情緒的「延伸」和目標完成後的結果暗示——背完 3000 個日語單字後，又會怎樣呢？

　　符合 OKR 要求的狼性目標雖然未必包含具體數位，但亮點在後半部分，

「無溝通障礙，到日本旅遊」。

這項日語學好之後的重要收穫，將激發人的學習幹勁和對未來的美好憧憬──第一層：「待我語言能力通關，和日本人交流便不在話下了」；第二層：「待我語言能力通關，我要獎勵辛苦完成目標的自己去日本跨年」。

同學們不妨嘗試將 SMART 原則法和 OKR 結合使用，不但讓目標清晰可量化，還能加上一些「激情元素」，把自己的幹勁充分調動起來。

Google、英特爾這些大公司的員工都如何訂立激動人心的目標呢？這裡不再贅述，感興趣的話可以讀一讀專講 OKR 的好書（比如上面哈佛教授的推薦）。

OKR 法的第二部分是 key results，也就是「檢驗目標是否達成的關鍵結果」。確定了 O 之後，你必須給自己布置若干項 KR，才算善始善終地走完了從目標到結果的全過程。

什麼樣的 KR 符合 OKR 法的要求？基於《OKR 工作法》的閱讀筆記和哈佛課堂所學，我認為這幾點最重要：

關於 KR 的難度值

我的總結是：不要「safety」，也不要「impossible」，而要「reach & stretch」。

safety 指不具挑戰、能夠輕鬆實現的關鍵結果，難度值偏低，無法滿足「激動人心」這個基本要求；impossible 是另一個極端，難度太大、遠超個人能力範圍，作為 KR 也不適合，屢次失敗後還可能挫敗鬥志。

而 reach & stretch 的意思是具有一定難度、需要憑藉努力才可能達成的關鍵結果，這樣的 KR 最能激勵人付諸行動、不斷進步。舉一個職場例子：一名具備數年經驗的銷售經理為自己制訂新年工作目標：

背景資訊 1：去年全年，她完成了 300 萬元的銷售業績。

背景資訊 2：今年宏觀經濟環境和公司業務發展均向好，且這名銷售經理將繼續以正常狀態全職工作。

下面來看三種不同情形的 KR：

Safety：今年完成至少 200 萬元的銷售業績。點評：目標偏低，太過容易。

Impossible：今年完成 1 億元的銷售業績。點評：目標過高，不切實際。

Reach&Stretch：今年至少要超過去年，爭取完成 500 萬元甚至翻番（600 萬元）的銷售業績。點評：目標適合，振奮人心，可以作爲 KR。

關於 KR 的數量

針對一個目標，建議列 3 至 5 項 KR 即可。太少了可能導致 O 和 KR 混淆，或因爲 KR 不夠而喪失經過努力而可實現的目標和行動指引；太多了則容易顧此失彼、優先順序難辨。

以我本人爲例：

Objective：成爲哈佛商學院最出色的 MBA 學生之一[註一]。

KR1：（學業）MBA 一年級的十門期末考試中，至少六門拿到「一等成績」；二年級的十二門期末考試中，至少九門獲得「一等成績」[註二]。

KR2：（社會關懷）每月至少參與一次波士頓市／哈佛大學的志願者服務活動，爲弱勢群體提供必要的幫助。

KR3：（校園影響力）成爲哈佛商學院某個學生社團的骨幹成員，組織至少三場有影響力的、惠及哈佛師生的活動。

KR4：（課外成就）課餘時間堅持寫作，在哈佛求學期間至少完成一本書的全稿。

KR5：（課外成就）課餘時間堅持培育「學長 LEO」文教平臺，從哈佛畢業前的總用戶數突破 500 萬人。

關於 KR 的元素

上面提到，「O」一定要振奮人心，不一定非常具象。但「KR」作爲「結果」，必須可量化（使用數位），同時還應搭配具體的時間節點和效果價值。

可量化：KR 切忌虛頭巴腦，盡可能用數字輔助描述。比如「較前年增加 100%」「在××考試中至少得到××分」等。

時間節點：設置 KR 之後，必須定期檢查進度、按時複盤，沒有時間框

架的 KR 是缺失了靈魂的。如果可行，盡量給每項 KR 規定起始和終止時間，越精確越好，以督促自己緊湊起來。比如「在本月結束前……」「在本週五下午 2 點前……」

效果價值：這是我的自造詞。思考每項 KR 時，我們都該問自己：這項關鍵結果達成後能產生何種影響、帶來什麼價值？用兩個英語詞總結便是：「impact」和「value」。

缺乏「效果價值」的 KR：今年出版兩本書，每本銷量 10 萬冊以上。

搭配「效果價值」的 KR：今年出版兩本書，每本銷量 10 萬冊以上。**幫助至少 15 萬讀者解決學習困惑；入選當當網和京東網等平臺的「年度影響力好書」**（加粗的部分就是「效果價值」闡述）。

關於 KR 的階段性複盤

除了根據每項 KR 對應的時間節點確認進度，（是否完成？）我也建議大家做固定的階段性複盤，比如每週／每月／每季度一次，從而了解：

- 當前的 KR 進展到了什麼程度、完成多少了（可用百分比衡量）？
- 是否遇到瓶頸／突發狀況，導致某項 KR 明顯滯後？
- 是否出現更新情況，需要刪除／添加／修改 KR？
- 如果是，這種情況的性質和原因是什麼？是否不可抗？

吳軍博士在《見識》一書中也提到了 OKR 法，還分享了自己的 OKR 使用範本，尤其適用於 OKR 的階段性複盤。我自己也很推崇 OKR 工作法。對我的 OKR 工作法感興趣的同學，可以關注微信公眾號「學長 LEO」（ID：leozheyuanli），回覆關鍵字「OKR 工作法」，即可查看我的 OKR 使用範本。

留心思考的同學們可能已經發現，「關鍵結果」本質上也是一種目標，一種需要執行和完成的「To-do」，和 OKR 法的「目標」乃至我在前面篇章裡介紹的各種「目標」都是一脈相承的。大家可以結合自身情況，選擇最合適的一種或幾種方法使用起來。

（註一）「出色」是有一定主觀性的形容詞，每個人的詮釋都不同。下面的 KR 能部分反映我對「出色」的理解。

（註二）哈佛商學院課程的期末考試通常分爲四等：

第一等：成績在全班排前 10% 至 15% 的學生，是哈佛 MBA 最優秀的一檔成績。

第二等：成績在全班排 16% 至 85%，是哈佛 MBA 最普遍的一檔成績。

第三等：全班成績末尾的 15%，是哈佛 MBA 較差的一檔成績。

第四等：「不及格」，在哈佛 MBA 課程中比較少見，但如果學生大量缺勤、經常無法完成作業／論文或階段考試被當，則很可能被歸爲這一檔，嚴重者需重修課程，甚至被勸退。

第22課
LEO 解讀五步法：
診斷問題，制訂方案，實現進化

　　這本書寫到這裡，我已經分門別類地詳述了上百個讓自己獲益的學習精進方法。接下來要介紹的方法尤其厲害——從個人角度而言，它是由我十分欽佩的一位影響力人物提出的（他排在我的榜樣 Top3）。

　　從客觀方法角度來說，它是一個縱覽全域、涵蓋多個元素的「綜合流程式」方法，適用於學生、職場人等不同角色，已經給許多人的奮鬥人生提供了重要指導。

　　這個方法，就是由橋水避險基金創始人瑞・達利歐提出的「五步法」。2009 年讀大一時，我在耶魯的校園講座上首次見到了達利歐。那時他創辦的橋水避險基金（The Bridgewater Associates）已經被譽為世界頭號對沖基金，投資收益率連續多年傲視群雄，是「神」一般的存在。

　　相較於驕人的投資業績，達利歐更讓人欣賞的是他對工作和生活永無止境的思考。他會賺錢，卻沒有金融大鱷身上常有的物質感和銅臭味。從那天起，我就被智慧卻謙遜的達利歐圈粉了，此後的許多年裡，也常抽空閱讀他在社交平臺上的分享。

　　2017 年，達利歐將多年的思考和經驗濃縮成現象級暢銷書《原則》出版。做為哈佛商學院的校友，他特地將一批簽名版送給了哈佛在讀 MBA 學生，我也有幸收到了一本，幾天工夫就不眠不休地讀完了。五步法便是達利歐在《原則》中分享的做事哲學之一，後來還被收錄進哈佛領導力課程的案例材

料。

　《原則》中和五步法有關的內容在〈用五步流程實現你的人生願望〉一篇中，感興趣的朋友可以移步精讀——很高興在自己的書裡推薦榜樣的著作。

　不過，也請允許我班門弄斧一把，以自己的視角、結合不同案例場景，向各位介紹五步法的概念與應用，相信會對大家有些幫助。五步法都包括哪五步？直接援引《原則》裡的敘述：

　第一步：有明確的目標。
　第二步：找到阻礙你實現這些目標的問題，並且不容忍問題。
　第三步：準確診斷問題，找到問題的根源。
　第四步：規畫可以解決問題的方案。
　第五步：做一切必要的事來踐行這些方案，實現成果。

　粗淺讀來，這套流程簡單直白，不具新意。但大道至簡，有用的經典方法，也常常貌不驚人、樸實無華。一套五步法，就可以將我在本書中講解的諸多學習方法一併串聯，讓它們在五個步驟裡發揮效力，助你一臂之力。下面，我就將這個方法拆分成五步，一一介紹。

擁有清晰的目標

　一切收穫和成功的緣起，必定是一個清晰、篤定、令人心甘情願為之努力的目標。

　這些年一路走來，我慶幸自己一直和目標形影不離，從未走散。有目標的感覺，就是心裡有底，就是充滿希望地去努力，就是在不同境遇裡都能對自己說：「嗯，我還在為了一件事努力著，我的生活依然充滿希望，縱使有時也會挫敗，也會覺得很難。」

　曾經讀到一句走心的話，也分享給各位：「走得最慢的人，只要他不喪失目標，也比漫無目的徘徊的人走得快。」

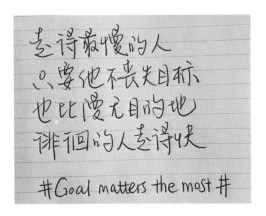

走得最慢的人
只要他不丟失目標
也比漫无目的地
徘徊的人走得快

#Goal matters the most #

　　達利歐在《原則》中對「有明確的目標」這一步有近十條詮釋，我在這裡結合其中精髓，總結自己認為最重要的幾點：

確立目標優先順序，專注於「屈指可數」的幾個目標

　　我們要接受一個令人無奈的事實：不管我們多麼努力、高效，時間和精力仍是有限的。這意味著，我們必須懂得克制和取捨，不可貪得無厭、什麼都想得到。如果給自己設立了太多目標，則容易焦頭爛額、狼狽不堪，最終連一個目標都實現不了。

　　英文裡有句話叫 Less is more（少即是多），相信很多同學都聽過。但真正能做到心無旁騖、專注地追求 1 至 2 個高優先順序目標的人卻並不多。

　　在這裡必須承認，我時不時也會過度樂觀地相信自己多工處理的能力，在有限的時間裡安排了太多工。雖然通過加倍努力和熬夜，經常能得償所願，但對身體和心力的損耗已經真切地發生了，也許會影響自己長期、可持續的發展，因此寫下這段文字，也是給自己敲響警鐘，同各位共勉，一起明確優先順序，更好地專注於最重要的目標。

目標經常和欲望相悖，只有你能決定自己更想要哪一個

　　這一點毋須多言，大家也能明白，但我依然要單拎出來強調，因為很多人沒有畫清二者界限，並只取其一的魄力與決心。

　　無數人想通過運動健身獲得健美身材，這是「目標」，但同時，他們又

經不住美食的誘惑，宵夜、零食照吃不誤，這是「欲望」。

很顯然在這個例子裡，欲望會阻撓目標。如果你認為味蕾享受與及時行樂對自己更重要，也不是不可以選擇「欲望」；可問題是你又割捨不下變美、變健康的「目標」，於是在二者之間游移不決，最終結果很可能是欲望沒滿足，目標也沒實現。

對於選擇什麼樣的人生狀態與軌跡，你才是真正的決策者。魚與熊掌不可兼得，欲望和目標到底要哪一個，我建議你盡快考慮清楚，果斷地做好決定，然後不要再糾結、後悔。如果選擇了目標，那麼就咬牙忍受無欲、好好奮鬥，直到目標實現的那一天，體會成功的甘甜。

永遠不要妄自菲薄、不敢嘗試

在制訂目標時，永遠不要輕易地對自己說：「還是算了吧，這目標不現實，我不行。」

你沒試過，憑什麼妄自菲薄、隨便打退堂鼓？平庸，很多時候是安於現狀、不敢突破的心態造成的。如果你想讓人生有些不同，就要敢於設置突破自己當下能力的目標。

好目標是 Smart（聰明）的

在前面我介紹了杜拉克提出的 SMART 原則法。大家在制訂目標時不妨實踐一下，讓五個維度來當你的參謀，相信你能設計出清晰的好目標。

發現可能阻止你實現目標的問題，不要容忍它們

實現目標的過程當然不可能一片坦途。很多同學想少費力、不吃苦便實現升學目標，這種心願倒也無可厚非，畢竟人都有趨向安逸享樂的本性。不過我要說，如果總是不費吹灰之力便如願以償，人生也就太無趣了吧？有時候，好好擠一把、折騰一下，才能給你更全面、厚重和充滿成就感的人生體驗。

達利歐五步法的第二步說，我們要發現一切可能阻止自己實現目標的問

題，並且絕不姑息。原文中的「problems」一詞含義比較寬泛，我認爲可以指代一切可能遭遇的路障、阻礙，以及實現目標過程中的所有必辦事項。

追逐目標，也很像遊戲中的打怪獸闖關升級。如果能擁有「與問題鬥，其樂無窮」的心態，那麼不管遇到什麼問題，我們都能兵來將擋水來土掩、關關難過關關過。再把第二步的精髓提煉成下面三點：

分清主次，優先解決更重要的問題

如何界定一個問題的「重要性」？我建議從這兩方面來評估：第一，如果不及時解決，是否成爲阻礙目標實現的瓶頸？是否一日不解決，之後的步驟就沒法開展？第二，如果問題得以解決，是否會加速階段性的進展？

還是以英語考試爲例：假如一個學生想考托福 100 分以上，單字量就會是目標實現前的一大問題。如果單字不過關，閱讀、聽力、口語和寫作四個模組都會受阻，拿 100 分以上的目標也將暫時不可及。

我在這裡再提出一個概念：「問題解決回報率」——假設花費同樣的努力來應對問題 A 和問題 B，如果解決問題 A 對實現目標所做的「貢獻」大於問題 B，那麼前者的「問題解決回報率」就高於後者，相應地，問題 A 的優先順序也更高。當然，這並非一個嚴謹的數學公式，大家在使用時也應該具體場景具體分析。

不是每個問題都需要由自己解決

有時我們該學會借力、借勢，因爲術業有專攻，對於一些問題，可能我們確實無能爲力；另一種情況是，即使可以自己搞定，也沒必要親力親爲，而是該把寶貴的時間、精力用在更重要的事項上。

比如經營公司時必然應對各種法律事務，如果你不是法學出身，也許就沒必要花工夫鑽研法律門道，而是直接聘請專業律師來解決問題即可。

全面考量，盡可能多地發現問題

任何問題不管大小，都可能成爲我們最終無法實現目標的致命傷。

大家都有過這樣的經歷：本以爲所有問題都已得到妥善解決，只待大功告成，卻突然遭遇意想不到的差錯，導致計畫最終流產，令人懊悔不已。要

想避免這樣的情況發生，就該進行周密考慮，看清全域、不留漏網之魚。

每多發現一個問題時，不要自覺沮喪或畏難

將問題看成一次難得的進步機會，解決問題時一定會苦心志、勞筋骨，但這個過程也往往最鍛鍊能力，也會助你離目標越來越近。

準確診斷這些問題的成因

這是相對難理解的一步。一些同學可能會疑惑：在第二步不是已經發現了可能阻礙目標實現的問題嗎？接下來不該是著手解決問題、推動進程嗎？

且慢。我想請你追問自己以下幾個問題：我對已經發現的這些問題有多熟悉？是否對它們的成因瞭若指掌了？我是否已經深思熟慮過？知道該用哪種方式解決這些問題，並且對這種方式很有把握了？

我相信，大多數同學都沒法立刻胸有成竹地給出答案。因此第三步：診斷問題的根本原因，就非常有必要了。古語「三思而後行」，英文裡也有「Think before you leap.」這句諺語，說的都是同一個道理：只有經過深度思考，全面分析某件事之後（比如這裡討論的「問題」），才有可能得出最優解決方案。

達利歐在闡述這一步時，提出了直接／表層原因和根本原因的概念，提醒讀者們在做成因分析時，一定要沉得住氣、多挖幾層，直到發現根本原因為止，而不是淺嘗輒止，把一個直接／表層原因誤認為問題的根源。

書中舉了一個很形象的例子：問題本身是「錯過了火車」，那麼這個問題的直接／表層原因和根本原因分別是什麼呢？

直接／表層原因：我錯過了火車，因為我忘了查列車時刻表。
根本原因：我錯過了火車，因為我健忘。

看出來了嗎？從根本原因能衍生出表層原因（健忘→沒查列車時刻表），進而導致問題的發生（沒查列車時刻表→錯過了火車）。

換句話說，根本原因如同真正的疾病，而表層原因充其量只能算一個症狀罷了。如果我們錯把表層原因當成了根本原因，那麼相應的解決方案就可能會治標不治本，也無法徹底解決問題。

　　該如何探尋根本原因呢？建議大家回讀第 9 課（92 頁），重溫「魚骨圖分析法」這個方法。

設計說明你實現目標的明確計畫與步驟

　　明確了目標、發現並診斷了在實現目標前可能阻礙進程的問題後，下一步便是制訂完整詳細的執行計畫了。在哈佛商學院研討案例時，我們幾乎每次都要認真地思考一個問題：

這家公司的藍本／行動計畫是什麼？

　　無論是商界還是學業，要想解決問題，都最好有一套周密計畫的指引。一定別高估了自己的直覺和經驗，別總相信「摸著石頭過河就好，船到橋頭自然直，條條大路通羅馬」。

　　這些年我一路過關斬將，進大學入職場再重返校園、經營公司，在對待每一個關鍵目標時，我從沒怠慢過一回，每每都留出充分的時間制訂計畫，從不敢「跟著感覺走」，以防在過程中偏了航向、迷了路。

　　如何制訂一個明確的計畫呢？達利歐在書中提到，把方案設想成一個電影劇本，從總框架出發，然後循序漸進，定好每一項具體任務和相對應的時間線。

　　是否覺得這個觀點似曾相識？如果你認真閱讀了本書第 9 課（92 頁）和第 17 課（188 頁），應該能回憶起我介紹的月計畫／週計畫範本、日常 To-do list，以及金字塔原理法。

　　實際上，在為目標制訂計畫時，達利歐的「電影劇本設計法」和這幾個方法是一脈相承的，都是由總到分、從宏觀到微觀的邏輯方式。

　　在制訂計畫時，我通常會把兩種線索結合起來思考。一是以「問題」為

線索：將第二、第三步總結出的問題根據優先順序排序，仔細地理出解決每個問題需要的所有步驟；另一種是以「時間」為線索：在實現目標前，總共有多少可支配的時間？解決每個問題大致需要多久？解決每個問題下分的具體步驟又大概需要多久？先開始解決哪一（幾）個問題（通常情況下，優先順序高的問題優先安排）？

以應聘為例。比如你的目標是拿到投資銀行 A 暑期實習專案的 Offer。在實現目標前，有這幾個問題必須解決（因篇幅有限，簡化為三大點）：

1. 準備一份有說服力的個人簡歷和求職信
2. 網路申請：完成線上申請的全套材料並提交
3. 面試：熟悉和練習回答面試中可能出現的各種題目，包括技能類和個人綜合素質類；現場參加面試

接下來如何制訂計畫呢？可以參考下面幾步：

1. 確認問題優先順序

在這個簡化例子裡，問題優先順序的一大評估因素是時間緊急程度。很顯然，問題 1 ＞問題 2 ＞問題 3，因為只有把個人資料（簡歷 & 求職信）準備好了，才可能上傳到申請系統，完成申請，而只有網路申請通過了，才可能被選入面試。

2. 確認總的可支配時間和分配給每個問題的時間

假設現在是 9 月中旬，投資銀行一般會在 12 月中旬發出錄用通知，則總的可支配時間是 3 個月。

假設網路申請的截止投遞日期是 9 月的最後一天，則第一個「階段可支配時間」是半個月。在步驟 1 裡，我們已經確認「準備個人資料」的優先順序較高，那麼這半個月的至少前半段時間（比如一週），都應主要用來解決這個問題。

3. 確認解決某一（幾）個問題的具體步驟，並相應地安排時間

準備優先解決「個人資料」這個問題後，具體有哪些工序呢？比如：

（a）簡歷：

i. 更新基本個人資訊（教育背景、技能等）；

ii. 整理並評估過去一段時間的工作／實習經歷，選取最相關且有說服力的放入簡歷，並以精闢到位的語言闡述；

iii. 整體校對、定稿。

（b）求職信：

i. 充分了解投資銀行 A，提煉出可用在求職信裡的和個人相關的素材資訊；

ii. 提煉出「為什麼自己能勝任投資銀行 A 的實習」「為什麼自己選擇投資銀行 A」「如果加入投資銀行 A，能做出哪些貢獻」等問題的回答點；

iii. 撰寫初稿、修改優化、校對定稿。

（c）分配細化時間：

通過（a）和（b）整理出了所有待辦事項，接下來將一週的可支配時間進一步拆分到「天」，開始安排每日計畫（可使用 To-do list 和四象限記錄法等）。

大家可以借鑒上述步驟，完成以「獲得投資銀行 A 的實習 Offer」為目標的執行計畫的餘下部分（從網路申請開始）。

執行計畫，實現目標

毫無懸念，五步法的最後一步當然是「執行」。萬事俱備，只欠東風，完成了前面四步，就如同打好了堅實的地基，接下來就該添磚加瓦蓋大樓了。

文章寫到這裡，我不準備再用過多的筆墨強調「執行」的重要性。畢竟，在寫這本幾十萬字的書的每一天，我都在努力地執行著同一個目標：如何把學習場景中的不同「執行」方法講述到位，從而盡可能多地幫到每一位讀者：

如何執行「閱讀」、如何執行「做筆記」、如何執行「寫作」、如何執

行「自學」、如何執行「抗壓減壓」、如何執行「專注力提升」、如何執行「時間與精力管理」……

我希望讀到這裡的你，能憶起前面介紹的上百種方法，在未來每一天的打拚中，都能讓它們幫你離目標更近一步。

關於「執行」，我最後再囉唆兩句：自律、自律、再自律。

制訂好了計畫，就堅決、專心地執行。半路荒廢和懈怠，就是自欺欺人。制訂好的計畫不要再隨意更改。

執行計畫時不要只顧往前衝，每隔一段時間就要做一次階段性複盤，及時了解進度、總結經驗，為之後更高效地執行做好準備。

如果擔心定力和意志不夠堅強，不妨請自己最信任的人（父母、師長或好友）監督你完成五步法中的各個步驟，直到成功實現目標。

文章寫到這裡，我今天的小目標也順利地完成了——結合自己的視角與解讀，詳細地分享了榜樣達利歐先生的經典《原則》，希望你能有所收穫。

第 **23** 課
LEO 的深度體驗：哈佛大學的一節課，我通常怎麼上的？

　　這幾年，我曾在不同場合聽到不同的學生抱怨上學累、讀書苦。因為感到上課無趣、無用，一些大學生變成了請假達人、翹課慣犯；為了追尋「內心的真正熱情與理想」（比如做代購賺錢）。一些同學絲毫不心疼已經支付的學費，一學期下來覺沒少睡，遊戲沒少打，上課的次數卻屈指可數。

　　我也聽過一些關於在國外大學上課的議論。有人說出去留學很多時候也是「混日子」，因為課業很「水」，只要家裡有錢就能送出去買個文憑。

　　還有不少朋友問我：「在哈佛學習是一種什麼樣的體驗？在哈佛上課，累嗎？難嗎？壓力大嗎？」

　　寫這篇文章有幾個目的：一是回答「哈佛學習體驗」這個問題，詳細、完整地還原我在哈佛上一節課的全過程；二是順便回應一些朋友關於「留學很水」的言論。

　　別的學校我不敢妄下結論，但做為在哈佛完成了 MBA 學業的人，我可以很負責任地告訴大家，在這裡讀書，就是你想「水」過，也根本不現實。三為所有想逼自己更認真、更努力，希望激勵學得更好的朋友，即使我們做不到一步登天，起碼可以比之前進步一點點。

　　以下以哈佛商學院為案例展開。眾所週知，哈佛大學由多個部分組成：大學部、商學院、法學院、醫學院、甘迺迪政府學院等，每個學部的特色和政策都略有差異。但毫不誇張地說，哈佛商學院的上課要求算是整個學校裡

相對嚴苛而且不可妥協的。說得通俗點，就是商學院關於上課的條條框框最多，學生們要想順利地畢業，就必須老實地遵守各種規定。

第 1 小課　上課前，完成閱讀作業

在哈佛，上課前的工序通常比較煩瑣，而且很難偷工減料。其中最重要的一環便是「閱讀作業」。相信很多同學聽過美國大學閱讀量繁重這件事，對大多數哈佛學生而言，上課前需要完成的閱讀量確實不是蓋的，哈佛商學院尤甚。

可能有人會問，如果跳過課前閱讀、直接去上課聽講，應該也沒大礙吧？只可惜，事實並非如此，因為在哈佛商學院，課前閱讀是上課的基礎，如果不做閱讀，就根本沒法完成課前和課後作業、參與課堂討論，進而直接影響期末成績。

哈佛商學院上課前的閱讀作業通常有這幾種類型：商業案例、教材閱讀、輔助材料和多媒體閱讀。

商業案例是課前閱讀的重中之重。哈佛的 MBA 學生平均每天要讀完 2 至 3 個完整案例，絕大部分案例都是由哈佛教授和研究員在經過相當長的一段時間的學術研究後撰寫的，少則十多頁，多則幾十頁。

一個案例除了正文外，還有以商業圖表為主的附件，通常重現了一家公司和相關員工應對某個商業問題的情景。比如中國吉利公司收購 Volvo 汽車、孫正義與軟銀願景基金的創立。

教材和輔助閱讀材料是案例閱讀的補充，通常闡述的是和第二天上課案例相關的抽象化的商業理論和概念框架。

比如市場行銷課的某個案例討論了一家美妝公司在成立初始是如何獲取第一批用戶的，那麼這個案例的輔助閱讀材料就可能闡述了「獲客成本」和「顧客終身價值」這兩個相關理論。

「多媒體閱讀」最多元，也往往最有趣，基於文字、視像、音訊甚至遊戲等多種形式。

在哈佛的兩年，我曾經一邊觀看教授布置的案例影片，一邊做文本閱讀，也曾經邊玩「啤酒生產模擬遊戲」，邊讀關於生產流水線搭建的案例。

上課前一天我會盡量安排若干個「整塊時間」（我的定義是不間斷的 1 小時以上），使用番茄鐘工作法，在干擾很少的哈佛圖書館集中攻克閱讀。

在開始閱讀前，如同在第 10 課（104 頁）和第 11 課（120 頁）中介紹的那樣，我會首先確認當天要讀完的總頁數、分配到每節課的量有多少，然後再決定從哪一份閱讀材料開始。我的習慣是「先苦後甜」——哪節課需要完成的閱讀量最大，就從哪節課開始。

如果當天的閱讀負擔不重（我的粗略定義是總頁數不超過 80 頁正反面 A4 紙），那麼我會做全程精讀——不馬虎地一行行、一頁頁地讀下去，邊讀邊做多色筆記，用不同顏色的筆畫重點、做關鍵字批註、寫個人感想、記錄閱讀時的疑問（待到課堂或課後與教授探討）。

當然，一天的閱讀量經常會超過 80 頁，全程精讀也因此變得不現實。這時候，我就會採用精讀＋速讀結合。如何判斷哪些內容精讀、哪些內容速讀呢？這就得說到在哈佛上課前的另一個重要工序——寫課前作業。

我聽說在一些大學，上課前從來沒有要提交的作業，但哈佛的情況完全相反！在哈佛商學院，每個案例都會配有不同種類的課前作業，比如：

‧**課前簡答題：**教授通常會給出基於案例內容的若干道思考題，要求學生們在讀完案例後做深度思考，不少同學（包括我本人）都習慣把自己的答案整理出一份，第二天帶到課堂上做參考。

‧**課前調查問卷：**許多教授還喜歡布置課前調查，學生們完成閱讀後線上完成和提交問卷。這項作業往往是必須完成的，而且經常做為上課討論的輔助資料。

‧**書面回覆／短作文：**有時，「課前簡答題」會升級為短作文，甚至可能變成數頁的長作文／小論文。這項作業要求的時間和精力較前兩種作業多了不少，而且往往也是必須完成的。如果沒在課前完成，期末成績就會直接受到影響。

‧**模型／資料分析類作業（金融／投資相關課程尤為普遍）：**課前做金融預測等不同模型，也是家常便飯。

x Price Per Share of Series A Preference Shares	0.97
= Liquidation Preference	4,260,870

Series A Preference Shares: Forerunner

Initial Amount Invested	2,000,000
x Liquidation Preference Multiple	1x
= Liquidation Preference	2,000,000

Series A Preference Shares: Other Series A Investors

Initial Amount Invested	2,000,000
x Liquidation Preference Multiple	1x
= Liquidation Preference	2,000,000

Liquidation Preference Summary

30 Seed-Stage Investors	51.58%	4,260,870
Forerunner	24.21%	2,000,000
Other Series A Investors	24.21%	2,000,000
Total	**100.00%**	**8,260,870**

Share Counts Depending on What XYZ Does with Its Warrants

	Exercise	No Exercise
Fully Diluted Shares		
Founders	10,000,000	10,000,000
Option Pool / Employees	2,053,571	2,053,571
XYZ	46,205	-
30 Seed-Stage Investors*	4,375,000	4,375,000
Forerunner	2,053,571	2,053,571
Other Series A Investors	2,053,571	2,053,571
Total	20,581,920	20,535,714
% Ownership of FDS		
Founders	48.59%	48.70%
Option Pool / Employees	9.98%	10.00%
XYZ	0.22%	0.00%
30 Seed-Stage Investors*	21.26%	21.30%
Forerunner	9.98%	10.00%
Other Series A Investors	9.98%	10.00%
Total	100.00%	100.00%

Waterfall Calculations

Acquisition Value	4,000,000	8,000,000	10,000,000	30,000,000	50,000,000	100,000,000
Step 1: Venture Debt Payoffs						
Amount Available	4,000,000	8,000,000	10,000,000	30,000,000	50,000,000	100,000,000
XYZ Venture Debt Outstanding	400,000	400,000	400,000	400,000	400,000	400,000
XYZ Venture Debt Payoff	400,000	400,000	400,000	400,000	400,000	400,000
Proceeds Remaining	3,600,000	7,600,000	9,600,000	29,600,000	49,600,000	99,600,000
Step 2: Bridge Financing Payoffs						
Amount Available	3,600,000	7,600,000	9,600,000	29,600,000	49,600,000	99,600,000
Bridge Financing Outstanding:						
Forerunner	250,000	250,000	250,000	250,000	250,000	250,000
Other Series A Investors	400,000	400,000	400,000	400,000	400,000	400,000
Total	650,000	650,000	650,000	650,000	650,000	650,000
Bridge Financing Payoffs:						
Forerunner	250,000	250,000	250,000	250,000	250,000	250,000
Other Series A Investors	400,000	400,000	400,000	400,000	400,000	400,000
Total	650,000	650,000	650,000	650,000	650,000	650,000
Proceeds Remaining	2,950,000	6,950,000	8,950,000	28,950,000	48,950,000	98,950,000
Step 3: Series A Preference Share Payoffs						
Amount Available	2,950,000	6,950,000	8,950,000	28,950,000	48,950,000	98,950,000
Series A Liquidation Preference	8,260,870	8,260,870	8,260,870	8,260,870	8,260,870	8,260,870
Series A % Share of Fully Diluted Shares*	41.30%	41.30%	41.30%	41.21%	41.21%	41.21%
Payoff if Series A Converts	1,218,478	2,870,652	3,696,739	11,930,764	20,173,089	40,778,900
Payoff if Series A Doesn't Convert	2,950,000	6,950,000	8,260,870	8,260,870	8,260,870	8,260,870
Will Series A Convert?	No	No	No	Yes	Yes	Yes
% Share of Liquidation Preference						
30 Seed-Stage Investors	51.58%	51.58%	51.58%	NA	NA	NA
Forerunner	24.21%	24.21%	24.21%	NA	NA	NA
Other Series A Investors	24.21%	24.21%	24.21%	NA	NA	NA
Total	100.00%	100.00%	100.00%	NA	NA	NA
% Share of Fully Diluted Shares:						
30 Seed-Stage Investors	NA	NA	NA	21.26%	21.26%	21.26%
Forerunner	NA	NA	NA	9.98%	9.98%	9.98%
Other Series A Investors	NA	NA	NA	9.98%	9.98%	9.98%

· **同伴訪談：**這是一種比較有趣但也特別耗時的作業。在課前和同學做面對面訪談，主題一般和第二天上課的案例直接相關，然後把訪談概要整理出來帶到課堂上，或在課前提交。

我曾上過一門和創業有關的課，整個學期下來竟然做了超過 10 個同伴訪談，平均每個訪談要花 1.5 至 2 小時。對於日常生活很忙的哈佛學生來說，這實在算是一個不小的課業負擔了。

上面說到的精讀 v.s. 速讀，就直接取決於閱讀材料同課前作業的相關度。如何判斷呢？我的習慣是先快速地掃一遍當天的所有作業題（無論是課前簡答題還是其他形式），大概了解作業裡出現的關鍵字，再根據這些關鍵字、關鍵資訊對照著速覽一下閱讀材料，就能八九不離十地判斷出哪些內容必須得仔細讀懂，才能做作業題，而哪些內容是次重要的「背景閱讀」，暫時只需速讀即可。

一般來說，案例材料本身是重中之重，為了做作業和第二天的課堂研討，是必須仔細讀完的。

總之在哈佛上課前的步驟頗多，而且不完成都不行。不誇張地說，課前準備所花的時間平均可以達到上課時長的兩倍以上。

　　下面是我在哈佛一學期要讀完的案例材料，A4 正反兩面全部英文小字，合計將近一萬頁。

第 2 小課　上課時，融入課堂討論

　　上課前一切準備就緒，接下來便是背起書包進學堂了。這裡接著以商學院為例，揭祕哈佛課堂的真相。

　　先說說各項課堂紀律。看到這個詞你也許會有些詫異，早就不是小學生了，大學課堂不是自由多了嗎？還有什麼嚴苛的紀律可言？然而，哈佛商學院的課堂確實存在不可妥協的「條條框框」。

　　首先，課堂出席的要求非常嚴格。在哈佛商學院，無故缺席這種情況是絕對不可能發生的，「出席與課堂參與」通常占到一門課期末成績相當的權重——平均 40％至 50％，一些課甚至達到 60％以上，因此，任何一次無故缺席都會直接影響出席分。如果一學期的某節課無故缺席三次以上，就很有可能被教務處抓去談話，同時被扣掉相應的出席考核分，危及期末成績。

　　不僅是整節缺席，遲到和早退也經常會影響出席分。如果實在遇到不可控因素而必須請假／遲到早退（比如生病就診、親戚緊急情況、應聘面試

等），就必須在上課前提交請假申請，如實說明原因，有時還需要單獨向教授發一封補充郵件。

因為這樣嚴苛的出席規定，哈佛商學院的「MBA 們」恐怕是全世界最「乖」、上課出席率最高、遲到率最低的高校學生了。

那麼，是否有機會偷偷翹課呢？我只能說，機會十分渺茫。因為每堂課的教室裡都坐著一位教務處的登記員，會協助教授核對每一位學生的出席情況，如果發現有人未請假曠課，就會直接上報教務處、知會課堂助教。怎麼樣，是不是夠狠的？

除了有點變態的出席規定，哈佛商學院課堂還嚴禁一切電子設備，包括電腦、手機、iPad、錄音筆等，所有插電的都不能用（某些時候上課必須用電腦的情況除外）。

這項規定的初衷是確保學生認真聽課、不分心，教授講課不受任何干擾。在哈佛的課堂上，手機突然發出聲響是讓人很尷尬的事。記得一年級時，班裡有位同學的手機突然播放起 Lady Gaga 的音樂，鬱悶的是手機還出了故障，按鍵失靈，歌曲怎麼都停不下來，於是這個同學只得面紅耳赤地以光速衝出教室處理鬧脾氣的手機，留下一屋子又尷尬又想笑的師生……

森嚴的規定已經讓人心生壓力，而高強度、快節奏的課堂風格則更讓人繃緊神經、絲毫不敢怠慢。在哈佛商學院的課堂裡是幾乎沒任何機會分心、分心的。上面提到，「課堂參與」是期末成績很重要的決定因素；所謂「參與」不僅指準時進教室上課，更指全身心地參與課堂研討、舉手發言。

一節 80 分鐘的課上，至少有 60 分鐘是教授引導著大家就當天案例進行抽絲剝繭、深入淺出的高強度討論。每節課往往都從一個「冷不防被叫到」（cold call）開始——教授會拋出第一個待討論的問題（通常是關於案例的宏觀問題），然後不等大家舉手，就直接叫一個學生回答。

比如「首先，我們來探討一下 A 公司為什麼能成功地抵禦金融海嘯，在 2008 年和 2009 年連續取得行業最高的利潤率。Alex，你認為呢？跟大家說說你的觀點？」

從理論上來講，每個學生都有可能「中獎」，成為被教授 cold call 的對象。兩種人的概率更高：一種是在過去三節（或更多）課上都沒發過言的學生，另一種是個人背景（來哈佛前的職業或生活經歷）和當天上課內容相關的學

生。

　　比如今天研究的是賓士公司的案例，那麼在汽車業工作過的同學就可能被 cold call。有時候，教授還會提前發郵件給個人經歷和上課內容有關的學生，邀請他們在第二天的課上做分享。

　　你可能會問，教授怎麼能記住誰好幾節課沒發過言了？又是如何知道誰有和案例相關的經歷呢？這就回到了上面說過的「教務處登記員」這個角色——在快速完成出席統計後，登記員就會登錄「課堂內容紀錄系統」，此時電腦螢幕上會出現這堂課的固定座位表，每個座位都對應一個學生姓名。每當有學生發言時，登記員就會找到他的座位，做好「此人已發言」的紀錄，然後把他的發言內容速記下來。

　　了解學生的個人背景也輕而易舉：哈佛商學院的線上資訊系統裡有學生們的個人檔案，介紹了教育、職場、生活背景等各方面資訊，教授（或助教）可以瀏覽這些介紹頁，輕易地就能找到和教學內容有關的學生。

　　因為「課堂參與」對期末成績很重要，而發言又是這一項考評的重要因素，所以大家都努力「Speak up in class and provide high-quality comments」（上課時給出高品質的發言）。

　　我和不少商學院同學都養成了一個習慣：在前一天完成閱讀和課前作業的同時，根據課前簡答題，準備好第二天上課發言時可能用到的發言論點，在教授提出相關問題時便可以「打有準備之仗」，快速舉手搶到發言機會。

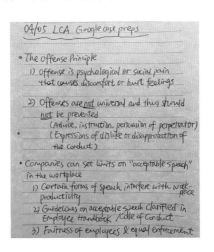

在哈佛商學院，MBA 一年級的課堂平均有 90 人，二年級選修課少則 20、30 人，多則 100 人以上，這也意味著每堂課對學生發言頻次和時長甚至品質的要求都不同。

比如在二年級的第二學期，我上的其中一門課只有 20 個學生，為了在「課堂參與」部分獲得高分，幾乎每節課都得發言，最好還能不止一次發言，因此我在這門課上花的心血就特別多，因為每次課前閱讀和作業都要認真做、發言要點都要好好地準備，才能在上課時從容地接住教授拋出的各種問題，完成高品質的發言。

相反，在人數很多的大課上，如果你想發言，就得「手疾眼快」爭取機會，畢竟錯過了一次被點到的機會，下課前就可能不會再有第二次了。

教授在課堂上提的是什麼樣的問題呢？都有唯一的正確答案嗎？絕大多數時候並非如此。其實，不管是商學院還是哈佛其他院系的教授，都喜歡拋出開放性問題，鼓勵大家各抒己見、從不同角度闡述自己的觀點。

很多商學院教授還熱衷於「煽風點火」，鼓勵同學們在發言時展開友好辯論，以自己的思考和論證來反駁別人的觀點。這樣一來，對於案例的研討就變得更深度、立體、多元了。如果你來哈佛上課，一定可以聽到這些反駁的說辭：

I have to respectfully disagree...（我不得不客氣／尊敬地反駁……）

I see your points, but I just want to quickly push back on...（我理解你的論點，但我想快速地反駁一下……）

I'll argue from the opposite perspective...（我會從相反的視角來討論……）

如果你的發言被同學反駁了，教授一般會給你機會做二次反駁，由此展開一場袖珍課堂辯論。所以發完言絕不意味著接下來就高枕無憂了，而是要繼續集中注意力，做好應對教授追問或同學反駁的準備。

在哈佛上課，出席和課堂參與固然讓人壓力山大，但也有在其他學校得不到的美好體驗。比如，我最喜歡的一個課堂環節是「案例主人公分享」。

哈佛商學院的每個教學案例都有相應的案例主人公，比如某家公司的創始人／CEO／投資方／供應商／大客戶等，教授們經常會把案例主人公請到

課堂上，讓這些當事人、過來人做補充分享、回答學生們的問題。

在哈佛這兩年，我近距離地聆聽和請教了超過 100 位案例主人公，其中還不乏頂尖企業的一把手，比如奇異、大眾、柯達、資生堂等全球巨頭的CEO。

第 3 小課　下課後，積極進行複盤

在哈佛，下課鈴響≠一節課的結尾。下課後還有一些回顧／複盤的步驟需要完成，比如要做課後作業，這一點大家都很熟悉，就不贅述了。

哈佛的課後作業類型很豐富，除了傳統的問題集、論文之外，還有課後調查問卷、課後感想等，都需要在規定的時間前提交，否則就會影響作業分數和期末成績。

許多同學在課後會做的另一件事，是和教授一對一地約聊，英文的說法是「office hour meeting」，也就是到教授的辦公室會面。我經常會在下課後飄過他們的辦公室，就當天課上沒弄明白的問題和教授做進一步討教。

另外還有課後複習課，由教授本人或助教在下課後帶著大家複習上課時的重點、難點。這一項並非必須參加，相信不少學校也有類似設置，這裡就不詳述了。

到這裡，我就毫無保留地還原完了在哈佛上一堂課的全過程。回到文章最初的問題：在哈佛上課累嗎？難嗎？壓力大嗎？相信看完了我上面的分享，大家已經有了自己的答案。

做為一個過來人，我的回答是：萬事開頭難，習慣成自然。記得哈佛商學院院長在我這一屆的新生開學典禮上曾說過一段話：

「在哈佛的兩年中，每一位同學都將接受相當程度的挑戰，無論是課業上的，還是生活上的。這些困難和挑戰會讓你起初覺得不舒服—這是一定的，甚至讓你質疑自己來到這裡的決定，一些同學還會想到『放棄』。

「但看著一屆又一屆學生忐忑地開始哈佛求學之旅，又充滿不捨地畢業、告別，我要跟大家說：『你們一定會沒事的，而且會做得很棒。』」

回想在哈佛商學院這兩年上課的歷練，我很欣喜地感受到了自己明顯的進步：閱讀能效顯著提高，剖析問題時更全面、客觀，闡述觀點時也更熟練、深刻了。無論是課前苦哈哈地做閱讀、寫作業，課堂上神經緊繃、發言辯論，還是課後的反思和複盤，都讓我變成了更有能力、有競爭力、沉著的自己。在哈佛讀了兩年書以後，我已經做好準備帶著自己的所學，在接下來的事業中大幹一場了。

　　希望我的哈佛上課體驗，也能激勵到正在奮進的你。

Part 4.

深度成長，
全方位培養綜合素質

第 **24** 課
哪些課外活動可以鍛造全方位能力？

作為跨世紀的新一代，在國內讀書的十二年裡，我無數次聽到「減負」「由應試教育轉為素質教育」這樣的話語。從學校領導到基層老師，無不努力讓教育改革變成現實，不斷強調「培養德、智、體、美勞全面發展的複合型人才」。

然而，我不得不說，理想很美好，現實卻難免骨感。在我讀中學的那幾年，應試升學依舊是重中之重。「考試是跨階層的最公平的升學方式」這句話確實有其道理存在，但這個社會不能只有擅長考試刷題的高分學霸、不能只鼓勵「考試機器」的推陳出新。

說得稍有點遠了，回到本篇主題：應試當然重要，但我一直堅信，比做卷子更關鍵的能力，是難以用分數量化的綜合實力。套用我在哈佛和耶魯大學招生材料裡見過的形容學生素質的詞，這樣的實力包括：

· 領導才能（Leadership talent and capabilities）
· 溝通能力（Communication skills）
· 創新能力（Innovation skills）
· 團隊協作能力（Team works kills）
· 意志力、熱情、動力與專注力（Perseverance, passion, motivation and dedication）……

不誇張地說，如果只把時間放在上課、刷題、考試上，就很難提升上述

實力。如果綜合實力欠佳，即使校內成績好，以後進了職場也可能很難出類拔萃，甚至還會四處受阻。

這不是危言聳聽，這是在很多「考神」身上真實發生過的。我不同意有些家長的觀點：孩子上學的時候先甭管什麼素質教育，先把書讀好、考試考好了再說。

在家長和外部環境的共同作用下，很多同學就是因為想當然覺得「沒事，以後再說」，錯過了鍛造綜合實力的最佳時機，等進入大學或職場後，發現三觀、性格已經差不多成型，再想重塑自己時已無能為力，最後只得一聲嘆息。

所以，基於親身經歷和對周圍人的觀察，我必須說：鍛造綜合實力，越早開始越好；即使是高三學生，也不能一心唯讀聖賢書。

如何鍛造？最直接，也最靠譜的一條途徑，就是在學業之餘抽出時間做好規畫，有選擇性地參加課外活動。

我很慶幸的是，從上小學一年級起，我就沒當過哪怕一天傳統意義上的「好學生」──這要感謝父母、老師給我的極大信任和支持。

我一直覺得，如果把所有時間和精力都用在課內學習上，那生活簡直要枯燥透了。我曾經很「瀟灑」地放棄幾乎一切補習班、第二課堂，用課餘時間參加了很多至今仍回味無窮、令自己長進頗豐的課外活動。

藉寫這本書的機會，我想同各位分享「課外活動與綜合實力鍛造」的經驗心得，希望幫助同學們和「書呆子」絕緣。

很多人理解的課外活動，是校內學生社團、興趣小組。我曾經跟在某大考大省讀高二的學霸堂妹聊天，問她學習之外的課外活動是什麼。她淡然地說：「課外活動？哥，你是指我們老師開的週末補習小班嗎？」

聽得我又想笑又心疼。其實像我堂妹這樣，忙學習忙得連「課外活動是什麼？」都不知道的學生並不在少數，所以首先談一談，「課外活動」到底包括哪些？

必須明確的是，在學生時代能參加的課外活動，絕不僅限於學校或家長代為安排的「第二課堂」「興趣小組」「校外特長班」。課外活動的範疇，可以是星辰大海。

基於我本人在中學和大學時代的經歷，將同學們能參加的課外活動分成以下幾類：

學術類

　　這是我們中國學生最不陌生的一類活動，包括學科競賽，比如各類數理化生和電腦競賽，以及研究性課題及實驗活動，比如××城市的生物多樣性探究、××化工廠汙水處理調查研究等，可以算是課內學習向課外的延伸。

　　這種課外活動的「技術門檻」，以及對精力、腦力和耐力的要求較高。我的建議是，除非真心喜歡某門學科、某個學術領域（而非為了升學等實際目的），否則不要輕易耗費大把精力。

　　我從小就喜歡和生物有關的一切，小時候漫山遍野觀察昆蟲和小鳥、採集植物標本，到了高中時，就有幸跟生物老師走進大學實驗室，參與了與水稻相關的課題研究，利用節假日到郊外的稻田裡一待一下午，即使曬到快要中暑也樂此不疲。那段經歷，至今仍讓我無比留戀。

文藝體育特長類

　　這類活動大家也很熟悉，很多人都有被家長逼著學某樣樂器的經歷，或是繪畫、舞蹈、體育競技等特長。雖然絕大多數人沒法像郎朗那樣成為鋼琴家，但文藝體育類課外活動帶給我們的益處確實不少：陶冶情操、強身健體、培養氣質、增強人格魅力……因此我的建議是，如果各方面條件允許，一定爭取參與至少一項文藝體育類活動，並且將其發展成一生的愛好。

　　另外，在參加文藝體育類活動時不要太「目標導向」，而是以增進生活樂趣為主要出發點。在國內聊起小時候學的樂器，很多人都會問這個問題：你當時考級了嗎？你考了幾級啊？在討論完各自的考級經歷後，一定會有人接著說：唉，好久不彈，現在都快不會了……

　　這就是過度「目標導向」而產生的遺憾──只追求短時間提升技能，卻沒有充分享受學藝過程中的樂趣。一旦停練了就不留戀了，技藝也就退化了。

　　在耶魯讀書時，我也曾和朋友們聊起各自學過的樂器，但沒有一個人聊到「考級」。大家分享的，都是諸如「耶誕節時彈奏了一首曲子，感動了爸媽」「暑假時在街邊賣藝，攢的錢幫助了窮人」等更有溫度和情感的故事。

還有一些同學，雖然技術一般，卻挖掘和培養了一項終生愛好，還把心愛的樂器、畫筆帶到大學，在忙碌之餘拿出來彈一彈、畫一畫，讓生活有了情趣和色彩。不少人還「以琴／畫會友」，邂逅了摯友、愛人。

校園類活動

主要包括各類校內學生組織和社團，比如學生會、各種興趣小組（電影社、機器人協會、合唱隊等）。

大家對這類活動應該說是熟悉得不能再熟悉了，我也不多贅述，只想說一點：如果學校是小社會，那麼學生社團就是小社會中的小社會，別有乾坤。參加校園類活動的最大價值，與其說是提升技能素質、豐富課外生活，不如說是鍛鍊交際能力、塑造情商，也就是英文裡的「people skills」。學會和不同人打交道，是大家應當盡早開始的必修課。

這幾年我也積累了一些帶團隊的經驗，發現那些在職場上最受歡迎、最出成績的人，幾乎不是考試第一的學霸，而是學生時代的班幹部、學生會幹事、社團一把手。他們在校園裡就積累了豐富的溝通交際經驗，進入社會後也能輕鬆自如、遊刃有餘。

志願者、公益類、社區服務類活動

大家一定都參加過志願者／公益活動，慰問老人、做森林保育、參加募捐……寫到這裡，我不禁回想起自己上小學時曾經積極寫稿投稿，再把稿費換成文具，寄給需要的人；為了攢更多錢捐給貧困山區，還一度成為班裡的「養蠶大戶」，一到週末就在少年宮門口擺攤賣蠶，樂此不疲。

這些至今都是讓我嘴角上揚的回憶。人是有感情、有愛的高級生物，也是因為愛，這個世界才變得更溫暖。我建議大家不論多忙，都要抽時間參加一些公益性質的課外活動，不為別的，就為了讓自己更「有愛」。

英文裡有句話是這麼說的：「Let's make the world a better place.」（讓我們一起把世界變得更美好）。我想說，當我們以一己之力幫助他人和這個世界時，我們的心情和生活也都會變得更美好。

創造性的活動

　　這類活動和文藝體育類活動有一定重疊。最典型的例子是寫書、出專輯、開畫展，在美國等西方國家較為普遍；而國內學生因為課業相對繁重，邊學習邊做創造性活動的人較少。但我一定要藉這篇文章，鼓勵大家拋下顧慮、大膽嘗試「創造」。

　　創造，完全無須多麼高深的造詣，只要一些激情、一點靈感。其實，每天寫寫日記和隨筆，也算是一種創造性的活動。在耶魯讀本科時，我曾經堅持用中英雙語寫了將近三年的日記，其間幾乎沒有「斷更」過。

　　有筆感時寫千八百字，忙論文和考試時，也抽出 10 分鐘，用幾句話記下當天的觀察和感悟。畢業時翻出收納日記本的小箱子，讀讀過去的體驗和收穫，瞬間覺得年輕人生從未虛度。

交流、遊學類活動

　　「世界那麼大，我要去看看」——交流、遊學類活動大概是最吸引人的一類活動了。參加夏令營／冬令營、出國遊學和短期交換項目是很多同學的小夢想。

　　在我讀小學的 90 年代末，去上海參加一次夏令營都能讓人激動不已；而如今，同學們幾乎能去到地球的任何角落，不僅是哈佛、劍橋等頂尖學府，還有南極、北極等真正的天涯海角。

　　我的建議是，如果條件允許，一定要在學生時代爭取參加至少一次正式的遊學／交流活動（個人旅遊不算）。與其彷徨，不如去闖——突破狹窄的舒適區，到遠方的世界感受別樣風景、學習異地文化，是加速年輕人成長的捷徑。

商業／創業類活動

　　這是進入互聯網時代以來，風靡美國名牌大學（尤其是史丹佛、哈佛和麻省理工學院）的一種非常「酷炫」的課外活動。馬克・祖克伯讀哈佛本科時創辦 Facebook 的故事早已家喻戶曉；而在著名的「創業天堂」矽谷，每年都有成千上萬的學生創業者志在通過自己的項目改變世界。

　　這股創業風近年也刮進了中國的大學（甚至中學）校園，才華橫溢的學

生們努力將靈感變成一家家「start-up」，在區塊鏈、AI、電商、社交自媒體、線上教育、短租等新行業領域，都有學生創業者出沒。

創業，表面光鮮拉風，實則辛苦艱險。我曾在哈佛商學院的風險投資課上得知，絕大多數初創公司熬不過 A 輪融資，而這恰恰是創業的真相：夢想性感，現實骨感。

所以，我並不建議同學們頭腦發熱、一頭鑽進創業大海：在國內讀中學的學弟學妹們尤其要冷靜三思。創業絕不是溫柔小羊，它是洪水猛獸，能瞬間侵蝕你所有的時間、精力，還有幻想。

要記住：課內學業對大多數學生來說，永遠是第一優先順序的事項，絕不可輕易動搖。

第25課
通過四個維度，選擇適合自己的課外活動

　　在上一課，我們討論到通過參加課外活動，同學們可以極大地豐富生活、拓寬視野，培養在校內環境中無法鍛造的能力，還能趁早開始搭建人脈網，為今後的事業發展打好基礎。

　　同時，我也簡述了課外活動的各個類型。讀過之後，你是否覺得選擇困難？面對令人眼花繚亂的機會，到底該如何選擇最適合自己的課外活動呢？

　　下面，我將逐一分享自己在中學和大學時選擇課外活動的遴選標準與原則，並且將它們梳理成了四個問題。

熱情，Enthusiasm
問題一：你對這項活動真的感興趣嗎？

　　一般來說，參加課外活動應當是令人愉快的經歷。雖然有時候也得吃苦（比如練樂器和體育項目時的艱辛付出），但參與任何課外活動的原點，必須是「興趣驅動力」。

　　如果你對某件事完全提不起興趣，甚至反感——無論是天生不喜歡，還是努力說服自己以後依然無感，我都建議你果斷放棄。強扭的瓜不甜，在選擇課外活動時，一定不要違背本心意願，否則只能給自己添堵。

　　我尤其真誠地建議家長們思考這個問題，千萬不要被從眾心理影響，看到別的孩子都學某樣東西，就覺得自家孩子也一定不能落後。實際上，強加

於子女身上的特長培養時常會無疾而終，不是因爲孩子能力欠佳，而是因爲他們缺乏熱情。一通忙活下來，往往是費了金錢和心力，結果卻不盡如人意。

相關度，Relevance

問題二：這項活動，和我當下的某一（幾）個目標相關嗎？有可能幫我去到想去的地方、過上嚮往的生活嗎？

這條遴選標準是所有幾條裡最「功利」的。當然，「功利」在這裡是一個中性偏褒義的詞。

在上一節我談到，課外活動對大多數人而言只能算生活的點綴，優先順序排在校內課業之後。因此，我們就該把有限的可支配時間用在刀刃上，盡量選擇和人生願景有一定關聯度的活動，從而最大化在活動中的收穫，爲小目標、大理想鋪路。

說到這一點，就不得不提起一個讓我印象深刻的中學校友。這是個與眾不同的女生，當別的女同學都在瘋狂追星時，她卻唯愛國際關係、大國政治，上高一時就把升學志向定在了外交學院。那時候大家也沒太留意，只是覺得這個喜歡讀《參考消息》、看英語新聞的同學有個性、很好玩。

高一下學期時，女生考進了我們中學的模擬聯合國協會。碰巧那時我是這個社團的創始主席，也得以感受到她對國際關係的酷愛——只要是模聯協會的活動，她必定場場不落地參加，常有出彩表現。

爲了保證時間和精力，她在高中三年裡只參加了模聯這一項課外活動。爲了爭取代表學校參加名牌大學主辦的模聯比賽，她苦練英文，每天都用難度很高的英文時訊做聽寫和誦讀練習。

後來，這個同學先是順利入選我們中學的代表隊，參加了外交學院（她的夢想學校）主辦的全國模聯大會，又在高三時如願以償，成了我們那屆被保送外交學院的唯一女生。

最近得知，她前兩年又獲得了普林斯頓大學國際事務專業的碩士學位，目前在聯合國工作，眞的成了外交官。把這段很勵志的故事分享給大家，就是要論證「relevance」這條原則——選課外活動時一定不要盲目。

除了「感興趣」外，也要想一想，是否和自己的志向有關？是否能通過某項課外活動，幫自己離夢想近一點點？

能力，Aptitude

問題三：我能勝任這項活動嗎？我能在這項活動裡不斷進步、越做越好嗎？

在前面內容裡，我們討論了「偏科」的成因和解決方案。受先天遺傳和後天環境影響，每個人都有擅長和不擅長的領域，即使是那些自詡「全才」的人，也有相對拿手和薄弱的領域。

對於校內學習（起碼在文理分科前），我們得盡量把偏科這個問題大事化小、小事化了，畢竟任何拖後腿的學科都可能影響升學前景。不過，我建議大家在對待課外活動時採取另一種態度：實在不擅長的領域，不必強求。

換句話就是：別在課外活動中刁難自己。如果在某方面天生沒有慧根，使再大蠻力也只能原地踏步，那麼又何必一再堅持呢？

有人說，我對某件事愛得深沉，即使做不好，也甘願沉醉其中，就像電影《新喜劇之王》裡的跑龍套演員如夢那樣百折不撓，終迎出頭之日。

這樣的精神固然可貴，但從另一個角度想，你完全可以把時間用在能做得更好的事情上，充分發揮自身優勢、創造更多價值。再者，上面說到的「熱情」是很重要，但再澎湃的熱情也有冷卻之時。如果做某件事一再碰壁，日積月累的挫敗感也必將消磨熱情。

當然，我不是在勸大家輕易放棄，做正事時（比如升學、求職）必須以打不死的小強精神去應對挫折，但在課外活動這件事上，心情感受或許更加重要。

話說回來，如果你對某項活動起初陌生，但嘗試之後進步顯著，則證明有機會做得更好，這時就該繼續下去，挖掘更多潛能。另外，如果某件事和你現階段目標的相關度高到必做不可的程度了，那麼即使害怕棘手，也必須迎難而上了。

可行性，Feasibility

問題四：這項活動真的可行嗎？是否有可能受到任何現實因素的羈絆？

除了興趣、能力和關聯度以外，「可行性」也是必須納入考量的重要因素。對課外活動進行選擇時，一定要考慮到實際情況的束縛。比如：

・是否會占用過多精力，令人疲憊不堪，影響正常生活？

．是否和上學時間衝突，耽誤學業？

．是否花銷較大，造成財務負擔？

．在自己的所在地是否已經開展？若無，到異地參加的可行度高嗎？

在這裡分享我關於「可行性」的觀察和想法：雖然大家一直喊減負，但對很多學生來說，在學校裡被減掉的負擔，又被家長給加倍補了回來。

「絕不讓孩子輸在起跑線上」的精神代代相傳，如今還有變本加厲的苗頭。前段時間我和一位當了媽媽的校友聊天，她的女兒剛過 2 歲，竟然已經在上四種早教班，覆蓋音樂、游泳、英語和數學；夫妻倆平時工作 996，還得趁著週末帶女兒轉場於不同興趣班，經常一家三口都累得夠嗆，夫妻感情也受到了影響。

聽罷校友的講述，我十分不解，問她為什麼把自己和女兒都逼得這麼緊，她說：「現在都這樣！你沒孩子不懂，未來的競爭比我們這代更厲害，現在就要行動了！」

我還想起兩個住在河北的朋友，收入一般，卻堅持送孩子到北京學冰球和網球，說是「讓他們從小接受貴族教育」，每週末往返於老家和北京，一年光這兩種運動的學費就超過十萬。

我替這些父母和孩子覺得心累，也要由衷地說：耗費大量精力和金錢參加課外活動的性價比，實在不高。且不從「投資回報率」這個角度分析，光是犧牲了的生活本該有的從容和愉悅，就已是極高的機會成本。

很多時候的焦慮，都是強加給自己的「無中生有」。可行性不高的事，真沒必要逼著自己做。

我在耶魯有幾個出生在美國中部平原和西部農場的好友。他們上大學前幾乎沒去過紐約、洛杉磯這些大都市，也沒機會參加光鮮、「貴族」的課外活動。從童年到青春期，他們都在一望無際的大農場和玉米地裡度過，是不折不扣的「農村娃」。

這些同學雖然沒有大城市孩子的見識，卻有太多人無法想像的生活體驗：當牛仔、種玉米、養小馬、趕市集，練就了健壯體魄、陽光性格和冒險精神。這些可都是金不換的美好品格啊！不要著急讓孩子追求別人擁有的，先讓孩子享受自己擁有的吧！

第 26 課
三大步驟，
讓你在課外活動中複利成長

　　參與一項課外活動，並非簡單的「在某個時間到某個地方做某件事」（比如週六下午上鋼琴課，週日上午練跆拳道），而是在活動前做好規畫、活動中用心參與、活動後深度複盤的一整套流程。只有用心，才能在活動中最大化個人的進步成長。

　　下面要分享的是我在高中和大學時期參與課外活動的方法──它們並不新奇，但著實幫助我在活動中收穫滿滿、活動後能力升級。

不圖數量，但求品質

　　參與課外活動的一大禁忌，就是為了追求數量而「瘋狂打卡」。

　　上一課提到的高中校友帶 2 歲女兒上四種早教班，就沒有必要。這麼小的孩子，能接受這麼多新事物的狂轟亂炸嗎？類似情況在高中生、大學生群體也很常見。比如，一些志在申請國外院校的同學為了讓履歷看上去更豐滿、「唬人」，就瘋狂積攢各種課外經歷：志願者活動、學生社團、國際交流、競賽、樂器……只要是能想到的，就一樣來一個。

　　我曾經幫一個要出國的學弟看簡歷。這傢伙竟然在本科 4 年裡，參加了一百多項課外活動，還全都寫進了申請材料裡。當時他揚揚得意、胸有成竹地問我：「學長，我的閱歷是不是夠牛啊？你看，我能申請 Top10 大學的研究生了吧？」

我不得不說，這麼做實在有點「憨」。且不提大學招生辦公室的老師們經驗豐富、申請者有幾斤幾兩都逃不過他們的火眼金睛；如此多的課外活動，可能把課內學習顧好嗎？更何況，每個活動都淺嘗輒止，到最後究竟能學到什麼、長進什麼呢？

參加課外活動的首要目的，永遠是精進自我，絕非湊數字自欺欺人。即使你興趣愛好廣泛、什麼都想涉獵，也要記住：學業第一，切忌喧賓奪主。

我的建議是：不論你處在哪個求學階段，同時參與的課外活動不要超過三項。

剛入讀耶魯時，我參加了學校的課外活動市集。這是耶魯一年一度的社團納新會，所有校園組織都參加，在會上極盡所能地吸引新生。初來乍到，一切對我來說都新鮮不已。徜徉在市集上，我就像劉姥姥進了大觀園，很快就挑花了眼。

回到宿舍後，我捧著幾十個花花綠綠的社團介紹冊，糾結良久。每個社團看上去都如此有趣，讓人難以取捨！然而，理性終究占了上風，我結合興趣、個人能力、相關度和可行性這四個方面仔細思考後，決定在大一時參加三個社團：

· 耶魯國際關係協會（Yale International Relations Association）
· 耶魯最大的學生旅行社團（Yale Reach Out）
· 耶魯學生越野跑隊（Yale Cross Country Team）

很幸運的是，我沒選錯。大一全年，我在這三個社團玩得開心、學得深入，還結交了惺惺相惜的朋友，Reach Out 更是成了我在耶魯最棒的回憶之一。

如果我參加了其他社團，可能也會有很好的體驗，但我堅信，人若貪得無厭、什麼都想要，到頭來反而會一無所有。

提前規畫、確定目標

這是非常重要卻常被忽略的一點。不管是校內學習還是課外活動，只有把規畫和目標定好，才能心中有數、對進度瞭若指掌。

在參與一項課外活動時，我通常會做好下面幾種規畫：**第一種規畫，也是最基本的：參加活動的頻次、強度與時間安排。**

決定參與某項課外活動前，一定要周密考慮好這幾點：

活動預計會占用多少時間？每週幾次、每次幾小時？每月、每年呢？

活動的難度和強度預計有多高？是完全陌生的領域，還是輕易可上手？如果難度大、適應時間長，是否需要在活動時間外加班加點？是否會產生「負面溢出效應」，比如體育運動導致疲憊和傷病，進而影響正常生活？

當前的排程是否已經較滿？如果還有空餘碎片時間，最多可以分配多少時間給這項活動？

綜合以上三點進行思考後，確認好下面三件事：

是否參加？

如果參加，平均每週／每月的參與次數和總時間？

如果參加，如何保證不影響日常生活（比如校內功課）？

第二種規畫，我把它稱為「個人期待清單」，即明確通過參加某項活動，我到底希望收穫什麼？

和廣大學弟學妹交流時我發現，雖然大家都希望通過課外活動讓自己「變得更好」，但很少有人仔細想過——「我究竟想有什麼樣的長進？」

思考這個問題時，我習慣列一份個人期待清單，把希望得到的收穫分為「實際的、可量化的」和「無形的」兩大類：

「實際的、可量化的「包括一切具體的成績和進步，比如考到跆拳道黑帶、通過鋼琴八級、日語能力考試 N3 合格、半年後體脂率降到 12％ 等具象目標。

「無形的」包括所有不可用具體數位與目標界定的收穫，但重要性甚至更高、讓自身受益更久，比如顯著提高美學修養、讓邏輯思維能力變強、將性格打造得更有韌性、更沉得住氣。

分享我在大一參加耶魯越野跑隊時列的個人期待清單，供各位參考：

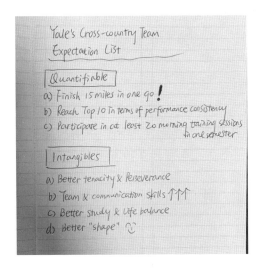

　　第三種規畫，我稱其為「里程碑設置」，作為「個人期待清單」的補充，制訂的是更微觀、細化的階段性進展。

　　比如參與某項活動一個月／一個季度／半年／一年後，分別要到達哪些「里程碑」、實現什麼樣的目標？

　　我開通了「學長LEO」的抖音號和「李柏遠LEO」的嗶哩嗶哩號，把它們做為課餘時間分享日常和乾貨的「自留地」。雖然做這兩個短視頻號是為了給生活添色，但我總歸希望把它們打理得越來越好，因此也頗有儀式感地設置了以下幾方面的「里程碑」：

・階段漲粉
・原創視頻生產量
・最高／平均播放數
・最高／平均留言數
・最高／平均點讚數
・除視頻推送外的其他嘗試

　　課外活動里程碑的設置，實際上和第17課（188頁）、第21課（229頁）中介紹的各項方法有異曲同工之妙，都能促進我們更高效、有條理地做事。

每到達一個新里程碑，總可以讓人獲得喜悅感、成就感。

隨時複盤、不斷提高

有句話說：進步，不論多微小，都能讓人高興一整天。

參與課外活動的一大樂趣來源，就是在過程中不斷實現的成長，從新手菜鳥到資深大俠的闖關升級。我習慣用以下幾種方法來加速在課外活動中的成長：

第一個方法：準備一個「課外活動進度檔案」 —— 可以用傳統的筆記本，也可以用電腦或手機。

做法很簡單：在每次課外活動後及時複盤，記錄下參與情況和個人思考，尤其要寫下進步和待提高之處。每過一段時間後（比如每月月末），對照之前設置好的「里程碑」，做一次階段性總結評估。總之，要主觀能動性地多思考、多複盤。

第二個方法：如果時間和精力允許，盡可能多參加一些比賽。 賽前的衝刺準備階段往往也是顯著提高水準的黃金期。

剛上初一時我還是個英語小白，在電視上看到用英文談笑風生的外文主播由衷羨慕。我也想說一口漂亮的口語，所以參加學校英語社就成了優先順序最高的課外活動。

那時剛好教育部、外研社到市教育局都在舉辦大大小小的英語口語比賽，我不假思索統統報了名，想借機鍛鍊一下，看自己到底幾斤幾兩。

參加的第一個比賽是在全國範圍內都很有影響力的某英語演講大賽，我哆哆嗦嗦通過了市級決賽，但在全國複賽的第一場就被硬生生刷了下來。沒轍，北上廣的選手太強了！

看到差距以後，我暗暗跟自己發誓，明年一定要完美回歸。我接著報名參加了第二個、第三個口語比賽。在賽前備戰時，我狂看了上百部英文電影、背了幾百篇英語美文，還經常厚臉皮地找外師加練。這一陣折騰下來，我的口語能力突飛猛進，初二時再次參加一年前折戟的英語演講大賽，一舉拿到了全省第二、全國二等獎。

如果你也想短時間從小白變大咖，就不妨試試我的這招「參賽助長法」，保證管用。

最後一個方法關乎「自我激勵」，這是我們在校內學習、職場打拚和課外能力鍛造時，都應該具備的一種心態：不輕易安於現狀、自我滿足，而是勇敢突破舒適區、不斷進化升級，以勝任難度更高的任務和挑戰。

我一直相信，對自己高標準嚴要求的人能成長得更快，也會看到更遠、更美的風景。

上面提到，Reach Out 是我在耶魯時很重要的課外活動經歷。我從小愛旅遊探險，癡迷國家地理和人文歷史，大一時邂逅 Reach Out 的一剎那，我便知道自己找到了組織，而且決心在這裡好好待下去，有朝一日成為 Reach Out 的關鍵角色。

大一時，我做為普通成員，從 90 多個報名者中脫穎而出，入選了 Reach Out 印度公益旅行的 15 人小分隊。

大二時，我作為 Reach Out 旅行分隊的優秀成員代表，競選為當年的旅行領隊，帶著近 20 名耶魯師生到中國山區支教兩週。

大三時，我已經是有兩年豐富經歷的 Reach Out 元老成員，決意挑戰自己、更進一步。我應聘了新一屆 Reach Out 管理團隊，最後成功競選為 Reach Out 歷史上第一位非美國籍的主席，牽頭組織了幾百名耶魯師生去往十多個國家完成 Reach Out 公益旅行。

能從新手菜鳥變身資深 Boss，就是因為我在推著自己往前一步，再往前一步。雖然爬升時必有陣痛，但不斷突破舒適區的過程，真的很舒爽。

Part 5.

LEO 的成長經歷，
寫給每一個有夢想的你

第 27 課
九字三步精進法，
人生進階的逆襲祕訣

　　這些年我被問到最多的問題是：你為什麼可以學習這麼好？為什麼一直很清楚自己要的是什麼？為什麼總能很努力、不迷茫？

　　也許這本書的每篇文章都能間接給出回答，但我仍想用一句話對上述問題做個總結式的回應：

　　從小到大，我一直被「自勵心、規畫力和執行力」這「九字三步」驅使著，我絕不想枉費、辜負有且僅有一次的生命。

自勵心・Motivation

　　我出身於普通知識分子家庭，後來因父母離異，成為單親家庭的兒子。在成長過程中，我不是富二代，沒有背景、無法靠爸，但我從未羨慕過家境優越的同學，因為他們的物質享受得來太容易，反而沒了分量。

　　上中學後，我尤其渴望盡快成為家中頂梁柱，憑一己之力為母親、為我在乎的親友創造最好的生活──這是一句發自內心的大實話。在我看來，讓家人過得幸福，是最坦蕩、最該被肯定的動力源泉。

　　我的「志氣高」也體現在對自己的高標準、嚴要求，以及對個人價值的詮釋上。學生時代參加各項比賽和活動時，我有幸結識了來自先進國家和北上廣深的同齡朋友。他們的能力和見識令我欽佩，也讓我默默下定決心：我一定要走出二線城市，成為更有眼界的優秀年輕人，在更廣闊的平臺和精英

們共事，做出對這個世界產生積極影響的事情。

這聽上去也許像畫大餅，卻是我的肺腑之言。我絕不甘心在閒適的小城裡度過老婆孩子熱炕頭的一生。起碼，趁年輕，我想好好出去闖一闖：不為讓任何人刮目相看，只為此生沒有後悔和遺憾。

因為不安於現狀，我才在高三時放棄穩妥的保送、破釜沉舟申請耶魯，也才能無視很多朋友的不解、果斷放棄高盛的「金飯碗」，追逐創業的夢想。這一次次轉身絕不意味著「定力不夠、見異思遷」，只因我希望在青春年華裡，盡量多地探索人生的無限可能。

「精於此道，以此為生」依舊是我的人生座右銘，在經過這幾年的積極試水後，我已經逐漸把文教行業確定為自己奮鬥的主賽道。

規畫力‧Planning

自勵心是動力之基，但有了志向和熱情還遠遠不夠。如若只會天馬行空地做夢，那麼美好的未來將永遠虛無縹緲、遙不可及。

下一個關鍵步驟，是清晰、果斷的規畫。行文前不列提綱、不打草稿容易邏輯混亂，不知所云；行事前不做計畫就容易被干擾，直至半途而廢。

在學習和工作中，我一直有「規畫強迫症」，從本書前面的篇章裡可見一斑：不論是每日 To-dolist、週計畫／月計畫，還是 SMART 原則、OKR 制訂和更宏觀的五步法，我一直牢牢掌控著自己人生的舵。

不論做什麼，我都要求自己必須明晰三個問題的答案：**為什麼要做？接下來要分幾步做、怎麼做？如何評定做的結果？**

我也有一些朋友活得隨性、寫意，牴觸甚至厭惡做計畫，習慣摸著石頭過河，相信船到橋頭自然直。坦率地講，我理解這樣的處事風格，也認為在日常休閒中沒必要把神經繃得太緊，但對於關乎升學、求職的要事，我永遠堅信規畫的力量和價值。

如果沒有經過周全的考量，我就無法從容、穩健地離職高盛，試水創業，重返校園，然後順利畢業，繼續職場奮鬥。在我的生活裡，哪怕是令人覺得「不按常理出牌」的決定，其實都是仔細規畫後得來的結果。

如果你習慣了做規畫，就一定會愛上規畫力帶給你的積極變化：多了淡定和有條不紊，少了狼狽與手足無措。

執行力‧Execution

有了自勵心的驅使和規畫力的指導，我們就離「如願以償」近了一大步，但依然是「革命尚未成功，同志仍需努力」的狀態。「九字三步」的精進過程，由執行力壓軸。

所謂「執行」，**就是執行得快、執行得好，就是執行得科學、執行得到位，就是現在就開始做。**

如果不願或不會執行，自勵心和規畫力就沒了依託和承載，正如即使堆砌再多個 0，如果沒有 1 在最前面，整串數字仍舊毫無價值一樣。更糟的是，執行不力而導致的失敗，可能會挫傷我們的信心和鬥志。

我曾和一些自暴自棄、對未來沒了信心的同學聊天，發現他們之所以放棄和失意，並非因為胸無志向，而是起初也有夢想，也做了計畫，卻沒能付諸有效行動，導致計畫流產。因此，他們越發懷疑自我，乃至徹底不再努力，這真的非常可惜。

他們其實具備足夠的智商和能力，也並非不願執行，只是用錯了方法，結果適得其反。因此「執行力」並不簡單 —— 採取行動時，單單「快」是不夠的，還需要「科學」「高效」。

正確而有針對性的執行方法，才能讓我們事半功倍。

不誇張地說，本書超過 90％的內容都在講解如何「執行」各種學習場景裡的不同任務。希望這些我掰開了揉碎了、一個字一個字敲出來的方法，能幫你糾正先前錯誤的學習習慣，完成執行力的逆襲。

第28課
不如去闖：耶魯四年，永遠的情誼

　　從耶魯大學畢業已經數年，但和這片校園有關的回憶卻恍若昨日，至今歷歷在目。能在耶魯度過 18 到 22 歲的青春，成為一名耶魯的校友，是我此生的幸運。

　　寫第一本書《不如去闖》時，我用了一整章講述自己在耶魯求學的故事，卻還未曾以一篇文章回顧整個四年的經歷。藉寫此書的契機，首次做一個全景回顧式的分享，希望對廣大讀者、特別是計畫出國留學的同學們有借鑒意義。

學業‧Academics

　　我喜歡用「痛並快樂著」來概括在耶魯的學習體驗。做為一所全球頂尖學府、美國老牌常春藤盟校，耶魯是「嚴進嚴出」的典範。本科生不論主修哪個專業，都要經歷高強度的四年學習後方可順利畢業。

　　耶魯課業量之大，尤其體現在日常閱讀任務和論文兩方面。在耶魯四年，我總共寫了超過 150 篇論文，平均每學年近 40 篇、每學期 20 篇、每個月 4至 5 篇、一週 1 篇。

　　這些論文可不是東拼西湊就能應付了事，而是要經過嚴謹的查資料做研究、列提綱打草稿、多次修改定稿的全過程。即使是寫 4 至 6 頁的短論文，也可能需要閱讀幾百頁的資料，才能提煉出足夠有力的論點和素材。

　　做海量閱讀作業不只是為了寫論文，也是為了日常課堂討論。耶魯本科課程有一半以上是 seminar（小班討論課），即不超過 20 個學生的小課。在

這樣的課堂上，發言和辯論是家常便飯，為了跟上進度、做有品質的發言，就必須踏實完成好課前閱讀。正是在耶魯的這幾年，我逐漸練就了速讀和精讀的本事。

我在耶魯四年的學習側重點和體驗各有不同，大一上學期初來乍到，進入和國內完全不同的環境，前兩週乃至第一個月都遭遇了文化衝擊和生活上的不適應。

當時的首要任務是克服挫敗感，盡快融入校園環境。我每天都「毛孔全開」、如飢似渴地惡補口語，同時說服自己戰勝羞怯，在課堂上積極發言、闡述觀點，在課下不放過任何提升交流能力的機會，一個多月後就迎頭趕了上來。

耶魯和絕大多數美國高校一樣，大一、大二時不分專業，所有學生都要經過兩年的「通識教育」。

通識教育的另一種說法是「博雅教育」，與「專業技能教育」相反，旨在鼓勵學生博採眾長，通過不同領域的學習涉獵，培養全方位素質。相較於哈佛、麻省理工和史丹佛等其他美國名校，充滿文藝氣息的耶魯更加崇尚博雅教育。

大一和大二兩年，我在社會科學、人文、自然科學、數學、外語等不同板塊都修了學分，以完成博雅教育的要求，印象最深刻的是「地質考古學入門」「感受古希臘的魅力」等妙趣橫生的課程。

在這些課上，我有幸到耶魯的地質博物館做侏羅紀恐龍化石主題的研究，在耶魯古典系圖書館探尋古希臘建築美學的真諦，是迄今為止都回味無窮的體驗。當然，除了這些很神奇的課，我也上了線性代數／微積分、英文寫作、初級微觀經濟學等更「正統」的課程，為之後的專業課學習打下了堅實基礎。

經過一年半的摸索和論證，我在大二下學期結束前正式確定把經濟學做為自己未來兩年的專攻。耶魯經濟系實力雄厚，有數名教授是諾貝爾經濟學獎得主。大二下學期，每個學生都可以在全校教授裡任選一位「學術導師」，他／她會協助學生規畫大三、大四的專業課安排，也會對論文選題、未來就業或升學等提供指導。我的學術導師是耶魯經濟系一位德高望重的老教授，他不但在選課等方面給予了我巨大幫助，還成了我的忘年之交，我們至今仍保持著密切的問候往來。

大三和大四時，我把90％的精力用在了專業課的學習上，不但在耶魯本科生院選修經濟學領域的各門課程，還通過提前選拔、教授推薦等方式上了耶魯管理學院、耶魯經濟系研究生部的高階經濟學課程。

　　做爲爲數不多的大學部學生，和一群更有閱歷的碩士、博士生一同上課的感覺十分過癮，也增強了我把每門專業課程都學好的信心。大四下學期，我的畢業論文獲得了從學術導師到經濟系主任的一致好評，以 A 的成績（全系畢業生的 10％取得 A）爲專業學習畫上了圓滿句號。

　　當然，在經濟學專業課之外，我也見縫插針地修讀了其他領域的課程。比如我在耶魯上了四年日語課，從大一上學期的初階日語從未中斷地學到了大四第二學期的高級日語文學；大三和大四兩年，我還在社科、人文的海洋裡暢快邀遊，尤其是過足了歷史癮，選修了諸如日本列島史、古羅馬史等耶魯的經典歷史課程。

校園活動・Campusactivities

我在耶魯四年的回憶裡有相當一部分和校園活動有關。在前面的章節中，我提到自己在大一入學後加入了耶魯國際關係協會、耶魯越野跑協會和耶魯學生旅行組織 Reach Out。

實際上，我在這些學生社團一直活躍到了大四畢業前，從未退團，也從未移情別戀到其他社團過，可以說是非常專注的參與者了。

為什麼會如此穩定且專一呢？因為從一開始選擇要參加的活動時，我就很理性地依照了自己的考量原則，在第 25 課（262 頁）中做了詳述，尤其是這幾點：

1. 必須是自己真心喜歡、感興趣的活動
2. 能夠鍛鍊自己的領導能力
3. 能夠強身健體

同時我很清醒地知道，耶魯的校園活動繽紛異常，如果自己貪得無厭、什麼都想嘗試，必將占用過多時間、影響課業。在相對自由的大一、大二學年，我分配給校園活動的時間是平均每週 6 至 10 小時；在忙專業課和求職的大三、大四學年，我每週參與校園活動的時間減少到了不超過 5 小時，這樣既能保證主業不受影響，又能在活動中放鬆身心，可謂一舉兩得。

校園打工・Campusjobs

在耶魯四年裡，我一直沒停過打校園零工。為什麼要做工？主要原因有三：一是更深入地感受耶魯。除了在精采的課堂和帶感的社團活動中體會校園，我還想通過打工來直接參與這所超級大學的日常運行。

二是結交更多有趣的人，每天穿梭於耶魯的不只是學生和教職員，還有來自世界各地的訪客，我想認識他們中的一些人，而不僅僅是擦肩而過、一期一會。三是貼補日常開銷，我當時希望盡早經濟獨立，不再需要家裡提供生活費。在這裡必須表達對母校的感恩——感謝耶魯給了自己四年全額獎學金（覆蓋學費、住宿費和伙食費）。我此生的一大願望，就是在不久的將來回饋母校，支持更多學弟學妹完成大學夢想。

我在耶魯的校園工經歷怎一個「豐富」了得：大一上學期時，做為「中國來的理科班資優生」，順利應聘進化學系實驗室做助理，有模有樣地和溶液試劑打交道，頗有些青年研究員的架勢；大二時為了把日語學得更好，我又接了一份耶魯東亞圖書館日本圖書部記錄員的零工，每週三次在古老的藏書樓裡和日文書親密接觸，一邊工作一邊提高了日語詞彙量。

　　大三時我已是高年級學生，有資格申請更高薪、「高級」的工作了，我選擇了最受本科生歡迎的「耶魯校園大使」一職，成功憑自己的三語（中、英、日）技能脫穎而出，從大三下學期到大四畢業前做為學生代表，接待到耶魯訪問的要客（政要、企業家等），不但攢下來的零花錢更多了，還有幸結識了數位 VIP 貴賓，拓展了自己的人脈。

求職．Recruiting

　　如果說打校園工更多是出於豐富生活、感受校園、貼補日常開銷的目的，並非所有學生都會參與，那麼「求職」就是幾乎每個耶魯學生都非常重視的一項任務了。

　　不過我當時對待求職的態度是「先鬆後緊」，大一時全身心融入校園、專注課業，享受在象牙塔裡汲取知識真理的感覺；大二直到下學期開始前，也幾乎沒花工夫鑽研求職門道。

　　這麼做主要是因為那時未滿 20 歲，我想盡量探索不同可能性，而不是早早地把自己的未來框定在某個領域。實際上，大一時我甚至都不去考慮本科畢業後是繼續深造，還是直接進入職場打拚。

　　直到大二下學期，在耶魯度過了一年半的求學生活後，我才做出一個決定：畢業後先全職工作、體驗當社會人的感覺。通過和不同的教授、學長學姊聊天，我確認自己不想走學術科研路線——起碼在 20 多歲時志不在此。

　　做為和「市場」離得最近的經濟系學生，我渴望盡早探索商業世界，尤其是新興市場和亞太地區的無限機遇。留在美國工作固然可以，但我更希望憑藉中美教育背景所賦予自己的相對優勢，在畢業後回到中國摸爬滾打。

　　做為職場試水的第一步，我申請了耶魯的國際實習項目：The Yale International Bulldog Program（耶魯國際鬥牛犬項目）。這是耶魯專門為本科生提供的暑期實習機會，可以應聘十多個國家和地區的幾十家公司的職位，其中不乏影響力大的企業，比如世界五百大、知名管理顧問公司、金融投資基金等。

　　當時我把第一志願放在了中國香港，因為香港是銜接東西方的亞太經貿中心，在那裡我既可以學習發達地區的企業經營，又可以體驗大中華區的商業環境。後來，我如願以償獲得了香港地產龍頭企業——信和集團的錄用，整個夏天我穿梭於港島和九龍，深度了解了香港房地產行業，人生中第一次學習了職場新人的辦事做人之道，收穫良多。

　　暑假在香港實習的兩個月裡，我一邊努力工作，一邊繼續思考畢業後的職業方向。在經過了相當的 DIY 調研、校友取經和實地探訪後，我決定把投資銀行做為大學畢業後的第一站。

　　投資銀行的主要業務，用一句話概括便是「通過發行股票、債券和併購

等金融運作，幫助企業獲得發展業務所需的資金」。大家耳熟能詳的高盛、花旗、大摩、小摩等華爾街巨頭，都是全球頂尖的投資銀行機構。

大三回到耶魯後不久，我就著手開始了來年夏天投資銀行實習的準備。當時的精力畫分大致如此：三分之一用於自行研究各家投資銀行業務，三分之一用於課外自學／複習投資銀行應聘涉及的知識技能，三分之一用於參加投資銀行在耶魯的校園宣講會、結識和請教各家投資銀行的耶魯校友。

為了提高自己應聘時的成功率，我特意為自己加碼，使用難度最高的面試輔導書，還和耶魯MBA的學長學姊們組成備戰小組，一起複習。努力最終獲得了回報，我只申請了高盛、大摩和小摩三家頂尖投資銀行的實習崗位，並順利進入到三家的最終面試，在高盛面試後的幾小時就拿到了Offer，也果斷接受了這份「第一志願」。

大四上學期開學後沒幾天，我就因為在大三暑期實習中的優秀表現，直接獲得了高盛中國區總部的「Return Offer」（回歸公司全職工作的錄用），在本科階段的首次求職宣告圓滿結束，也先求職大軍的同學們一步，提前獲得了解放。

如果你對我在高盛的經歷和體會感興趣，可以翻看《不如去闖》的〈求職〉章節。

旅行・Adventure

我在山東濟南出生，9歲時搬到福建廈門，18歲之前的幾乎每個長假都會用家人給的壓歲錢和自己得到的比賽獎金、稿費，到大江南北旅行。上小學一、二年級時就多次獨自搭飛機往返南北方探親，初一時還自行設計路線，一個人到韓國旅遊。

無論是與生俱來熱愛探索的基因還是後來的生活成長經歷，都讓我這輩子和「旅行」結緣。18歲時一個人拖著行李箱漂洋過海到耶魯，是我人生中第一次真正意義上的遠行。到耶魯後，我依然沒有停下旅行的腳步。出國前以廈門為據點，領略國內和亞洲國家的風景，到西半球之後得以走得更遠、更野，看到了年少時未曾想像過的世界。

我和幾位同愛旅行的大學死黨組成了「世界真奇妙」小分隊，幾乎每月都抽出一個週末，開車到附近的紐約看歌劇、到佛蒙特州看紅葉、到哈佛和

麻省理工會朋友。大學四年的寒假、春假和暑假，我和耶魯 Reach Out 協會的同學們去了印度的貧民窟、中國福建的鄉村，還窮遊了廣袤的美國中西部、墨西哥和歐洲各國。

我在本科期間的旅行，從沒有過哪怕一次奢華享受型的遊山玩水，每次出行經費都來自獎學金、校園零工報酬或實習工資，至少一半的旅程與社會調研、語言精進等學習目的有關。

「年輕時拒絕迷茫，勇敢去闖」從來都是我的人生信條，也是我一直希望和各位同學共勉的生活態度。

「交」友 · Camaraderie

羅曼·羅蘭曾說：「有了朋友，生活才顯出它全部的價值；一個人活著是為了朋友；保持自己生命的完整，不受時間侵蝕，也是為了朋友。」

這句話雖然有些絕對——畢竟我們更該為自己而活，但朋友確實是生命中不可或缺的存在。我們喜歡或厭惡一段日子、一個地方、一次經歷，經常在很大程度上取決於我們遇見的人。

回想在耶魯的「Bright College Years」（光明美好的大學時代，這也是耶魯校歌的歌名），最令我珍重和留戀的，也是一起共度同窗歲月的每一位朋友。

我感恩耶魯的「住宿學院系統」：大一入學前，每位學生都會被隨機分配進耶魯 14 所住宿學院的其中一所。每所住宿學院都有自己的設施（宿舍樓、食堂、圖書館、健身房等）和文化，既像一座微縮的耶魯，又共同構成了耶魯的大學部校舍，正如《哈利波特》小說裡霍格華茲魔法學校和葛來芬多等四個下屬學院的關係。

因為這個精妙的系統，我不但在自己的住宿學院裡結交了朝夕相處四年的生活好友，還通過上課和校園活動認識了耶魯全校範圍內的同學。這些志同道合的夥伴來自不同地區，有著各異的家庭背景和成長經歷，但每個人都是善良正義、聰慧上進、對世界充滿關懷和熱愛的年輕人。

我至今記得和好友們一起在圖書館寫論文讀書到天明，一起在漫天飛雪的校園裡奔跑，一起爬到山頂看大西洋的日出，一起聽音樂會，一起磨練廚藝，一起準備面試，一起慶祝彼此的成就，一起在畢業前夜喝到大醉，在耶

魯三百多年的校園裡唱著歌、流著淚，不捨告別……

因為這些可愛的人，我的耶魯故事才那麼溫馨，那麼厚重，那麼無與倫比。

以耶魯校歌 Bright College Years 的歌詞選段一表自己對大學母校的眷戀，也祝你擁有一段美好得無以言表的象牙塔歲月。

Bright College years, with pleasure rife,
The shortest, gladdest years of life;
How swiftly are ye gliding by!
Oh, why doth time so quickly fly?
The seasons come, the seasons go,
The earth is green or white with snow,
But time and change shall naught avail
To break the friendships formed at Yale.

陽光華年，歡樂滿溢
短暫之至，其樂之極
時光荏苒，其逝何悄
白駒過隙，其逝何忽
春來春去，花開花落
大地皆綠，轉而皆白
星斗雖移，世事或遷
耶魯情誼，堅固永遠

（中文翻譯源自 https://www.meipian.cn/msrd9ea，翻譯：黃廬陵）

第 29 課
LEO 的獨家揭祕：
哈佛學生的 24 小時是如何度過的？

剛入讀哈佛大學商學院時，我曾寫了一篇六千字調查文 ——〈凌晨 4 點半的哈佛圖書館，真的燈火通明？〉。文章之後被《人民日報》等近萬個媒體平臺轉發，閱讀量過億，引發了國人的廣泛討論。

多年來，在國內一直流傳著這樣的說法：哈佛學生極其拚命，無時無刻不在學習，常通宵啃書，而哈佛的圖書館到了凌晨 4 點半也仍然「燈火通明，座無虛席」。

這個說法被某些不負責的毒雞湯作者炮製成生動的文章，甚至以《哈佛凌晨 4 點半》命名的暢銷書，迷惑了萬千國人。

爲了揭露不實傳言，我通過走訪哈佛數家圖書館、採訪哈佛不同院系在校生等方式，還原了真相 —— 哈佛學生，幾乎不會爲了學習而通宵爆肝；絕大多數哈佛圖書館，更是在午夜前就閉館歇業。

我的真相文發出後，漸漸又出現了另一種偏頗的觀點：

「哈佛的學生其實沒那麼認真學習，要不然他們怎麼都不徹夜做題呢？」
「不要迷信哈佛學生，只要能考進去，就可以高枕無憂地享受生活了。」

當然，我也收到了更多好奇的提問：

「如果不學到凌晨 4 點半，那哈佛學生平常都是如何學習的？」

「做爲哈佛學生，你每天都是怎麼過的？能講講自己的作息安排嗎？」

我想做爲一個在哈佛大學生活了兩年多的學生，無保留地分享自己的「一日作息」。我不算異類，我的日程能反映出不少哈佛同學的生活節奏。

下面要還原的「哈佛一天」，基本無偏差地代表了我 80% 的週一到週五作息。

早晨—上午

6:30am

起床：在學校時總能形成較穩定的生理時鐘。有時即使不開鬧鈴，也能在 6:30 前後不超過 10 分鐘的區間內醒來。

warm-up 伏地挺身：我的慣常「醒盹」做法。伸個懶腰活動一下筋骨，然後快速做 30 個伏地挺身，不多不少。喘口氣，清醒效果特好。推薦大家（尤其男生）試試。

當日 To-dolist 確認：用不超過 5 分鐘的時間列好當天所有要完成的 To-do's，涵蓋學習、工作、社交等不同板塊事項，在一日之始做到心中有數，隨後才能有條不紊地高效做事。

6:40am

起床工序完成後，喝一杯常溫水，簡單地洗漱，吃一點黑巧克力，然後出門去健身房。入學以來我都住校園宿舍，走路 3 分鐘就可以到商學院專屬的健身中心，特別方便。

6:45am—7:25am

到達健身房，拉伸熱身，隨即開始每天清晨 30 到 45 分鐘的運動，有氧無氧配合進行。

我不算健身行家，志不在練成肌肉猛男，只求幹練精神、渾身有勁。清

晨鍛鍊的哈佛學生不少，所以健身房從早晨 6 點開門後就很熱鬧。

天氣好時，我也會將健身房裡的有氧項目變成到查理斯河畔慢跑。晨光熹微，邊欣賞自然美景邊獨自跑步，實在心曠神怡。

7:30am—7:40am

運動完畢，回宿舍洗澡、更衣，隨後用 1 分鐘完成每天的保留曲目「晨間激勵」——面向窗戶站定，望著外面的天空，重複默念下面幾句話為自己打氣：

我會度過非常卓有成效的一天。

（I will spend a very productive day.）

我總能通過努力克服任何困難。

（I will make efforts to overcome every difficulty today.）

我很好，一切都會很好。

（I am doing great, and everything will be great.）

如果你經常感到早晨起床後缺乏動力，甚至覺得沒有希望，不妨試一下這樣的「晨間激勵」。不要小看 1 分鐘和幾句話的力量，因為自我激勵真的可能助你「燃」起來。

7:45am—8:15am

到學校食堂吃早餐，一般不超過 20 分鐘。哈佛食堂的早餐選擇很多，不過我基本吃「老三樣」：一碗澆了低脂牛奶的熱燕麥粥、兩個雞蛋配兩片全麥吐司（有時也吃稍微「不健康」一點的巧克力牛角包）、一小碟綜合新鮮水果。

8:20am—9:00am

和學習小組的四位同學進行「課前預熱討論」。

在哈佛，許多學生都會和同屆的幾位同學組成學習小組，定期見面（我的小組會面頻率是工作日天天見），一同討論當天要學習的新課材料（比如

商學院的課程案例），幫助彼此在課前初步掃除知識疑點、盲點，從而更有準備地進入課堂，有的放矢地聽講，提高學習品質。

9:10am—12:10pm

進入上午上課時間。

哈佛的大學部和商學院工商管理碩士課程設置略有不同。以商學院為例，常規課一節 80 分鐘不間斷，升入二年級後還有一節超過 2 小時的「超級大課」。雖然早已是互聯網時代，但**哈佛商學院課堂仍嚴禁一切電子設備**，包括筆記型電腦、iPad、手機等，旨在讓學生全神貫注地參與課堂。

每節課的強度都很高 —— 想偷懶？幾乎不可能，因為每位學生都要跟緊教授進度，隨時準備在全班同學面前做獨立發言，闡述個人觀點。想不發言？也不行。因為「課堂參與」是期末成績的重要組成部分。**隨便翹課更是「危險行為」，因為出勤率同樣是成績考評的關鍵因素。**

也因為哈佛的上課強度，整個上午我都幾乎處於緊繃狀態，只會在課間 10 分鐘去一次洗手間，和同學們閒聊幾句。

中午—下午

12:15pm—12:45pm

中午下課後，我通常會逕直走到距離教學樓僅幾分鐘的食堂吃飯，這樣便可以將午飯時間控制在 30 分鐘內，並且還能吃得又飽又從容。

哈佛食堂的午餐選擇不少，還經常變花樣。除了上百種固定餐食外，也許今天還會特供地中海風格餐食，明天有東南亞主題飯菜，後天出現波士頓大龍蝦、中國餃子等小驚喜。所以在哈佛，滿足味蕾和胃並非難事。

12:50pm—1:10pm

我把午飯後的這 20 分鐘稱作「碎片時段」。**所謂「碎片時段」，意思是在此期間沒有固定要做的某件事，視具體情況，靈活安排做不同的事。**在每天的這第一個碎片時段，我最常做的是下面可選項裡的其中一件：

1. 和同學喝咖啡，社交聊天。

2. 快速預熱下午上課的新內容，爲課堂討論做準備。

3. 快速查看、回復微信等社交 APP 的資訊，查發 E-mail。

4. 放鬆：坐在商學院圖書館的軟沙發椅上瞇一小會兒；讀幾頁正在看的課外書；刷刷手機、看看短視頻。

1:15pm—4:00pm

下午的課通常從一點多開始。上面已經簡要地介紹了哈佛的上課模式，這裡不再贅述。不管上午、下午，高度集中精力的上課狀態是永遠必需的。

4:00pm—4:25pm

下午下課後的這 20 多分鐘，我通常會做的兩件事之一：做得更多的是「課後整理」，將當天上午、下午課堂上的全部所學知識快速地回顧一遍。

一邊看教材，一邊對照熱騰騰的課堂筆記，向自己發問，確保已經掌握了重點、難點。如果遇到疑難問題，我會通過 E-mail 或當面向同班同學 / 教授請教。

其二是去教授的「Office hour」（簡稱「OH」，辦公室開放時間）。 在哈佛，每位教授都有固定的 OH，學生們可以提前通過 E-mail 預約，然後在確定好的時段到教授辦公室「做客」。

我每週都會預約幾位不同教授的 OH，不但有自己在商學院的上課教授，也有哈佛其他院系的教授、學者。在 OH 的 15 到 20 分鐘裡，我會和教授請教他們的學術研究，探討自己的學業甚至未來規畫，或就國事家事天下事愉快地開聊幾句。

通過 OH 拜訪，我增進了與教授對彼此的了解，有機會讓不同教授指點迷津，還結識了在上課時見不到的、更多的超強學者，實在是獲益匪淺。

傍晚—晚間

4:30pm—6:30pm

進入今日的第一個「高強度學習 & 寫作業時間」。在這 2 小時裡，我通

常會獨自坐在哈佛主圖書館的某個僻靜角落，關掉手機，戴上耳機，逼迫自己心無旁騖地專心於當天作業。

哈佛學生的閱讀任務很重，一天（其實只有下課後到晚上睡覺前的個把小時）150頁正反面閱讀都可以說是家常便飯；除了閱讀，當然還有書面作業，商學院教授經常布置課後小論文等不同形式的筆頭功課，且難度不低、遞交時間緊迫，絕不可能蒙混過關。

好在這兩年的高強度生活已經使我的學習效率日臻完善，因此兩小時內就可以快、準、狠地完成不少課業量，但做完當天所有作業還是基本不可能。另外，每週二下午 4:30—5:30 有學生社團活動要參加，因此當天的第一個寫作業時段就相應地縮短為 5:45—6:30，時間更加捉襟見肘。

6:35pm—7:20pm

晚餐時間。我通常會和不同的同學約飯，不只是哈佛的朋友，有時也會將「**晚餐社交圈**」拓展到波士頓其他大學（比如麻省理工、柏克萊音樂學院等）。**很多忙碌的哈佛學生都將晚飯視為一個重要的社交機會**，通過「dinner table」來拓展社交圈、結識志同道合的朋友。

7:25pm—7:45pm

晚餐後的這 20 分鐘是一天中第二個可選項很多的「碎片時段」。可以跟國內晨起的家人打電話，也可以聽音樂瞇一會兒，促進飯後消化；當然，在最忙碌的週二（因為下午學生社團活動占用了一小時），我很可能會繼續學習、寫作業，抓緊時間盡早地完成全部任務。

7:50pm—9:50pm

進入今天的**第二個「高強度學習＆寫作業時間」**。

經過了晚餐和碎片時段的短暫放鬆、換腦後，重啟下午尚未完成的課業。依舊是一個人的圖書館、一摞書、一部筆記型電腦、一副耳機、一瓶水、一些補充能量的小食，**高度專注兩小時，絕不接受手機和其他人的干擾，只求越快越好地完成當天所有作業**。

在哈佛圖書館學習其實不愁沒動力，因為四周的「奮鬥環境」實在太純

粹、太給力了，沒有任何雜音，只有翻書聲、打字聲和刻苦啃書的學生。

9:50pm－10:10pm

這一天的第三個「碎片時段」。從晨起到現在已經連軸忙了超過 15 小時，不累是絕對不可能的，所以在這 20 分鐘裡，我幾乎都會坐進圖書館鬆軟的沙發椅上，戴上眼罩，**打一個「重拾能量的小盹」**，盡可能讓身心放鬆片刻。

深夜

10:15pm－11:45pm

這是一天結束前的「最後忙碌」。在哈佛讀書的同時，我也在國內有自己專注的專案，所以**每天都需要抽出一定的「辦公時間」遠端開會，和團隊一道推進工作**。

過去兩年多，我和國內的同事們一直延續著「你們的午安，我的晚安」模式，並且配合得非常愉快、默契。在課業較忙的日子，我會首先保證完成當天作業，所以偶爾也會把這個工作時段分一部分給學習。

11:50pm－12:00pm

在零點前，我會完成對這一整天的回顧，**最後一次拿出 To-do list，總結當日事項的完成情況**。如果順利完成了，很棒；如果仍在進行中或還未開始，馬上明確原因，並計入下一天的 To-do。沒有特殊原因，就不可輕易向自己妥協。

12:00am－12:40am

這是一天中的「徹底放鬆時段」。在這 30、40 分鐘裡，我會將學業、工作等「正經事」全部拋在一邊，唯讀喜歡的課外書、看喜歡的電影、寫寫文章打打字、計畫計畫近期的旅行、和家人睡前聯繫一次，有時也會跟隔壁的同學玩玩手游（從不上癮）或網購片刻。

越是忙碌，越是需要充分減壓，對自己好一點。

12:45am－12:55am

洗漱沖涼，準備上床。

凌晨 1 點左右

靜思冥想片刻，然後和世界說晚安。忙完一整天後沾上枕頭就秒睡的體驗，你也能夠擁有。

補充說明

1. 根據每日任務和所需時長的不同，每個時間段都會有一定浮動，但上下誤差通常不超過 20 分鐘。

2. 期末複習週時學校結課，我的日程也相應調整為：所有課堂時間自動變成溫書時間；每日工作時間繼續，但會為期末備考暫停社交活動。

3. 以上是我在「工作日」的排程，週末時一定會補覺休息、降低強度，即使有時因為生理時鐘在清晨醒來，也會嘗試睡個回籠覺。不過我從沒有過完全放空、什麼都不幹的時候。忙慣了的人，很難真正地閒下來。

4. 做為單身漢，省下了不少別人用來談戀愛的時間。當然，學生時代談情說愛乃人之常情，校園愛情也十分美好，只是我不強求，暫時的確也無暇顧及了。

以上就是我的「哈佛一天」，可以總結為「三很」：**很忙，很充實，很有收穫**。最後，我再總結幾點自己的觀察和感受：

首先，哈佛學生不會在圖書館熬到凌晨 4 點半，但更不可能虛度時光、優哉遊哉。這是一片充滿正面競爭與能量感的校園，「忙」，是 99%哈佛學生的狀態。

也許有人會說：「你一直兼顧學業、工作等各方面，所以每天都很忙，別的學生可不一定那麼忙吧？」

但事實是，其他同學也在同時處理多項任務，為了各自的目標不停忙碌著。比如大多數哈佛學生需要花大量的精力應聘，或籌備繼續升學；一些學生參加了多個學校社團，每天都有活動要忙；在哈佛商學院，還有多達 25%

的學生正在創業，處於「全職學生，兼職幹活」的奮鬥狀態。正如國內不少年輕人也非常拚，都在「忙、痛，卻快樂著」。

另外，哈佛學生從不認為「熬夜最光榮」。大家追求的不是時間長短，而是單位時間效率。除了 To-do list，很多同學還會列每週／每季度／全年規畫清單，借助不同時間與任務管理工具提高能效。

第 30 課
LEO 媽媽的誠意分享：
家長與孩子共同成長的八個祕訣

　　本文作者 Karen，是 Leo 的母親，60 後「文藝青年」。曾在山東大學、山東財經大學教授英文，後進入媒體界，任電視臺英語新聞單元製作人、主播。退休後遷居北京，翻譯英文著作、品讀電影小說，餵養流浪動物。

　　本書的編輯朋友邀請我分享家庭教育的經驗，我誠惶誠恐。不敢妄談什麼經驗，謹借此章，聊一聊我對子女教育的幾點感悟吧。

一、做父母需有職業態度

　　我一直覺得，為人父母，好比一份職業。這份職業甚少職前培訓，必須不斷進修，而且一旦上任，終身在職。除非不可抗力，絕無辭職、調職的可能，更不能辭職。

　　在孩子漫長的成長過程中，身為父母，要日復一日、年復一年地辛勤付出，給予孩子最大限度的愛，撫養並教育他，直到他長大成人，進入社會，開啟自己的生活篇章，父母才可稍微鬆口氣。雖說孩子成年後，做父母的應當「優雅地退出」，但是對孩子的那分深沉的愛與牽掛卻無論如何無法抹去，一如既往地、沉甸甸地壓在心頭，父母的職責至死方休。

您要說，父母對子女的愛怎可比做職業，豈不太過冷漠了。可是，僅有愛，僅有爲父爲母的本能，是不夠的。任性的媽、自我的爸，長不大的父母，在生活裡並不鮮見。他們當中的絕大多數也是愛孩子的，只是不能理性地對待父母這一角色，對「職位責任」缺乏清醒的覺知，時常「在其位不謀其政」或「亂政」。

我們不妨以職業態度來對待父母的職責，知道什麼可爲、什麼不可爲，懂得調整，找到最適合孩子的教養方式，使發乎本能的父愛和母愛更有質感和正向的力量，切實地讓孩子身心受益，同時也能保持融洽的親子關係，盡享天倫之樂。

二、陪伴很重要

父母的陪伴對孩子的成長至關重要，不可或缺。除非萬不得已，孩子最好跟父母生活在一起，在父母身邊長大。特別是處於嬰幼兒期和兒童期的孩子，父母中至少須有一人做爲他穩定的撫養人，陪伴左右，給予照顧和愛護，使孩子從穩定而親密的親子關係中獲得安全感和幸福感。溫暖的懷抱、慈愛的眼神、溫柔的聲音、家庭的歡聲笑語，是孩子人格、心理和認知發展所需的最好的營養。

從父母的角度來看，陪伴孩子不僅是責任，也是需求。因爲愛和疼惜，因爲牽掛和不捨，父母不願也不忍離開孩子。無論生活多麼奔波，都要牽著孩子的手，把他護在身邊。否則思念加牽掛，實在太煎熬。

自從 Leo 出生到他啓程赴美留學的那一天，我和兒子從未長時間地分開過。我絕不是黏著孩子不撒手的媽，兒子也並非「媽寶男」。只因我們的家庭狀況特殊，撫養和教育兒子的重擔幾乎只能由我獨自來承擔。

我深知責任重大，所以格外用心，盡忠職守。令我欣慰的是，在孩子需要我的時候，我從未遠離，一直堅定地站在他的身後，提供一個母親所能給予的一切支援。

Leo 讀初二那年，我有一次調往北京工作的機會。大平臺對我極具吸引力，我何嘗不想在更大的天地發揮才能，改善自己的人生際遇呢？但是，經過數日的內心掙扎和愼重考慮，我忍痛婉拒了難得的工作邀請，因爲放心不

下正在步入青春期的兒子，擔心處於特殊發育階段的他，在我自顧不暇、溝通不到位的情況下，出現叛逆、走彎路。

這並非危言聳聽，我的確見過和聽過一些案例。一向品學兼優的孩子，進入青春期後，忽然判若兩人，變得六親不認、言行古怪，家長苦口婆心、掏心掏肺，他卻無動於衷，用「刀槍不入」「藥石罔效」來形容也不為過。

雖然兒子並未出現令我高度警惕的青春期叛逆綜合症，但我仍為自己繼續留在兒子身邊的決定感到慶幸。雖然與嚮往已久的工作失之交臂，但我有幸參與了兒子從初三就打響的留學攻堅戰，而且一起打了個漂亮仗。陪伴的意義還在於，孩子的每一次努力和成長，父母都不曾缺席。

有些父母不太在意陪伴的重要性。把孩子的撫養和教育「承包出去」。常見的有：交由自家老人代養，或送去寄宿學校，從幼稚園就開始集體生活，直到高中畢業。更有甚者，把才剛小學畢業的子女送往國外留學，孩子的一切都委託給寄宿家庭來打理。

我猜想，這些父母都有著自認為充分的理由吧，比如我們打拚事業，無暇照顧孩子，送到寄宿學校能得到更好的管教；我們想讓孩子從小就接受先進的西方教育；孩子在國內成績平平，把他放到國外的環境裡去磨練，興許就把潛能給逼出來了。無論何種理由，從本質上說，都是父母在自我開脫，為推卸養育責任找藉口。

我認識幾位把 12 歲左右的兒女送去國外念書的父母，曾委婉地勸說他們趕快讓孩子回到身邊，但他們不以為然，反駁說：「沒這麼可怕，不是有很多從小就離鄉背井的孩子適應得挺好嗎？生活和學習也都應付自如。」

誠然，少小離家的孩子們中，不少人都順利地長大，讀了大學，學業有成。但這往往只是表象。有沒有人關心過，這些被父母「發配」到異國他鄉的年幼的孩子經受過怎樣與年紀不相稱的壓力，心靈受到過怎樣的暴擊？這些終於不必為照顧孩子所累的父母在夜深人靜之時，可曾因為牽掛遠方弱小無依的孩子而輾轉難眠？知道孩子生病時特別渴望父母的懷抱嗎？不擔心孩子會遭受霸凌？孩子遇到挫折時，是不是躲在被窩裡偷偷哭泣，而不敢向寄宿家庭的主人求助？會不會覺得父母拋棄了他？

相較於學業和成績，孩子的心理發展和性格的形成更為重要。若兩者只能擇其一，我會選後者，因為心理和性格才是影響孩子未來人生品質的關鍵

因素。而家庭氣氛的滋養、父母的陪伴與慈愛、親情的交流則是孩子健康成長不可或缺的條件。

那些自小住全托幼稚園、寄宿學校或遠赴異國留學的孩子，恰恰被剝奪了家庭的溫暖，失卻了父母的陪伴和親情的交流，心理問題得不到及時疏解，久而久之，他們的心理會出現偏差，心態壓抑、性格冷漠，自我認知低下，人際關係疏離。

寫到這裡，我想起著名的美籍華裔演員尊龍。尊龍很小的時候就被父母拋棄，被一個凶巴巴的老女人領養，未享受一天的母愛，7歲時被送去戲班學戲，終日苦練，動輒挨打，苦不堪言。

後來幸得命運眷顧，赴美學習表演，終成有口皆碑的藝術家。功成名就，他卻並不快樂。他不懂如何愛，也不知怎樣接受愛。他說：「我不太會做人，我沒有家，沒有父母，沒有名字，沒有童年，人和人之間的關係我不太懂，從小沒有人保護我，我只能自己保護自己，所以我就關閉了心門，我就好像一片樹葉，落到河裡，任河水沖走……」

尊龍的遭遇充分詮釋了缺失父母之愛和家庭溫暖對人一生的負面影響有多麼嚴重。他是受過良好教育的表演藝術家，卻說不知怎麼做人，不會處理人際關係，心門關閉，因為這些被稱做情商的能力主要來源於家庭的薰陶和父母的引導。

所以，如果你果決地把年幼的兒女送去寄宿學校，送往國外，花大把金錢，只為假別人之手管教自己的孩子，在他成長的關鍵期，僅僅做一個旁觀者，那麼，你就要接受相應的後果——孩子與你無話可說；孩子和你不親，不像一家人；孩子的「三觀」與你所希冀的大相逕庭；孩子性情冷淡、總是不快樂。諸如此類，不一而足。

您要說，夫妻二人中有一人陪同年幼的孩子去留學，不是很好嘛？以我之見，這也不是上佳之選。原本父母雙全，一家人其樂融融，共享天倫之樂，為什麼要變成單親家庭模式呢？

陪伴孩子長大，是一個辛苦又充實的過程。父母付出時間和心力，暫緩事業追求，甚至放棄大好前程，不辭辛勞，為的就是伴著孩子順利地度過每一個關鍵的成長階段，確保他成為身心都健康的人。況且，孩子咿呀學語、蹣跚學步，上幼稚園、讀小學、念中學，點滴進步，父母不僅是見證者，更

應當是參與者。孩子的成長過程是單向行進的，沒有重播鍵，父母缺席而錯過的部分就只能留白，豈不遺憾！

三、父母需自律

家是我們可以卸下一身疲憊、放鬆身心的居所，是我們不必掩藏喜怒哀樂，甚至可以宣洩負面情緒的所在。但是，做了父母後，回到家中，在孩子面前，我們就不能隨心所欲、口無遮攔了。

家長的三觀和品行相當程度上決定著孩子成人以後的樣子，為了給孩子良好的薰陶，身為父母就要在一言一行中自我約束、自我修正。

在此，我特別想分享以下幾點：

遇事不情緒化、不釋放負能量

人生不如意十之八九，鬧心的事時常有。有些人反射弧特別短，一不順心，脾氣就炸。比如夫妻之間一言不合就大吵大鬧，大動干戈，如果這是家庭常態，孩子就會錯誤地認為，爭吵、對罵，甚至大打出手，是解決問題的唯一方式。

夫妻間如有分歧，要學會克制和寬容，進行良性溝通，身體力行地教導孩子，憤怒的情緒只能激化矛盾、使問題升級，理性平和的溝通才是解決問題的最佳辦法，人與人相處，溝通必不可少。

家長們身背事業、家庭、子女教育、贍養老人幾座大山，心力交瘁，時有惡劣情緒上身。孩子稍有不慎，便立即點燃他們的暴脾氣，淪為他們壞情緒的垃圾桶。輕者挨頓劈頭蓋臉的斥責，重則皮肉受苦，這是暴風驟雨式的家暴。還有一種壞情緒更具代入效果，往往來自女性家長，這就是哀怨、歎氣、哭天抹淚、活不下去了、死了算了之類，像綿綿不絕的冷雨裏挾著一股絕望的氣息，將整個家變成一個負能量場，這是淒風苦雨式的冷暴力。

情緒失控的家長可曾想過，遭受情緒暴力的孩子有多可憐！你一通宣洩將負面情緒全都轉移到了孩子身上，他們茫然無措、壓抑鬱悶、恐懼無助、委屈憤怒，甚至恨意不絕。所不同的是，孩子敢怒不敢言。若不及時得到疏導，孩子的心理和性格就會扭曲，變成父母最不願意看到的易怒、膽怯、自

卑、脆弱、消極、厭世、被霸凌或霸凌別人……

　　每個人都或多或少地帶有原生家庭的陰影，我也不例外。我的童年時期，家庭遭遇變故，慈愛的父母身心俱傷，家裡再無往日的歡聲笑語，取而代之的是愁容和歎息。

　　年幼的姊姊和我，在外遭受謾罵和欺負，在家裡也小心翼翼起來。這樣的氛圍造就的性格多少是有問題的。我帶著自卑、抑鬱和怯懦的性格傾向上了大學、參加了工作，習慣性地自我否定，悲觀地看待事物。總是擔心自己不會說話，惹人不快，不敢表達自己的觀點，殷勤地予人方便，即使自己千般委屈；面對進修機會，總是自我斷定沒資格爭取。就連婚姻大事，也是草率為之，終以離婚收場。我用了好多年，通過觀察和學習別人如何待人接物、如何化解問題，才逐漸從負面的性格中解脫出來。

　　個人經歷使我深刻地認識到，成長環境對於人的性格形成有著深遠影響，因此，我時常保持警醒，努力改善自我，用心做一個樂觀、開朗、有趣又溫暖的母親。實際上，在養育兒子的過程中，我得到了救贖，學會了自我的內外一致。兒子也喜歡與我這個「神經大條」的老媽聊天、開逗，在輕鬆愉快的家庭氛圍裡，他長成了一個性格開朗的陽光大男生。

　　為了孩子的身心健康，為使孩子擁有好性格和積極心態，父母必須負起責任，學會控制情緒，遇事不情緒化，不鬧彆扭，凡事看積極的一面，客觀理性、包容大氣；把破壞性的情緒關在家門外，讓家中的氣氛輕鬆、平和、愉快而治癒。

不論人非

　　看過脫口秀演員李誕的一個段子，繪聲繪色地描述爸媽帶孩子去鄰居家串門子，當著小孩的面聊起了某某和某某在鬧離婚，正聊得起勁，忽然想起孩子還在跟前，便打發孩子去找鄰居家的哥哥玩，可是兩個孩子年齡懸殊，沒得聊。

　　小的這個便沒話找話地跟哥哥套關係，說起了剛聽來的某某阿姨和某某叔叔鬧離婚的八卦。雖然這是個滑稽搞笑的段子，但不能不說是現實生活的生動寫照。孩子有樣學樣，耳濡目染，不知不覺間，一招一式便染上了自家大人的做派。

「誰人背後不說人，誰人背後無人說」，在聊八卦、論是非這方面，幾乎無人免俗，只是程度不同而已。有的事出有因，僅限於跟親近的人議論幾句。比如，在單位遇上了不順心的事，回到家跟妻子或丈夫發發牢騷，議論一番，這在所難免，可以理解，人總得找個疏解的出口。

不過此時，一定注意不要當著孩子的面議論，杜絕給孩子以不良的暗示。還有些人習慣性地在別人背後說三道四、蜚短流長，街頭巷尾的大事小情沒他們不操心的，全然不顧及孩子好奇地豎起耳朵。

受這種家風薰陶的孩子，長大後，大概也會是個長舌之人，好論人非，處不好人際關係。這一不良習慣最大的壞處在於，眼睛總瞅著別人的隱私和槽點，實際上是被人牽著鼻子走，心無定力，格局狹隘，難有出息。所以，家長們，請嚴管自己的嘴巴，積口德、重修養、有格局，給孩子樹立良好的榜樣。

四、相信、信任

我的朋友王姊特別能幹，家裡家外一把好手，退休後更是包攬了全部家務。已經成家立業的女兒想搭把手，王姊從來不讓，理由是她幹活不俐落。某日，她給我發微信，說這幾天感冒，女兒回家給做了兩天飯，萬萬沒想到，飯菜做得相當可口。

在電梯裡，聽到一對母女的對話。女兒 8、9 歲的樣子。

女兒：「媽媽，我數學考了 100 分。」
媽媽：「是嗎，是不是你們全班都考 100 分了？」
女兒：「不是的媽媽，我和王濤並列第一。」
媽媽：「哦，那可真是太陽打西邊出來了……」
女兒無言。

閨密曉敏的兒子在加拿大讀完本科和研究生，已然喜歡上了加拿大的環境，打算繼續留在那裡讀博或就業。曉敏卻在兒子放假回家時，把他的護照藏了起來。她想讓兒子留在家鄉的城市，工作、結婚、生子，理由是：兒子

一人在加拿大，好多事情搞不定。回來多好，房子給買好了，未來的媳婦也相中了。

以上這幾個事例，有一個共同點，這就是父母對孩子的不信任。因爲不相信，所以不信任，才會放不開手。這大概是做父母的通病吧。

孩子幼時，我們認爲他什麼也不懂，自理能力幾乎爲零，離開大人的照顧與呵護基本活不下去；孩子大些時，我們又懷疑他沒那麼聰明，考個好成績是僥倖；孩子成年後，我們不相信他已經具備獨立生活的能力，常以自己的感受取代他的感受，包辦一切，還自以爲是地說：「你爸你媽過的橋比你走的路都多。」

Leo 小時候身體不太壯實，隔三差五地發燒、腹瀉，所以我十分小心地呵護他。天氣稍微轉涼，就把他裡三層外三層地捂起來，生怕他著涼。某次，帶小 Leo 去看病，被醫師的一句話戳到：「不要這麼緊張，妳得相信孩子自身的抵抗力。」於是我決定改變策略，不再被動地防守，而是鍛鍊他的抵抗力。

我放他跟小夥伴在宿舍區裡瘋跑嬉鬧，一起踢球，到草叢裡捉螞蚱；週末帶他去爬山，在空曠的山谷裡大聲喊叫，聽誰的回聲多；和他比賽跳繩，比賽誰跑得快。到上小學時，Leo 的身體結實了不少，還在校運動會上，獲得二百米賽跑冠軍。我欣喜無比，兒子再也不是那個弱不禁風的小男生。

醫師的這句「妳得相信孩子自身的抵抗力」，開啓了一個良性循環。相信孩子具有抵抗力，繼而放開手腳，任他強身健體，他的天性也得到釋放。與此同時，我們母子間的交流互動也變得輕鬆自在，越來越像朋友，不再是緊張兮兮的媽和文弱小寶貝。

我得承認，相信孩子能行，把信任交給他，實踐起來有難度，因爲父母的本能，特別是母性本能，會在不經意間成爲阻礙。我的體會是，可以先從小事做起。比如把洗好晾乾的衣服給他，讓他把襪子配對，把衣服分類；外地旅遊時，假裝不認路，讓他帶路；旅行前，讓他做攻略（小學生有能力做簡單的出行計畫），將旅行所需物品列個清單等。

即便他做得不完美，考慮得不周全，也不要急於否定他。因爲這些事，並不是非黑即白，而且一回生二回熟，做幾次，他自然就明白了。

漸漸地，Leo 能自己解決稍有難度的問題。比如初一時，他參加了一個

國際環保地圖大賽，並獲了獎。獲獎者將前往日本領獎，但由於 Leo 是福建省唯一獲獎者，且年紀小，其他省分皆有數名高中生獲獎，並有老師帶隊，所以主辦方不建議他自己去日本，但是 Leo 非常想去，問我怎麼辦。我鼓勵他自己聯繫主辦方，請他們允許並做相應的安排。

接下來幾天，Leo 給日方發了郵件，還想辦法聯繫上廣東隊的帶隊老師，表示想與他們同行。幾經努力，Leo 終於得償所願。事後他還有感而發：「幸虧我主動聯繫了他們，不試一試，連機會都沒有。」

正是在這些或大或小的事情上，我故意放權、做甩手掌櫃，Leo 才有了鍛鍊的機會，解決問題的能力增強了，自信心也建立起來。他的進步轉而補給了我對他的信任，我越加放心地任由他做更多的嘗試。

對孩子的信任還應體現於傾聽、理解、溝通和接納。Leo 總有各種想法，而且會付諸行動，很喜歡「折騰」。只要是正當合理、有益身心的事，我都支持。即便有分歧，我也願意先耐心地聽他把話說完，了解他的初衷，然後才把自己的觀點講出來，曉以利害，分析可能出現的結果以及會遇到怎樣的困難，溝通徹底了，最終由兒子自行決定。

比如 Leo 在初三暑假的某天突然告訴我，高中畢業後要去讀耶魯大學，而且要申請到全額獎學金。按 Leo 當時的條件，這無異於天方夜譚，我有股反對的衝動。但轉念一想，兒子突發如此奇想，應該事出有因，姑且聽聽他的具體方案也無妨。母子二人相對而坐，Leo 娓娓道來。兩個多小時後，我心悅誠服，慨然應允道：「既然兒子不畏難、不怕苦，為娘我自當鼎力相助，大不了陪你回鍋讀高四。」

做為單親母親，我特別希望兒子的人生之路按部就班，少一些變數，不要太辛苦。但是，可預見未來的安排雖然令我踏實，卻無法實現孩子的自我價值，不是他想要的，所以對兒子的人生規畫，我不會橫加干涉。

當然，我們母子二人依舊保持建設性的交流，我仍會提建議，但絕不強加於他。我了解兒子，也相信他的判斷力和責任心，他會為自己的人生負責。Leo 從耶魯畢業後，做投資銀行分析師、合作開發旅遊專案、考入哈佛商學院並以優異的成績畢業、開公眾號、寫微博、出書、辦線上講堂、參與文化項目投資等，多頭並進，不亦樂乎，滿滿的成就感。

信任具有神奇的力量，會在孩子身上滋養出自信心、好奇心、思考力和

創造力，賦予他探索和試錯的勇氣，給他認識自我、了解社會和不斷成長的空間。

教育家陶行知先生說：「教育孩子的全部祕密，在於相信孩子和解放孩子。」深以爲然。

五、培養孩子自我反思的習慣

馬雲曾在一次演講中說，真正成功的人士有個特點，無論時局如何艱困，經營變數如何大，他們都習慣性地先從自身找不足，尋找改善的可能性和突圍的辦法。這便是自我反思的能力。一個人事業的成功和生活的幸福，相當程度上取決於這種能力。

與之相反，一遇問題就歸咎於客觀環境或遷怒於他人、找理由自我開脫或自我安慰，這是反思能力缺失的表現。不能自我反省的人，幾乎無法處理好情感關係、工作關係和人際關係；更容易故步自封，缺乏進步的內在驅動力。

相信沒有家長忍心看著自己的孩子因爲缺乏自我反思、反省的能力而在生活和事業中屢屢受挫、阻力重重。那麼，家長就需要做好示範，和孩子一起學會反思，養成自我反省的習慣。

建議和孩子做一些自我反思練習，方式一定要輕鬆、自然。絕對不要搞得緊張嚴肅，像自我批評的檢討會。Leo 小時候，我就有意識地和他做一些反思練習。我們母子非常喜歡聊天，總有說不完的話，這爲我們的反思練習創造了便利條件。我會主動說起自己的一些困惑，不著痕跡地將聊天切換到自我反思模式。

有一次我記得特別清楚。我們母子倆晚飯後邊散步邊聊天，走著走著就到了湖邊，在石凳上坐下來。我對他說：「媽媽今天因爲某個工作上的安排，跟 Y 阿姨產生了分歧，我對著人家大吼大叫的。唉，我太衝動，說話不好聽，很可能傷到了她。」

小 Leo 聽完事情的來龍去脈，竟然條分縷析地指出我的錯誤，還特意強調說：「媽媽以後不能這樣說話不經過大腦了呀。明天去跟 Y 阿姨道個歉，妳們就和好啦。」過了會兒，他歪著腦袋，小大人似地說，「唉，人無完人。

誰能無過？比方說我自己吧。和思懿約好星期六早晨八點半在學校門口會合，然後一起去中山路的新華書店。可我太睏了，都八點了，還在被窩裡呢。害得人家白等了一個多小時，書店也沒逛成。全是我的錯。以後我要說話算數。一言既出，駟馬難追。」

多年來，我們一直堅持這種自我反思式的交流，反思內容涉及課堂聽講、作業品質、考試總結、人際交往，甚至還有小 Leo 熱衷的捉螞蚱、捕知了的技巧。反思練習絲毫不刻板，而是妙趣橫生，我們從中受益良多。歸納起來，最突出的益處有：

從孩子的角度評估：

1. 逐漸地由「他律」過渡到自律，且過程不突兀。
2. 越來越喜歡思考和觀察。
3. 對尋找問題的最佳解決辦法和如何既快又好地做完事情興趣濃厚。
4. 自信心不斷增強。
5. 遇到挫折，不容易情緒化。

從親子關係角度衡量：

1. 反思式的交流也是我們母子交心的互動，更加信賴彼此。
2. 母子間從未出現過解不開的矛盾。
3. 有效地規避孩子出現叛逆行為。

養成自我反思、自我反省的思維習慣是一個漫長的過程，需要家長的重視，並在日常生活裡用心地點撥和引導。這個好習慣一旦形成，孩子將終身受益。

六、細微處看教養

家長們前所未有地重視孩子的素質培養，創造一切可能的條件，讓孩子參加各種培訓班，恨不能十八般才藝都學會。這本無可厚非，成績好、能歌

善舞的確是個人素質的重要組成部分。但僅有這些是不夠的，一個教養不足的孩子，縱使才藝傍身，也不能算做一個素質全面的人。

畫家陳丹青說：「所謂教養，所謂禮貌，全看小事情。」我十分贊同這個觀點。我常乘高鐵往來於外地和北京之間。每次旅程，車廂裡都會上演孩子哭鬧、大人吼叫的戲碼，還夾雜著嗑瓜子的脆響、打撲克的起鬨聲和手機的來電鈴聲。我忍不住地想，要到何時，我們的素質教育才能延伸到這些小事情上？人人都能習慣成自然地在公共場所顧及別人的感受？

現實不完美，我們尚需努力！就從我們自身做起，從孩子們做起吧。對孩子的素質教育也不能忽略了從小處著手。

教導孩子無論有沒有監督，都不能隨地吐痰，不能亂丟紙屑、果皮等垃圾；坐火車、乘飛機、在公共場所，都不可以大聲喧譁；提醒孩子，要對滿頭大汗給自己送外賣的快遞小哥，發自內心地說聲謝謝；看見身體有缺陷的人，不要用異樣的眼光盯著他看，要像遇見健全人一樣，禮貌地對待他；飯桌上，不能把筷子或勺子伸進菜盤亂挑揀，吃飯不要吧唧吧唧地發出雜聲。細微之處見真章，切莫忽略孩子在這些小事上的表現。

不少家長擔心，自家孩子溫良恭儉讓，會吃虧。我個人的看法是，雖然世道人心複雜，但社會的運行和發展離不開正道和規矩。良好的修為，只會給孩子帶來更多的機會，使其受益遠多過吃虧。

七、從小培養閱讀興趣

培養孩子的閱讀興趣和閱讀習慣，非常重要，其重要性怎麼強調都不爲過。因爲：

1. 閱讀可以培養孩子的專注力、理解力和學習興趣，對日後的在校學習大有好處。若要孩子學業順利，從小養成閱讀習慣這一環必不可少。

2. 讀書可增長知識和見識，傳遞給孩子愛和共情的能力。

3. 孩子可從書中找尋情感慰藉，負面情緒和不良心理狀態得以調整，有利於養成健全的人格。

4. 從小就愛讀書的人，看待人、事、物比較達觀，遇到挫折或打擊，較

為理性和客觀，不易走極端或出現過激行為。

回想當年我初為母親時，對於育兒理論所知甚少，但直覺告訴我，必須盡早地讓小 Leo 喜歡上閱讀。Leo 出生後的第十一天，我便開始給他讀童謠、唱兒歌，躺在搖籃裡的小 Leo 聽到我的吟唱，總會舞動四肢，似是在歡快地應和。

逐漸地，我開始給他朗讀童話和神話故事，再後來讀簡略版的名著。不管多麼忙和累，睡前故事從未間斷，雷打不動。

青少年版的《西遊記》《水滸傳》和《三國演義》就讀了三四遍之多。母子二人，一個聽得入迷，渾然忘；一個聲情並茂，戲精上身。Leo 對某些故事或章節特別癡迷，總纏著我讀了又讀。

對於這些內容，我在重複讀時，故意讀錯或漏讀，觀察 Leo 是否發現並且糾正。絕大多數情況下，小 Leo 都能立刻發現問題並得意地糾正或補充。有時，我會鼓勵他給我講一遍聽過的故事，以此鍛鍊他的記憶力和口頭表達能力。

我還會和小 Leo 想像不一樣的故事結局，或故事只講一半，啟發他接續後面的內容，藉此鍛鍊他的邏輯思維能力和想像力。有時候 Leo 腦洞大開，胡編亂造，逗得我笑出眼淚來。

隨著他識字的增多，我們開始共讀一本書，分享讀後感。猶記當年我們母子二人為了爭讀《哈利波特》，那叫一個「鬥智鬥勇」啊。現在想起仍然忍俊不禁。

在每日不輟的、非常歡悅的親子共讀中，小 Leo 對閱讀產生了濃厚的興趣。他開始自己閱讀各種繪本：彩圖版的兒少百科全書和兒童期刊，進入小學後，除了輕鬆讀完老師布置的課外讀物，他還讀了很多題材各異的書，週末和假期會約上同學一起泡書店。我也喜歡給他買書，並且規定，買回家的書不能躺在書架上當擺設，必須看到眼睛裡，存入大腦中。

我發現和 Leo 一樣喜歡閱讀的幾個孩子，有一個共同點，這就是：坐得住、專注力強、領悟力和記憶力都很好、寫作業效率高。Leo 從幼稚園到小學，幾乎沒什麼過渡期，順理成章地適應了課堂節奏，學業毫無壓力，成績一直領跑。這無疑與他從小養成的閱讀習慣有很大關係。

兒童智慧的發展存在不同的敏感期或關鍵期。從 2 － 6 歲，相繼出現語言、書寫和閱讀敏感期，在敏感期內學習相應技能較為容易，錯過則易出現學習困難。

語言、書寫和閱讀是相互關聯、相輔相成的，所以培養孩子的閱讀興趣一定要趁早，不要認為孩子太小什麼也不懂而錯過最佳啟蒙期。不僅要盡早，而且要持之以恆，直到孩子養成閱讀習慣且著迷於閱讀。

對閱讀的熱愛，是父母送給孩子最好的人生禮物。

八、其他感悟

1. 恩威並施

非常認同長期研究青少年心理問題的李玫瑾教授的觀點：愛子女的正確方式應該是恩威並施。

「恩」，父母有恩於孩子，給他慈愛、照顧和陪伴，與他進行情感交流，使其感到溫暖和安全，長大後遇到挫折，這份恩情，便是他戰勝困難的力量源泉；「威」，則是對孩子加以必要的管束，使其懂得行為處事的規矩和邊界，明是非、辨好壞。無底線的寵溺或簡單粗暴的管教都是不負責任的做法。

孩子 3 至 6 歲，發現壞習慣，必須加以制止，要堅定地說不。即便孩子因得不到滿足而撒潑打滾鬧翻天，也不要妥協。事後可以跟孩子談一談，用他能聽懂和容易接受的方式，曉之以理。

2. 適當地讓孩子吃苦

幾乎每天清晨，我都看見社區裡有個小學生模樣的男孩氣喘吁吁地跑步鍛鍊，經常由爸爸陪跑，偶爾媽媽也會上陣。跟孩子的媽媽聊天時了解到，男孩從小一直由奶奶爺爺帶，上小學時才回到父母身邊。他們發現，兒子嬌氣、脆弱，愛吃懶動，吃不得丁點兒苦，於是夫妻倆下決心改善孩子的身心狀態，並為此制訂了計畫，堅持跑步就是計畫中的一項，旨在磨練孩子的毅力和吃苦耐勞的韌性。

最令我感佩的是，他們並非一味地指手畫腳，而是和孩子一起鍛鍊，分享自律和堅持的成就感。孩子的媽媽高興地說：「剛開始時，叫孩子起床，

別提有多難。現在，兒子經常催促我們起床，嚷著要出去鍛鍊。兒子在學校也越來越積極主動，很有參與意識。」

適當地讓孩子吃些苦，經歷必要的鍛鍊，磨煉心性與鬥志，他們成人後，才能有勇氣和毅力獨立應對人生的無常，為自己創造幸福的未來。

3. 多讚努力，少誇聰明和漂亮

我們都遇到過非常聰明卻不好相處的人吧。他們大多生活不如意，過分地在意別人的評價，愛聽好話，不接受批評，還喜歡跟人掰扯，爭高低論對錯。

我生活和工作中也出現過幾位這樣的人。平心而論，他們都是善良正派的人，但跟他們共事或相處，總是不那麼舒服。後來我發現，他們從小到大，都是聰明出色的學生、父母的驕傲、同學羨慕的榜樣，聽到的皆是讚揚之聲、溢美之詞。這導致他們自我認知出現了誤差，不同程度地自負和自戀。

但天外有天，人外有人，進入職場，步入社會以後，他們的優越感遭遇挑戰，許多事遠非預想的那麼信手拈來，因而彷徨失落，怨天怨地，常有懷才不遇之慨嘆。

少誇孩子聰明和漂亮，這兩樣特質來自父母的好基因，不應成為孩子自信的唯一理由和誇耀的資本。多稱讚孩子的努力。他通過努力所取得的進步，無論多麼微小，都值得鼓勵和表揚。要在孩子心裡根植勤奮和努力的意義，這將使他受益終身。

Leo 也是優等生，學業和工作都比較出色，贏得了不少讚譽。但是，我常對他說「兒子，我要做你人生中那個不一樣的聲音」，因為我希望能通過理性和建設性的提醒，讓兒子保持客觀的自我認知，不會因別人的褒貶而迷失人生的方向。

令我欣慰的是，Leo 是個非常努力的人。

4. 培養孩子的逆商

人生有時非常艱難。50 歲之前，我經歷過幾次磨難，若不是身居母親的崗位，我可能早已棄械投降。

遇到不順和災逆時，我都盡量克制，不在孩子面前流露哀傷和絕望的情

緒，以免影響他的正常生活和學習。後來，兒子年歲漸長，能覺察到我的異樣，變得憂心忡忡。與其繼續粉飾太平，使事情複雜化，不如簡略地告知他真實情況。但我一定會跟兒子說明幾點：

1. 人生無常，不是自己做到最好，就萬事大吉，諸事順遂。
2. 遭遇變故和打擊，我會慌亂、難過和憤怒，會關起門來哭。
3. 必須宣洩，否則會壓抑成疾。但是我只給自己三天時間任性。三天後，必須強迫自己平復情緒，想辦法突破困局。
4. 不把親朋好友當做自己的情緒垃圾桶，但可請他們出謀畫策，尋找解決方案。
5. 找到解決辦法，我就不再慌張失措，也不會對既成的損失耿耿於懷。
6. 事過天晴，放下過去，不再糾結，一門心思朝前走。
7. 你管理好自己的事，就是對媽媽最大的支持。

我說到，就會做到，因為我是母親，不僅扛打，而且能打。怨天尤人，以淚洗面？那絕對不是 Leo 的媽媽。我要以行動讓兒子懂得，什麼是「遇事不怕、面對、解決和放下」。後來才得知，我希望兒子擁有的遇挫更強的勇氣和韌性、解決問題和超越困難的能力，叫做「逆商」。

我認為培養孩子的「逆商」十分必要，但需講求方式方法。要根據孩子的年齡、性情、承受能力、親子間的互動方式等因素，酌情引導，不可操之過急，也不要因噎廢食。

最後，引述一段美國心理學家約翰‧華生的觀點：「人類的行為是後天習得的，環境決定了一個人的行為模式，無論是正常的行為還是病態的行為，都是經過學習而獲得的，也可通過學習而更改、增加或消除。儘管每個孩子天生帶有鮮明的遺傳特色，但出生以後的生長環境卻彷彿染料一般，使他們的人格、性格、人品和心態呈現不同的色彩，或亮麗，或黯沉。父母好比雕塑家，孩子擁有怎樣的身心狀態，要看父母如何塑造和打磨。」

感謝您耐心地讀到這裡。希望我的分享能起到拋磚引玉的作用。

彩蛋
學長 LEO 的私房書單

「We read to know that we're not alone.」
閱讀使我們知道自己並不孤獨。

這是我在進入耶魯讀本科時,寫在自己筆記本扉頁上的一句話。而這句話,也成了往後許多年一直陪伴著我的座右銘。

我和書的緣分從出生前就開始了。懷我時,在大學教書的媽媽每天都會因工作關係和西方文學打交道,下課後還常常誦讀詩歌美文經典,給了我最好的胎教。

幼兒時期我尚不識字,還是媽媽扮演了我生命中第一位朗讀者的角色。每晚在我睡前,她都會把《三國演義》《水滸傳》《西遊記》等古典名著和現代、當代小說裡精采的故事讀給我聽……我總是聽得入神,久久不願入睡。

感恩媽媽在我年幼時的薰陶引導,書從此成了我生命中不可或缺的存在。

上學後,我最愛做的事之一便是週末時,在書店裡泡上一下午,如飢似渴地讀了再讀,隨後滿心歡喜地把墨香滿溢的新書捧回家,繼續閱讀徹夜。

上中學後課業更忙了,但我離不開課外好書,依舊以平均每 10 天一本的速度醉心於書中描繪的萬千世界。

遠渡重洋開始留學後,我得以接觸到更多英文原版經典。許多次,我在耶魯兩百多年的圖書館閣樓裡徹夜閱讀,直到聽見清晨的知更鳥鳴……

感謝過去我讀過的每一本書,是它們給了我最心安、最愉悅的獨處時光。有了書的陪伴,我不再是迷茫的學生、漂泊的旅人,我覺得自己成了世界上

最幸福的人。

可以毫不誇張地說，我之所以能從一個普通家庭的小孩逐漸成爲一個取得了一些成績的「知識＋奮鬥青年」，書實在功不可沒。讀書，讓我獲得了許多同齡人沒有的機會和見識。

過去幾年裡，我有幸結識了世界各地的精英才俊。不誇張地說，許多牛人大咖都嗜書如命，在忙碌之餘爭分奪秒地開卷。他們不一定是智商最高的，但因爲從未停止閱讀和學習，他們逐漸積累了過人的智慧。

在任何一個人生階段，我們都需要通過讀書來精進自己：

生活中遇到各種棘手問題，可以從書中找到解決方案；成長路上的迷茫和焦慮，書能夠爲你治癒；因條件限制而無法親自用腳步丈量的世界，書會帶你盡情探索……

除了自己醉心於讀書，這幾年我還一直努力將閱讀的喜悅安利給更多人：

在學習工作之餘堅持更新「學長 LEO」公眾號，分享美好的文字；

在微博發起「100 天 10 本書」全民閱讀活動，在新浪教育和近一百所高校官微的支持下，號召了近 150 萬位朋友參與閱讀打卡，累計閱讀好書過千萬冊；

我會抽時間寫原創，隨後還出版了一本書，而且得到了很多讀者的喜歡。

後來，我獲選 2019 年度的「新浪微博閱讀大使」，繼續身體力行地和大家一起讀書……

做爲一名深度讀書發燒友、寫作者和閱讀代言人，能通過一己之力讓更多人和書結緣，我非常感恩。

藉寫書的契機，我也將自己最喜歡的 100 本書跟大家做個分享。這份「學長 LEO 的薦讀書單」包含了 100 本不同類型、不同年代的好書，作者風格也不盡相同。我一直覺得，書要讀得雜一些，甚至「亂」一些，不能只按著一個領域讀個沒完，不能只帶著功利目的去閱讀。

當然，也不能只是「讀著好玩」。總之，圖書的選擇和讀書的動機都該根據自身情況，努力地找到一個平衡。

讀好書、和有趣的靈魂對話，任何時候開始都不晚。閱讀快樂，願你總能從書中獲得醍醐灌頂的體驗。

《百年孤寂》　　　　　《奧德賽》　　　　　　《窮查理的普通常識》
《哈姆雷特》　　　　　《蘿莉塔》　　　　　　《曾國藩傳》
《圍城》　　　　　　　《納尼亞傳奇》　　　　《給力》
《菜根譚》　　　　　　《魔戒》　　　　　　　《三國演義》
《平凡的世界》　　　　《拖延心理學》　　　　《安娜・卡列尼娜》
《活著》　　　　　　　《平均分》　　　　　　《唐吉軻德》
《張愛玲典藏全集》　　《三體》　　　　　　　《追憶似水年華》
《憤怒的葡萄》　　　　《城南舊事》　　　　　《卡拉馬佐夫兄弟》
《沉思錄》　　　　　　《夢的解析》　　　　　《包法利夫人》
《世界上最偉大的推銷員》《鈍感力》　　　　　《斷捨離》
《源氏物語》　　　　　《紅樓夢》　　　　　　《一九八四》
《萬曆十五年》　　　　《社會契約論》　　　　《天才在左瘋子在右》
《全球通史》　　　　　《輕鬆駕馭意志力》　　《與成功有約》
《資治通鑑》　　　　　《自卑與超越》　　　　《致勝的答案》
《梅崗城故事》　　　　《雪國》　　　　　　　《設計的心理學》
《西方哲學史》　　　　《孫子兵法》　　　　　《自私的基因》
《垃圾場長大的自學人生》《OKR 工作法》　　　《人類大歷史》
《安妮日記》　　　　　《金庸全集》　　　　　《老人與海》
《大亨小傳》　　　　　《湯姆叔叔的小屋》　　《烏合之眾》
《小王子》　　　　　　《蔡康永的情商課》　　《紅與黑》
《麥田捕手》　　　　　《悲慘世界》　　　　　《人性的弱點》
《追風箏的孩子》　　　《槍炮、病菌與鋼鐵》　《原則》
《簡愛》　　　　　　　《戰地鐘聲》　　　　　《邊城》
《湯姆歷險記》　　　　《遠大前程》　　　　　《A. J. 的書店人生》
《論語》　　　　　　　《曾國藩家書》　　　　《我們仨》
《月亮與六便士》　　　《水滸傳》　　　　　　《罪與罰》
《明朝那些事兒》　　　《國富論》　　　　　　《萬有引力之虹》
《名利場》　　　　　　《隱形人》　　　　　　《草房子》
《京華煙雲》　　　　　《哈利波特：火盃的考驗》《浮士德》
《儒林外史》　　　　　《理想國》　　　　　　《菊與刀》
《第二性》　　　　　　《戰爭與和平》　　　　《雙城記》
《動機與人格》　　　　《道德經》　　　　　　《西遊記》
《蒙田隨筆全集》　　　《憨第德》
《魯賓遜漂流記》　　　《生命中不能承受之輕》

Eurasian Publishing Group
圓神出版事業機構
用心與你對話・視野無限寬廣

如何出版社
Solutions Publishing

www.booklife.com.tw   reader@mail.eurasian.com.tw

(Happy Learning) 202

學習高手：哈佛、耶魯雙學霸的最強學習法

作　　者／李柘遠 LEO
發 行 人／簡志忠
出 版 者／如何出版社有限公司
地　　址／臺北市南京東路四段50號6樓之1
電　　話／（02）2579-6600・2579-8800・2570-3939
傳　　真／（02）2579-0338・2577-3220・2570-3636
總 編 輯／陳秋月
副總編輯／賴良珠
責任編輯／丁予涵
校　　對／丁予涵・林雅萩
美術編輯／簡瑄
行銷企畫／陳禹伶・曾宜婷
印務統籌／劉鳳剛・高榮祥
監　　印／高榮祥
排　　版／陳采淇
經 銷 商／叩應股份有限公司
郵撥帳號／ 18707239
法律顧問／圓神出版事業機構法律顧問　蕭雄淋律師
印　　刷／祥峰印刷廠
2022 年 4 月　初版
2023 年 5 月　2 刷

原著作名：學習高手
本書由天津磨鐵圖書有限公司授權出版，通過四川一覽文化傳播廣告有限公司代理授權如何出
版社，限在全球除中國大陸地區外發行。非經書面同意，不得以任何形式複製、轉載。

高速閱讀法是經腦科學實證，再利用輸入（Input）←→輸出
（Output）的高速循環，將閱讀所學化為實際報酬的最強方法！
然而雖然讀書很好，但我們現代人太忙，讀一本書就得花一週的話，
在找到最佳的解決方案之前，人生已經越來越沉淪，所以才說我們需
要「高速閱讀法」。

—— 《至死不渝的高速閱讀法：把知識化為收入的秘密》

◆ **很喜歡這本書，很想要分享**

圓神書活網線上提供團購優惠，
或洽讀者服務部 02-2579-6600。

◆ **美好生活的提案家，期待為您服務**

圓神書活網 www.Booklife.com.tw
非會員歡迎體驗優惠，會員獨享累計福利！

國家圖書館出版品預行編目資料

學習高手：哈佛、耶魯雙學霸的最強學習法／李柘遠 LEO 作.
-- 初版. -- 臺北市：如何出版社有限公司，2022.04
320面；17×23公分. -- （Happy learning；202）
ISBN 978-986-136-618-0（平裝）

1.CST: 學習方法

521.1   111002146